赵毅衡 著

符号学讲义

北京大学出版社
PEKING UNIVERSITY PRESS

图书在版编目(CIP)数据

符号学讲义 / 赵毅衡著. ——北京：北京大学出版社，2025.1. ——（名师大讲堂系列）. —— ISBN 978-7-301-35712-5

Ⅰ.H0

中国国家版本馆 CIP 数据核字第 2024JG6039 号

书　　　名	符号学讲义 FUHAOXUE JIANGYI
著作责任者	赵毅衡　著
责任编辑	张雅秋
标准书号	ISBN 978-7-301-35712-5
出版发行	北京大学出版社
地　　　址	北京市海淀区成府路 205 号　100871
网　　　址	http://www.pup.cn　　新浪微博：@北京大学出版社
电子邮箱	编辑部 wsz@pup.cn　　总编室 zpup@pup.cn
电　　　话	邮购部 010-62752015　发行部 010-62750672 编辑部 010-62757065
印　刷　者	涿州市星河印刷有限公司
经　销　者	新华书店 650 毫米×980 毫米　16 开本　16.75 印张　225 千字 2025 年 1 月第 1 版　2025 年 7 月第 2 次印刷
定　　　价	69.00 元

未经许可，不得以任何方式复制或抄袭本书之部分或全部内容。
版权所有，侵权必究
举报电话：010-62752024　电子邮箱：fd@pup.cn
图书如有印装质量问题，请与出版部联系，电话：010-62756370

目 录

缘起 ………………………………………………………………… 1

第一讲　符号学作为意义形式理论 ………………………………… 1
　第一节　介绍符号学 …………………………………………… 1
　第二节　意义 …………………………………………………… 9
　第三节　符号学的范围 ………………………………………… 16

第二讲　符号意义 …………………………………………………… 26
　第一节　符号意义的滑动 ……………………………………… 26
　第二节　认知差 ………………………………………………… 32
　第三节　符号过程诸悖论 ……………………………………… 37
　第四节　不完整符号 …………………………………………… 46

第三讲　理据性 ……………………………………………………… 51
　第一节　索绪尔体系的"全无理据" …………………………… 51
　第二节　皮尔斯符号学的理据性 ……………………………… 61
　第三节　符用理据性 …………………………………………… 74

第四讲　意义的分解 ………………………………………………… 79
　第一节　双重分节 ……………………………………………… 79

第二节　皮尔斯的符号三分结构 ·············· 85
　　第三节　无限衍义 ························· 88

第五讲　双轴关系 ······························ 94
　　第一节　双轴与主导 ······················· 94
　　第二节　双轴同现 ························· 98
　　第三节　六因素主导论 ····················· 105

第六讲　文本与伴随文本 ······················· 112
　　第一节　文本 ····························· 112
　　第二节　伴随文本 ························· 117

第七讲　符号修辞 ····························· 132
　　第一节　符号修辞学的特殊性 ··············· 132
　　第二节　修辞的符用延伸 ··················· 141

第八讲　符码、元语言、解释旋涡 ··············· 149
　　第一节　符码与元语言 ····················· 149
　　第二节　解释旋涡 ························· 158

第九讲　标出性 ······························· 166
　　第一节　语言学与文化符号学中的标出性 ····· 166
　　第二节　名称决定的标出性 ················· 175
　　第三节　功能决定的标出性 ················· 179

第十讲　艺术符号学，符号美学 ················· 188
　　第一节　艺术学与美学 ····················· 188
　　第二节　艺术在意义世界中的地位 ··········· 192

第三节　泛艺术化 ································ 200
　　第四节　重新定义艺术 ···························· 209

第十一讲　媒介与跨媒介 ···························· 216
　　第一节　媒介诸概念 ······························ 216
　　第二节　媒介的互动 ······························ 221
　　第三节　随意性 ·································· 232

第十二讲　意义活动中的身份、自我、述真 ············ 236
　　第一节　身份 ···································· 236
　　第二节　自我与主体 ······························ 245
　　第三节　真知 ···································· 253

缘　起

　　意义的形式理论,是我一生努力的领域,符号学是这个理论的集大成者。很多人觉得符号学理论烧脑,在我看来,其实很简单:符号学讨论的都是人们日常生活交往中的常见问题,烧脑与否,全看怎么个讲法。我教符号学也几乎有小半个世纪,越讲越平易简单。当然符号学不止一种讲法,有人告诉我,或许我这种讲法值得留个痕迹,于是有了这本书。

　　除了散篇文章之外,我讨论符号学的书籍,已经出版了五本:1990年的《文学符号学》,2011年的《符号学:原理与推演》,2017年的《哲学符号学》,2022年的《艺术符号学》,2023年的《符号美学与艺术产业》。那么,有何必要再写一本?难道我不知道学生最宝贵的是时间,何种学问可以不断索要学生的青春?

　　唯一的理由是,其他书各自处理自身的特殊领域,这本书是以上各书的综合。此书原是讲课记录,经过淘洗、浓缩、精简而成。我讲授符号学,最后几次做了录音,此讲义是几种记录的改写。

　　如此写成的书有何好处呢?首先,明白易懂,课堂上最难做到的是保持学生眼光闪亮,注意力集中。为此,适当减少一些复杂的理论纠缠,舍弃一些细节太多的历史追溯,是非常必要的,此书语调亦尽可能保存平易近人的风格。有志向深研的读者,自会根据线索补上。

　　其次,讲课主要就是"举例说明",此书的讲解几乎是"从例到例"。具体的事件总是好读好懂,尤其是年轻人熟悉的当代生活的例子。由于时风变化,也取消了往年讲课中一些过时的热点。此外,本讲义尽量减少注释,让书薄一些,好读一些。需要读详细讨论的人,在上述各书中很容易找到。

本书把我各种有关著作与论文,以及由此引发的学界相关讨论,都串联了起来,内容算是比较齐全。一些理论是在几十年研究中逐步发展起来的,现在可以集中讨论。实际上,串接一生论说,是鄙人写作本书的最主要动机。

符号学在人文学科中有一个特点:它是积累性的。都说科学是积累性的,解决了问题,后人在前人发现的基础上前行,而人文学科老是回到一些人类最基本的问题上。古人已经问过,现代人只是回答得更好一些。实际上不尽然如此。符号学就像欧几里得几何与非欧几何,从不同的两套公理(任意性/理据性)出发,发展出几乎完全不同的体系,而且任何已经解决了的问题(例如元语言构成,例如中项偏边),后人必须在此基础上向前发展。因此,符号学(以及叙述学)都是积累性的,无怪乎被称为"文科的数学"。

我一生历事甚多,虽然一直集中精力做形式意义诸理论研究,但要理清自己的思想,内化而一,也非易事。半个世纪光阴倏忽而过,只恨有许多谜题尚无机会想通。本来许多文化问题,都是难有终解。

遇到此种难题,我也坦白告诉各位,诸位青年自会有智慧识破天机。时有疑惑,遽然难断,亟待讨论。我教书期间,最喜欢学生的挑战。此书名为"讲义",实为求教问题清单,读者诸君鉴之。

本书是《叙述学讲义》的姊妹篇,互相引证之处不可免:叙述本就是带情节的符号文本。不兼攻两门学科的朋友,不一定都要读,两本讲义原就是各自独立的学科。当然有余力者,顺便读一下,肯定不无助益。

赵毅衡
2024 年 7 月

第一讲　符号学作为意义形式理论

第一节　介绍符号学

1. 符号学研究什么？

符号学是关于意义活动形式的普遍理论。符号学不全是西学,也不全是国学,符号学是一门全球意义共同体共同推进的批评理论。西方学者做出了贡献,中国古人和现当代学者也做出了独特的贡献。

什么叫批评理论？批评理论就是对于所有的对象,包括自身这个学科,用一种批判的态度加以审视,不接受其表面形态,随时注意找到相反的论据,不急于接受其现成结论或社会一般意见,而是仔细追究其演化过程的合理性。

符号学的有用,源自其研究对象的广泛普遍。符号学没有划定讨论的范围,任何意义活动,小到日常生活,大到人类历史与未来,都是它研究的对象。因为符号学关心的是人的意义活动采用的形式方法,所以,符号学也是意义之学,研究的是意义的各种形式变化。因此,到这课上听讲的同学,遍布各个不同学科,希望你们都有所得益。

科学在一步一步前行,是积累性的;而人文学科似乎是展开性的,似乎古人已经问到底蕴,后人的任务只是一次次深入。但是,符号学与一般人文学科略有不同:符号学的许多工作也是积累性的,前人解决的一些问题,提出的一些理论,成为后人继续发展的出发点。所以,听这门课,最好一步步弄懂原理,缺了课还要补上,不然会看不懂下一步。

符号学有强烈的国学色彩,但国学的贡献不能包揽符号学这个学说,如果古人解决了一切问题,我们只要重说一遍就行。西人也没有解决一切问题,不然我们读翻译就够了。符号学无法强制分西学与国学,从20世纪初开始,中国的教育体制以及学界的分科合作,本身就是中西合璧的。也就在这个世纪,中国和西方才正式有符号学这个系统的学科,在这之前,中国古人,西方古人,贡献的都只是"符号学思想",即某些对这门学科有启发的思想。从本书可以看到古人和西人在符号学领域留下很多问题,很多基本的原理都需要我们结合中西前人的思想,重新定义,从头细加研究。

2. 意义及其形式

符号学研究的是意义的形式,这短短一句话有三个问题:第一,什么叫形式?第二,什么叫意义?第三,什么叫符号?对这三个主要核心词需要一丝不苟地顶真较劲。符号学本身是一种分析,一种分析态度,一种分析方法,对初始的概念群尤其要认真再认真地刨根问底。不然,在学习过程中,这些问题依然会冒出来。

什么叫形式?我们马上想起形式/内容之分。很多人说,形式是内容化的形式,内容是形式化的内容。这样说很深刻,但用处不大。说形式和内容互相渗透,是有道理的,但如果真的不可分的话,那么我们何必说成两个范畴?说成两个范畴总有原因的,说明它们并不是不可分,也并不是不必分。既然一个故事有好几种讲法,那么一个意思也会有好几种表示法。《红楼梦》需要"批阅十载",其内容和形式就是可以而且应当讨论区分的。

那么,形式和内容根本的区别是什么?内容是特殊性,是任何文本的深度。比如说,用《无间道》作为标题的电影与小说各有若干部,故事原型大抵是不共戴天的两方(例如警匪)在对方组织内培养长期的卧底。在情节上每部电影或小说故事都很不一样,各有设计,各有民族背景。但说到每部电影或小说是如何讲述的,它通过几个叙述层次来讲,或者通过几个人物视角来讲,这些形式问题,反而是与其他叙事作品相通的普遍性问题,是广度。形式是广度,是很多作品的共项。与内容不同,它不是专用于一个文本。

再举个例子。一片银杏树叶是个扇形,它跟大河的入海口很相似,只是银杏树叶跟大河的入海口内容上不可比,但它们形式上可以比,都是扇形。儒家说"家国之事",家、国在规模上不可比,但在意义结构上可比。说符号学实际上是人文学科的数学,就是这个意思。

内容是接受者马上注意到的,读者马上就可以问,这是什么故事?今天放的电视剧里坏人抓住了没有?所有追剧的观众都可以谈几句。形式则需要与其他文本比较,需要比较广的知识才能够总结,只有一部分对形式敏感的观众,才有能力去分析各种形式起的作用。

著名的法国社会学家皮埃尔·布迪厄在名著《区分:判断力的社会批判》中认为,所有的符号形式的功能都生产社会区分。文化修养高的人才能注意到形式,文化修养比较低的人只能注意内容。布迪厄的观点挺刻薄的,说这是文化的阶级区分问题。暂且忘了其中的阶级势利眼,按照这个区分,你们都是博士生,或硕士生,那你们要追求什么呢?至少上这门课时,希望你们注意到形式,按照布迪厄的区分,你们有此资格,也有此能力。法国学者喜欢从文化批判的角度来谈问题,他们的观察经常尖锐得让人有点不舒服,习惯了就好。

在本讲开始,就必须强调说清楚:形式理论绝对不是把形式孤立出来,就形式讨论形式,绝对不是把形式视为与社会文化隔绝的领域;恰恰相反,只有进入文化分析,处理社会的关切点,形式意义问题才能弄得清楚。这不是空谈,本讲义讨论的许多理论问题,只有与具体经验联系起来,才有可能弄清。不讨论社会文化条件,这些理论就只是空谈。符号意义诸问题并非纸上谈兵,这一点经常引起仅得皮毛者的误解。再预先强调于此,希望不至于误解。

3. 思想实验、悬置

形式研究是一种思想实验。什么叫思想实验？实验是在实验室里做的，理工科的化学实验、生物实验都是在实验室里做的，但是人文学科与理工科不同，思想实验是任何探索都需要的最基本的一环，尤其是人文学科，首先要做的往往是头脑中的实验。

为什么这样说？难道人文学科不是以社会为大实验室？理工科以大自然为实验室，但是理工科的基础工作依然需要在实验室开始，这已经成为现代学术的基本方式。难道它们实验的事物在自然界不存在？当然不是，而是在自然状态中，条件不纯，干扰过多，例如自然界里某物质处于与杂质混合的状态，或有杂菌污染，难以确定其品质。

人文学科做思想实验，也是要创造这样的相对纯粹的条件。其方式首先是悬置（epoche），这个环节很重要。悬置就是承认某些其他条件是存在的，但此刻暂且存而不论，不然说不清楚。例如，谈形式的时候，我们承认内容是存在的，但我们暂且把它悬置，暂时不讨论，不然永远说不清某形式（比如镜头的剪辑）起什么作用。再比如我们谈传播学，传播的内容很重要，但是我们谈"媒介即信息"时，把内容先悬置，暂时不谈，不然无法找到传播的"广度品质"。

但反过来说，实验结果是否可靠可用，则要回到自然状态中。就像化学实验先要把某种物质提纯在试管里，但其最后验证，却要到不纯的实际环境里，例如医院治病的临床实践之中。人文学科同样，在思想实验中，我们要知道如何悬置，但最终的研究结果必须用社会性的复杂环境验证。形式论并不是脱离实际的，而是从思想实验中找到可能的路线，再到各种复杂实例中验证。

例如下一讲要谈的意义三元问题，理论上可以高谈阔论，因为悬置了复杂的社会因素（实际环境中，就有各种因素卷入）。然后，人文学科的思想实验应当经常越出自我束缚，再三进行检验。常用的办法就是大量举例，尤其是寻找反例。所以这本教材，特点是例子极多，而且尽量采用来自各行各业的例子，从古籍记载的历史案例，到日常出门的衣着打扮，古今、雅俗、中西兼顾。

更加重要的是，本讲义欢迎读者诸君从生活中举例，这是思想实验返回社会实践的一种"半程方式"，是思想实验本来就应当有的一部分。对于符号意义理论来说，研习者的头脑就是实验室，研习者的生活就是临床。就像实验室结果要同行检验，符号学思想实验的结论，也必须得到你们各位的实践认可。思想实验同样需要符合实验室实验的三个环节：

- 为凸显有关问题，设想与筹划实验室条件与实验方案，并提出待检验的预设；
- 在思想中孤立出这些条件（实验室"除菌""提纯"，思想实验悬置其他干扰因素）；
- 发表结果，检验其"可重复性"，让其他思想者在重复实验中得出相似结果，并且在一定程度上进行实践验证。

思想实验对于研究符号学特别适用，悬置具体内容与语境因素的干扰，是聚焦符号意义分析的必要前提。与哲学、数学、逻辑等抽象的系统理论和方法一样，符号学没有自身的领域，任何意义活动都是它的专业领地，整个文化生活都是它的研究对象，因此，在整个社会文化实践中考察符号学的意义，特别重要。

4. 符号不是纸上谈兵

什么是符号？符号最基本的定义是"被认为携带着意义的感知"。注意，这里关键点是"被认为"，原因下面会细说。

符号是用来表达意义的，意义必须用符号才能表达，符号只能用来表达意义，反过来，没有意义可以不用符号表达，也没有不表达意义的符号。此种来回颠倒如果合理，证明二者合一。

符号学就是意义学，重点在研究符号的形式。斯图亚特·霍尔说："一种特定的声响或词代表、象征或表征一个概念，它才能在语言中作为一个符号去起作用并传递意义。"①这个只包含声响、词或概念的清单远远不够长,所有给我们感知的东西,嗅觉、味觉、形象,甚至幻觉,甚至空无,只要被解释成携带意义,都是符号。有没有不携带意义的感知呢?其实很多,但如果不被我们感觉到,不被我们认为携带着意义,那就不是符号。但只要落入我或其他某人的感知与解释中,那对于此人,就成为携带意义的感知,就成为对他输送意义的符号。

有一次会议结束,报社记者问我:到底什么叫符号?那个时候正好范冰冰主演的《武则天》正在播出,剧中有个镜头被从中间切掉一截,我说范冰冰,还有被切掉的一截镜头,都是符号。第二天报纸就登出了题为"范冰冰名字是个符号"的文章。

只有范冰冰的名字才是个符号?那时正是"双冰大战"的时候,我害怕李冰冰经纪人打电话来说,难道李冰冰的名字不是符号吗?我们学院有个学生陈冰冰,她的名字不是符号吗?陈冰冰说她是个无名之辈。难道无名之辈的名字不是符号?你们每个人的名字至少都意指着你们本人。现在报章上常有"此人让自己成为一个符号"。这话是错的,他本来就是一个符号,只是意义面扩大,成为"一个特殊符号"。

既然符号的定义是"被认为携带着意义的感知",而名字是有意义的,是可感知的。名字写得出来,读得响,听得见,所以你们每个人的名字都是个符号,都携带着意义,只是携带的意义量、意义品格有所不同而已。

我们每个人的生活都浸透在符号里。我今天早上在菜市场看见一位卖菜的跟一位买菜的两个人吵架,吵得太厉害了,最后动了手,然后有人报警。他们做的哪一件事不是在交流符号?从一开始讨价还价,到最后动了拳头,全是符号在交换。没有符号的话这个架吵不起来,没有符号谁能跟谁吵架?语气愤怒,表情狰狞,举起拳头,都是表达一个符号:

---

① 斯图尔特·霍尔:《表征:文化表象与意指实践》,徐亮、陆兴华译,北京:商务印书馆,2003年,第26页。

我要打你！于是拳头落下，造成伤害，可见符号不完全是空谈。

历史上，清军过江后曾下"剃发易服令"，有几百万人因不愿"剃发易服"而失了性命。惨绝人寰的嘉定三屠、江阴八十一日等事件都与"剃发易服令"有关。什么原因？辫子！辫子只是发饰，你说发饰有什么了不起？那时候清兵已经征服了江南，南明政权已经覆亡，江南人服从了新的统治者，所以换个发饰有何大碍？为什么清兵南侵时没遇到如此激烈的反抗，现在要换个发饰却以命相搏呢？只因此符号比亡国的实际意义更加重大。

《阿Q正传》里有个人物叫假洋鬼子，假洋鬼子到日本留学，就把辫子给剪掉了，回来就混不过去了，弄个假辫子。辫子真假路人看不见，晚上对他老婆就没法隐瞒了，帽子一脱，假辫子露出原形，他老婆就受不了了。

这个意义很强烈："没辫子就不是中国人。"他老婆为此跳了三次井，井下面是淤泥，你倒插进去，救上来三次也很难受。以前为了不留辫子不惜掉脑袋，现在辫子是假的就害得他老婆要头插淤泥，为什么呢？辫子是一个携带着意义的感知，但意义的解释符码是在不断变化的。符码就相当于词典，同样一条辫子，形式是一样的，符号表面上一样，解释却不一样。

再举个例子。耶稣会是天主教内部的一个组织，在中国传教百余年，最后终于康熙皇帝同意接见他们了。但是一个意义形式问题解决不了：康熙皇帝说，来见我，必须磕头。西方人表示尊敬的方式是单膝跪。跪两个膝盖跟跪一个膝盖，有什么了不起的不同吗？为这个事情双方争论了十多年。当时在中国向教皇请示不太方便，教皇在梵蒂冈，信来来回回，到最后教皇说不行，天主教徒不能向中国皇帝双膝跪。就为这个，耶稣会在中国的百余年传教事业放弃了。我不是说这个传教事业本身怎么样，我是说，它的最终决定因素就是一个符号形式问题。

你说符号是空的吗？符号的意义很实际。再举个例子。四川大学图书馆书架上有本书叫作《犯罪符号》(Signs of Crime)，该书的一个主要观点是说,所有的侦破都是符号研究。所以符号学大师中有许多人喜欢侦探小说,甚至有的人忍不住而自己动笔写,艾柯就是最好的例子。银幕上的学者中,电影《达芬奇密码》中的哈佛符号学家兰登最出风头。侦破的确很需要符号学,因为经常必须解读某种印迹符号以作为证据。看病也是这样,看懂症状,医生才能着手治病;没有症状的病,良医也会束手无策。

5. 与符号学有关的几个术语

既然开始读符号学,就要弄清楚几个有关词汇的中文或西文说法。

"符号学"的西文实际上有许多词,第一个是 semiology,这是索绪尔体系的符号学。这个词现在已经不用了,但是我们必须知道它存在过,因为大量历史文献依然用这个词。

由美国哲学家查尔斯·桑德斯·皮尔斯创造的符号学,叫 semiotics,现在是符号学的正式西文用语。符号学有个难缠的西文对应词叫 symbolism,词典中的解释叫作象征主义,实际上不是这个意思。实际上西文的 symbol,经常与 sign(或其希腊前缀 semio-)同义,symbolism 以前一直被翻译成"象征主义",许多研究符号学的学者,如本讲义中会提到的瑞恰慈、赵元任、卡西尔、拉康等人均是如此。卡西尔最著名的名言,"人是使用符号的动物"[①],也有不少人译成"人是使用象征的动物"。后来大家都发现搞错了。到底 symbol 是什么意思?一个意义是象征,另一个意义是符号,要根据上下文来判断。这一点,中文很清楚,西人比我们乱,不要认为符号学是西学,实际上西人从根子上——符号这个词本身——就乱得让人难受。

有一些中文学者,用"记号"与"记号学",这是受日文翻译的影响。在"符号学"这个词上,中文不仅没有受日文翻译之类影响,反而比日文清楚。实际上,"符号学"这个词既不是西文的翻译,也不是日

---

① 恩斯特·卡西尔:《人论》,甘阳译,上海:上海译文出版社,1985年,第34页。

译的借用,而是中国人自己的创造。

不管西文的"符号"与"符号学"用什么词,符号的定义都是相通的,我提出符号是"被认为携带意义的感知"①;符号学的定义由此而生,"符号学是研究意义形式的学说"②。任何定义,只要能够举出一个反例来,这个定义就不能成立。只要举出一个例子来,不能用此定义,此定义就必须变更。

第二节 意义

1. 意义是什么?

意义本身到底是什么?意义是意识和世界的关联。意识不一定是人的专利,有可能生物或机器都会有意识。至今无法充分地证明人类之外别的生物是否有意识。意识并不只是感觉,而是一种"自我意识",也就是意识到自身具有意识,而且用此在进行意义活动。这问题比较复杂,本讲义后面会比较清楚地讨论。

在意义活动中,意识对对象的观照,产生了意义。对象(object),有些人翻译成"客体"。客体是相对主体而言的。主体需要很多条件才能形成,本讲义要到最后再讨论,这里称为"对象"比较稳妥。对象是"我"的意识观照的事物,即物与事物。

"我"的意识观照的对象,集合起来,形成了"我"的意义世界,一个客观的周围世界。"周围世界"(Umwelt)这个词,是康德最早用的,后来很多人用,包括对符号学发展有重大影响的生物学家于克斯库尔也用。周围世界就是"我"意识到的世界,就是与某个意识有关的事物之集合。

每一个意识都有一个周围世界。蚊子有周围世界吗?一个小小

---

① 赵毅衡:《符号学原理与推演》,南京:南京大学出版社,2016年,第1页。
② 同上书,第3页。

的蚊子,它嗅到了"我"的血的气味就来叮我了,气味是它关注的对象。然后它就付诸实践,冲上来叮咬吸血。只要有意识,就有一个周围世界。

蚊子的周围世界跟我们人的周围世界有什么不同呢?或许它的周围世界太小了,构成太单一了。可以说每个个体的周围世界都是不一样的,关注的面也不一样,有的人心怀宇宙,有的人只关心油盐酱醋。可以想象一下:每个意识被它的周围世界包围,像一个意义气泡,我们对气泡外的事物缺乏认知。我们人的周围世界是巨大的,而蚊子的周围世界很小,相当于只带了一个小泡泡。

人工智能一直是我们意义活动的工具,非常高效的工具,但是它有没有独立自主地感知和产生意义的能力?它会不会有意识?如果有,它就有个独立于人的周围世界。和人工智能相比,人的周围世界可能跟蚊子的周围世界一样大小。这个现在听来挺奇怪的问题,我们可能在不久的将来就不得不郑重考虑。这个问题依然要到本讲义结尾时才能试图回答。

王阳明的《传习录》当中有句非常好的话:"你未看此花时,此花与汝心同归于寂;你来看此花时,则此花颜色一时明白起来;便知此花不在你的心外。"[①]为什么一时明白起来了呢?因为"我"的意识跟对象结合了。对"我"有用即意义可能太狭窄了,"我"意识到某事物跟"我"有关联,就有了意义。你没有看,你没有感知到,此花并不是不再存在,而是"归于寂",消隐了,但它依然用某种方式存在着,这就是符号。你可以画一朵花,写一个"花"字,甚至心里想一朵花,在符号中,花不仅继续存在,而且花携带着意义,传送给别人,甚至与其他符号结合,汇成一个关于花的文本,"花饰""花市""花节""人面如花""如花岁月"等等。

奥格登和瑞恰慈于1923年出的书《意义的意义》列出22种关于

[①] 王守仁:《传习录》卷下,扬州:广陵书社,2010年,第67页。

意义的定义,第 13 条定义我觉得是最贴近本讲义所说的意义,"一个符号被解释为即是的某种东西"①。符号的解释就是某个意义,因为它再现某个事物。

交响乐的指挥手里拿着一根指挥棒,棒这么一点,眼神一扬,什么意思?乐团的人都懂。鼓手要注意了,轮到你了。所以被解释为"即是"的,就是意义。

要说清的是,符号学并不是唯一一门讨论意义的学问,有一系列学科,例如心灵哲学、分析哲学、心理学、认知学等,都处理意义理论。符号学处理的是意义产生、传送、解释等各个环节卷入的形式问题。

经常碰到一个问题:到底符号学和现象学之间有什么区别?简单地说,现象学的核心是意识,符号学的核心是意义。既然意义是意识和事物之间的关联,现象学和符号学之间就有很多的叠合交叉的地方。很多现象学学者跨过这个边界来谈符号学问题,很多符号学学者跨过这个边界来谈现象学问题。本课程尽量守住边界,不卷入过多问题,但是一点不谈也是不可能的。

2. 意义世界的复杂构成

为什么需要一种意义学?因为人的意义活动非常复杂,包括认知、经验、理解、筹划。那是一类意义活动,与实践有直接联系的。一旦意义与实践隔开一段距离,就形成了人的精神世界中的各种活动。所以意义世界是相当复杂的,因为意识的创造能力非常强大。

维特根斯坦说,语言符号不可能是私人的。比如说,一个小孩痛了,如果他说不出"It hurts"或者"我痛"这句话,他就会哭,尤其你们那些已经做母亲的和将要做母亲的,为这点很苦恼,因为小孩他无法用更有效的符号表达。

如果我们没有共同语言的话,也无法互相理解。比如有两个小

---

① C. K. Ogden & I. A. Richards, *The Meaning of Meaning: A Study of the Influence of Language Upon Thought and of the Science of Symbolism*, New York: Harcourt, Grace & World, 1989, p.187.

孩,手里都拿着火柴盒,火柴盒里有一个东西。一个说,"我盒子里有个 beetle"。另一个小孩说,"我有个好东西,这个叫甲虫"。这两个人能互相理解吗?不能。为什么?他们用的语言符号不一样。那么,他们什么时候能够互相理解呢?画两幅画,照两张相,互相看,或是一起翻书,我的 beetle 就是你的甲虫,你的甲虫就是我的 beetle,这些解释方式都必须用上其他符号。符号再现构成的意义传送与互相理解,就是交流与传播。

世界有两个部分,意义世界为我们所认知或假定认知,此外的部分是自在物世界,我们还没认知。既然我们还没认知,我们怎么知道自在物世界存在呢?因为随着人类文化的发展,我们的意义世界不断地扩大。那么肯定在意义世界之外有我们所不知道的世界,不然我们知识的边界往外推的过程就结束了。这是个反证,但非常有力。因此,我们承认有自在物世界,但我们存而不论,因为无法讨论。符号学处理的世界,限于我们的意义世界。

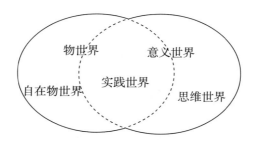

意义世界整个由符号构成。没有符号,我们完全不理解世界是怎么回事,没有感知我们就无法处理。所以皮尔斯认为,"整个宇宙……哪怕不完全是由符号构成,也是充满了符号"[1]。符号在这个世界上起什么作用呢?索绪尔说,在语言符号出现之前,一切都是不清晰的,只是混沌不分的星云。没有符号的话,我们的意义世界就是混乱

---

[1] The Peirce Edition Project, *The Essential Peirce: Selected Philosophical Writings*. Vol. 2, 1893-1913, Bloomington: Indiana University Press, 1998, p.394.

的，是不成型的，像没沉淀的浆糊一样。王阳明说"心外无物，心外无言，心外无理，心外无义，心外无善"①，为什么这么说？因为只有在与我们的意识发生关联时，世界才有这些意义出现。

慧能的《坛经》云"心生种种法生，心灭种种法灭"②，这个"法"不是法律的法，佛教说的"法"大致就是客观世界，所以一切都是"心"的范围。好多事情，我们认为是实践行为，实际上是意义行为。比如，有时候我饿了，我可以说，但是如果我不能说，怎么办呢？没有符号再现，那就只能饿着。

最好笑的例子是哈痒痒（tickling），你自己哈自己痒没有用，别人对你胳肢哈痒你才会"受不了"。这个事情是挺奇怪的，仅仅在胸腰间物理性地轻轻挠挠，不会引发反应冲动，因此哈痒痒不是个生理行为，而是个意义行为。许多生理性的、物质性的行为，实际上是意义性的，光有感知不够，还需要一种对相应意义的反应。

事物世界，与心理世界的根本区别，在于事物世界是唯一的，比如我在这讲课，你们就不能讲。昨天的彩票开出来了，我赢了头奖，那你就不会赢。我们在同一个世界里，我有你就没有，你有我就没有。

物是细节无限的，而我们的意识认知是有限的。比如"沙"到底是什么？你可以写几本书，写几大卷来研究，因为它细节无限，一沙一世界。但是，我意识到的"沙"，比如我手中的沙，我眼里不小心被风吹进去的沙，那是很有限的，我马上就感知到了。事物的细节无限性，变成了我们符号的再现有限性，物的超理解性变成符号的可理解性。为什么事物超越理解？因为它的细节不可能被我们全部感知。

有的事物可以说是完全由符号构成的，比如广告、小说、电影等全是符号，艺术品是符号构成，人生的意义、道德，甚至网上的"元宇宙"等，全部是符号构成。软实力就是文化力量，也由符号构成。

到此，我们必须说清，什么是符号。西方人到现在把符号还定义

---

① 《黄宗羲全集》（第一册），杭州：浙江古籍出版社，2012年，第192页。
② 丁福保笺注：《六祖坛经笺注》，一苇整理，济南：齐鲁书社，2012年，第242页。

为"一物代一物"(one thing standing for another),这个"物"不仅是一件东西,它还是一个事物(an entity)。哪怕这么宽的理解,此定义依然还是相当不合适,因为它暗示了被替代物的先存在,没有出场,要创造一个符号来代之,就像祭祖祭的是祖先的牌位。这个定义不能成立,因为大量的符号不是代替对象,而是创造对象。例如我们经常见到的时装秀,特别的衣装设计创造了一个对象,而不是已有的对象要求衣装来代替他;游戏设计也是创造一个人物形象,让cosplay等活动来代替之。

究竟是对象要求符号代替它(对象存在于符号之前),还是符号创造对象(符号存在于对象之前),本讲义最后会有一个比较清楚的总结。不过在弄清这些纠缠的问题之前,把符号定义为"被认为携带意义的感知",还是比"一物代一物"清楚明白得多。

3. 空符号

符号是否是"一物"都值得怀疑。有些学者认为符号必定是物质性的,才能被人感知,但事实上或许不一定如此。

首先,心象并非物质性的。"心灵符号",皮尔斯称作thought-sign,是形象的直接心灵呈现。做梦的时候梦到某事物,那个事物在世界上不存在,但你在梦中感知到了,这感知携带着意义,没有意义的话你醒来为何高兴,为何悲伤?

符号是"一物"这说法,最难以解释的是"空符号"。空符号非常常见,最简单的例子:前面的车没打灯,它要右行,却没给你符号,你怎么知道它要右行呢?该有感知而阙如,也可以是一个符号,叫作空符号。

潜伏中的间谍会使用各种暗号向同伴传递信息,比如,窗口没有放花表示什么。弄错了,就会被抓住。不放花是个空符号,它的意义也很重要。空白就是应该有事物而无物。比如你拒绝说话,你不说话是不是个符号?你不说话,我认为你"心里有鬼",我怎么知道你心里有鬼呢?你什么感知也没给我啊。感知的阙如也可以成为携带意义的符号。

中国有"避讳",就是你不能写皇帝或父母的名字,或是"敬白",提到时必须空格或空行。避讳本身是避而不说,这"不说"非常有意义。还有欲言还止,就是留了好多虚点。如果打了省略号,还可以说是留有感知的,但是话说一半,余者无声,另有深意。

我们还经常看到网上"消息撤回",撤回了有意义吗?恐怕还是有意义,有什么难言之说。各位都知道 404,就是违章删除。总而言之,一个人可以停止说话,可以停止做表情,但不可能停止表达意义,为什么呢?因为意义本身不取决于应当或不应当发出符号的人,而是取决于解释者。

这点很容易理解。一个小婴儿躺在那儿很安宁地睡着了,母亲父亲觉得没有给符号,就是健康安详。为什么有意义?因为此时此刻婴儿没有哭闹,就是给了一个有明确意义的符号。再例如有个球鞋广告,"你可以忘记这双球鞋",忘记这双球鞋,就是感觉不到有鞋子穿在脚上,那是最好的球鞋。蓝牙耳机,广告自称"零感"耳机,"零感"就是感觉不到累赘,就是设计最好的耳机。

再说一个故事。《晋书》中记载,陶渊明不懂音乐,但是家里放了一张素琴,就是没有弦的琴。宴请朋友之时,他就假模假样弹起来,自称"但识琴中趣,何劳弦上音"。看来陶渊明是世界上第一个行为艺术家。苏轼写了篇文章叫《刘陶说》指责他:"至于渊明,亦非忘琴者也。五音六律不害为忘琴;苟为不然,无琴可也,何独弦乎?"①意思是说,你陶渊明还不算真豁达,何必要一个空琴呢?你在空中弹琴,不是更潇洒吗?苏轼的指责合理否?我认为陶渊明的做法的符号意义更强:有琴无弦,有弹无音,应有物而不现,这才是强有力的空符号。

约翰·凯奇的有名的《4 分 33 秒》,他坐在钢琴面前做弹琴模样,有钢琴而无声音。这是一个空符号表演,开创了现代艺术的划时代演出。他的表演是 1952 年的事。我查了一下,在这之前,有陶渊明的英文传记刚出版,我斗胆怀疑,他学了陶渊明。

---

① 阮阅:《诗话总龟》,北京:人民文学出版社,1987 年,第 71 页。

至于中国画特殊的空符号"留白",是中国画传统的一个重要特征,大家熟知。究其根本而言,哪一个艺术文本是不留空白,不留余地,把要说的全部倒出来的?一般意义上的留下"余韵""引而不发",是所有艺术文本符号的共同特点。连歌曲都有"休止",哪个艺术文本能少得了空符号?所以空符号不仅是一种特殊的符号意义方式,几乎可以说是文本组成的必要因素。

第三节 符号学的范围

1. 注重解释的符号学

人类社会一直是个符号社会,但从前没有像现在这样充满符号。近半个世纪来,人类精神文明经历了一场巨变,整个当代文化冲进了高度符号化的世界,符号生产与消费远远超过了物质生产。你觉得包包重要呢,还是品牌重要?包包的做工质量当然重要,但是它大部分的价值,是靠其品牌符号实现的。符号生产超过了物质生产,这是一个很奇怪的现象,却是当代文化的一个重要征象。

符号学关注范围到底有多大?福柯有句话:"我们可以把使符号'说话',发展其意义的全部知识,称为解释学;而把鉴别符号,确定为什么符号成为符号,了解连接规律的全部知识,称为符号学。"①他的意思就是符号学研究符号表意的形式,而研究符号意义之实现的是解释学。

这话已经不适合20世纪60年代以来符号学的飞速发展,因为解释是当代符号学最重要的部分,后结构主义的符号学,重点移到解释上来了。无论是皮尔斯理论的被重新发现并占据主要地位,还是艾柯等1960年代以后的符号学家的工作重点,都说明了符号学虽然还非常关注表意部分,却更重视解释部分。皮尔斯的名言"除非被解释成

---

① Michel Foucault, *Order of Things*, London: Routledge, 2005, p.33.

符号,否则无物是符号"①得到更多认可,符号阐释学成为符号学最重要的部分。

　　让我们重新看符号学的上半部分。怀特海说:"人类为了表现自己而寻找符号,事实上,表现就是符号。"②这话只对了一部分。表达固然需要符号,但意义不一定是"表达"出来的,大量符号有可能没有表达者。只有解释者是必须的。最近难得出太阳,出了太阳就"喜洋洋"。如果你有急事匆匆,可能就不会觉得阳光有什么意义,只是一个感觉,事情办好了你才发现晴天之美好。这个小事说明两点:这个符号(阳光)没有发送者,除非你感谢老天爷;它需要被解释为符号,才会携带"喜洋洋"的意义。

　　无表达者的意义的符号很多。我刚才说到最天真无邪的例子:母亲看见婴儿睡熟了,心里很高兴很宽慰。这是文化性的解释,是人文性的体现。好多动物一出生就自立,根本就不认父母;也有些部落,在那里父亲是谁无所谓。文化符号或社会符号,归根结底是由人来解释的。符号是文化性的,有符号才有记忆和文明。智人走出非洲,据说至今已有100万年,但有记载的历史,有符号留下来的历史,哪怕是最早的岩画,大概只有四万到五万年。这是人类历史很小的一部分,这很小的一部分是人类文明史,文明史就是人类自觉使用符号的历史。

　　人类文明靠符号才能形成,用符号才能传承。如果不能传承,那么每一代人都要重新发明文明的最基本元素。如果你不能教给你的儿子女儿如何用火,那么他们就要一切从头学起。再比如车轮的源起,古人用树干垫支,搬运重物,这是人类最早的使用工具,发明者不用符号无法告诉后人。

---

　　① Charles Sanders Peirce, *Collected Papers Of Charles Sanders Peirce. Volume I: Principles of Philosophy*, *Volume II: Elements of Logic*, Cambridge Mass: Harvard University Press, 1965, p. 172.

　　② Alfred North Whitehead, *Symbolism: Its Meaning and Effect*, Cambridge: Cambridge University Press, 1928, p. 62.

不用符号,人类文明不可能传承,那就没有现在我们的人类世界。没有符号传播,就没有文明。相信人类最早的符号是口头喊叫,因为那是最自然的,只是那时没有录音机,所以我们无法证实。

40万年前,某些山洞里有贝壳,上有刻痕,可以设想这是最早期符号的痕迹;4万年前,早期穴居人开始在山洞里的壁上作岩画,这是最早的符号,标志着智人进化成 Homo Pictor,"绘画人";4000年前,人类开始用文字(中国文字约3000多年前出现);400年前,活字印刷术开始大量使用——中国发明印刷术很早——大量使用印刷术是一个开天辟地的行为,语言符号文本因此技术而成为社会普及物;50年前,人类开始了电脑互联网技术,信息高速流动;近几年数字技术与人工智能有了超高速的变化,人工智能 AlphaGo 打败围棋冠军;一年前,ChatGPT 出现,人工智能有了质的飞跃。

这最早的符号、最早的岩画、最早的文字、最早的活字印刷、最早的互联网、人工智能最明显的突破性发展,在时间线上是以10的级数加速。符号文明的上升曲线越来越陡峭,符号使用量越来越大,人类的文明,现在已经是超级符号文明。

2. 符号学的应用范围

我们所知的世界是符号世界,人的世界与物理世界不一样,因为人的世界是符号组成的。应当指出,虽然符号学可以用来帮助分析一切意义问题,但并不是说什么问题都可以用符号学解决,每个具体问题都有其复杂面。

卡西尔的话"人是使用符号的动物"广为人知,其实这句话是有问题的。刚才说了,蚊子也使用符号。不同的是,人是知道自己在使用符号的,而动物绝对不知道自己在使用符号。所以应当说人是元符号动物。而更让这门课程增添重要性的说法,就是人是"符号学动物"。二者是同一个意思。也就是说,我使用符号时我能明白我在使用符号。

索绪尔的符号学概念集中在语言上,但是皮尔斯认为任何东西都可以是符号。他举的例子中,包括男女感情、纸牌、葡萄酒等当时看来千奇百怪的日常事物。这些当然都是符号,世界充满了符号,人的世界就是由符号构成的,原因是我们处处时时需要意义。王夫之说:"《诗》之比兴,《书》之政事,《春秋》之名分,《礼》之仪,《乐》之律,莫非象也,而《易》统汇其理。"①中国的《易》是全世界最早用来解释整个世界的符号体系。象是什么?是感知,万物都服从符号的规律。

英国哲学家洛克首先使用"符号学"这个词。他认为人类知识分成三个部分,物理学、技术学、符号学。也就是说除了科学、技术以外,所有关于社会和人文的知识都是符号。利奥塔是后现代主义的主要推动者,他那本影响很深远的《后现代状况——关于知识的报告》一书,把人的知识分成两个部分,一个叫作科学知识,一个叫作叙述知识。

看来几代哲学家都主张泛符号学论(pan-semiotics),至今主张泛符号学论的人依然不少。西比奥克证明所有生物都有符号活动。植物有吗?你把一个盆栽倒过来挂,它感受到重力,开始反过来长,它的感知-反应系统很弱,但还是有的。所以西比奥克认为,生命的标准就是符号。

我们怎么寻找外星生物?找跟地球有相似的环境的星球?我们找符号,才能辨别是否有生命。我们收到的电磁波或其他波,本身如果是完全不变的,看来发射源就是无生命的;如果它有所变化,或许能解读出它是携带意义的感知,可能就是由灵性生命体发送的符号。

所以,符号学的研究范围,伸缩巨大,需要好好思量。比如地震,地震局一直在收集符号:蛤蟆爬到公路上来了,井水落下去了。能不能去地震局建议说,你们要上个符号学课?我认为不能,因为地震预兆,如果有规律的话,也太专门化了。再例如,看病看的是症状,症状是疾病的符号表现。不管是中医还是西医,我说你们做的是符号

---

① 王夫之:《周易外传》卷六,《船山全书》第一册,长沙:岳麓书社,1996年,第1039页。

学,我来教你们,行不行? 肯定不行。

为什么不行呢? 不是他们骄傲,也不是我太谦卑,是因为符号学所关注的是社会文化。科学另有一套自己的技术标准,他们的领域如果有符号学问题的话,也是一些基本原理,这些基本原理我们知道也罢,不知道也可以,因为其中的联系是固定的。说蛤蟆跟地震有关系,这句话当中是否有符号学,这不重要,只要知道蛤蟆大量爬出来与地震的关联就行。而文化的符号体系非常复杂,需要对个案分别进行研究。

有些人认为那是因为科学的意指关系太明确。恰恰是由于科学的意指关系太明确,才不需要符号学插手;人文学科的符号意义关系不明确,才需要符号学的分析。艾柯提出:"一种看法是一切必须从符号学角度进行研究,另外一种看法是一切都可以从符号学角度来研究,但是成功程度不一样。"①第一种看法不对,是"符号学万能论",实际上把符号学本身撑大撑薄缺乏说服力了。第二种看法说得非常好,只要有意义活动,都可以从符号学的角度来研究,但成功的程度不一样。为什么不一样呢? 我以后会说到原因。有句老话说的是,你如果手里只有一把锤子的话,你看见什么东西都是钉子,敲两下就行。这只会把自己弄得很可笑。

3. 现代符号学发展史

1913年是符号学发展史上的一个特殊年代,是现代符号学学科的起步之年。索绪尔在这一年去世,他在日内瓦大学的学生开始整理他去世前三年内的讲课笔记,之后,全世界才知道有这样一个强有力的系统思想称为符号学(semiology)。维尔比夫人1913年出版了一本关于表意学(sensifics)的著作,她是皮尔斯的通讯密友。早在19世纪中叶,皮尔斯在他30多岁的时候,就已经提出符号学(semiotics)这门学科,远远早于索绪尔。但皮尔斯这个人社恐,一辈子很少发表文章,只

---

① Umberto Eco, *A Theory of Semiotics*, Bloomington: Indiana University Press, 1976, p. 27.

是宅在家里思考多种学问。1914年他去世,之后,他在笔记上散乱记载的思想才开始为少部分人所知。这几个关键时间点,几乎可以汇合到一起,这是历史的安排,还是巧合?或许此种对深层理论的关注,是现代性开始渗入人类思想的标志。

几年后,1923年,瑞恰慈提出"符号科学"(science of symbols/symbolism),他用的基本词不一样,因此西方符号学史上往往认为这是与符号学不同的学科,不予列入。瑞恰慈任教于当时世界的学术中心剑桥大学,接触面广,得天独厚,通晓学界新动态。他与奥格登合著的《意义的意义》一书,最重要的部分是评论了当时研究意义问题的许多学者,包括罗素、索绪尔、皮尔斯、胡塞尔等。

1926年,赵元任在一篇题为《符号学大纲》的长文中,提出"符号学"这门学科。此文刊登于上海《科学》杂志,文中指出:"符号这东西是很老的了,但是拿一切的符号当一种题目来研究它的种种性质跟用法的普遍的原则,这事情还没有人做过。"①他的意思是不仅在中国没人做过,在世界上也没有人做过。赵元任应当是符号学的独立提出者,当时尚未有一个"学术全球共同体",世界的高等院校体系还没形成,不像现在,翻译、留学、访问,尤其是互联网与索引平台的出现,使得学界凡有所推进,不久就全球皆知。我们现在也不断把中国学者的贡献翻译出去,讲好中国故事,包括中国的学术故事。这个学院体系,对促进人类知识是非常非常重要的。

注意,赵元任提出"符号学"这个词不是翻译,他认为,没人研究过符号学这个学科的名称,是中国人单独提出的。虽然后来几十年这个学科在中国没有好好发展,但赵元任的贡献是我们中国人的骄傲。清华国学院是现代学术史上的美谈,国学院有五位大师,吴宓院长,是比较文学专家,梁启超、王国维、陈寅恪、赵元任四位,都是中西兼通的大师。那时候国学在定义上就已经是中西兼通的了。新文化的先行者

---

① 吴宗济、赵新那编:《赵元任语言学论文集》,北京:商务印书馆,2002年,第178页。

对这一点很自觉,反而现在被搞糊涂了,许多人认为只有晚清之前的中国学术才是国学。

中国思想有一个特点,喜欢整体把握,不太做细节的分析。我不是说这种思想有什么不对,而是指出其特点:做大不做细。中国历史上最接近形式分析的,在先秦有名学,儒家就说它是小道,过于拘泥形式,不如儒家讲大概念、大伦理。唐代佛教有了唯识宗,这是玄奘从印度带回的,得到皇帝唐太宗的支持,给他建了个大雁塔,建立佛学翻译机构,但只传了一代学生。

这个习惯在当代中国学术中有所扭转,但依然不够,当代中国学者依然偏好模糊而宏大的学说。但也出现了一大批学者,从事步步具体的形式分析,在逻辑学、修辞学、文体学、语言学、叙述学等许多领域,取得了重大的值得中国学术界骄傲的成绩。

现代符号学在20世纪四五十年代重新进入中国,南京大学的方光焘,北京大学的高名凯,就开始辩论有关理论了。钱锺书是中国讨论皮尔斯理论的第一人,他的《管锥编》是一个知识宝库,也是个理论宝库。很多人抱怨《管锥编》每一则都太短了,我的建议是,把题目相类似的几则贯穿起来读。比如《管锥编》中前后有七八则,用相当长的篇幅来讨论符号意义的三元关系,合起来读就成为一篇扎实的意义理论论文。

钱锺书发现墨子、刘勰、陆机、陆贽都曾经讨论过皮尔斯所提出的意义三元关系。中国的符号学思想,从墨子开始,从名学开始,在唐代已成为一个体系发扬光大,在宋明理学与心学中又融入重要的哲学思潮。虽然中国古人没有发展出一个完整的意义理论体系,我们却并不缺乏传统,我们缺乏的只是对传统的重新整理、重新理解。

4. 符号学的四个模式

下面我们总结一下,在中国之外,现代符号学发展出来的四个模式。

第一个模式是瑞士比较语言学家索绪尔建立的模式。他一生最后几年在日内瓦大学的课程讲稿,在他去世后,被学生整理为《普通语言学讲义》,1916年出版。后来又有其他届学生整理出版了索绪尔的授课笔记,所以有多个版本。

这个体系中的关键概念都是二元的:能指/所指,言语/语言,组合/聚合,历时/共时。研习符号学,索绪尔是过不去的一关。虽然如我们上一节所说,他并不是符号学的第一个创立者,他的体系却是使符号学获得巨大成功的第一个体系。索绪尔符号学的基础是语言学,他认为语言是符号体系之一,只不过超级巨大,与其他符号体系相比大得不成比例,语言学研究为符号学提供了模式。

1960年代风靡整个学界的结构主义,是索绪尔体系的重大胜利;半个世纪的发展,使符号学变成了一个普遍性的理论。当时所谓结构主义就是符号学,所谓符号学就是结构主义。罗兰·巴尔特、列维-施特劳斯,用符号学理论建立了结构主义体系。虽然结构主义已经推进到后结构主义,但许多原理在当今学术中依然有重大作用。

第二个模式是皮尔斯建立的。皮尔斯在19世纪中叶,他三十多岁时,就独立提出了符号学理论,他为此写了大量笔记。这些笔记自1935年开始被整理出版,到1958年出齐了八卷,此后又出现一些编排方式不同的版本。要到1970年代后结构主义出现时,他的理论才广为人知。由此符号学就向非语言,甚至非人类符号学扩展。他热衷于三元模式,倾向于用各种各样的理据性来解决问题。皮尔斯的思想至今散乱,论者各取所需,符号学的困难和魅力都在此。

维尔比被尊称为符号学的祖师母。她到晚年才从事学术研究,她的第一本讲义是1903年出版的《什么是意义》(*What Is Meaning*),明确提出了符号学的根本问题是意义。皮尔斯的笔记中有不少观点,出自他与维尔比的通信。

不少人把著名的德国新康德主义哲学家卡西尔提出的符号学理论,看成另一种模式,也就是第三种模式。卡西尔为什么一直在符号学中的影响不够大呢?相当一部分原因是他把符号学叫作

symbolism，脱离了 sign 这个词的历史承继关系；更大的原因是他的论著不谈方法论，只讨论哲学原则。这样就很难应用于具体文本的分析。他的弟子苏珊·朗格提出的符号美学，影响很大。

第四个模式是巴赫金-洛特曼模式。对于文化符号学的发展，俄国理论家做了很大贡献。巴赫金是一个富于独创性的文化理论家，创立了非常鲜明的自己的体系——对话主义与复调。他的符号学模式，到今天依然很重要。20 世纪六七十年代洛特曼与伊凡诺夫等人创立莫斯科-塔尔图学派，提出了符号域理论。洛特曼的特点是对科学非常专注，他将科学上的理论，尤其是热力学理论，借用到符号学体系当中。其中的熵理论，帮助我们理解符号交流对整个文化所起的作用。

符号学这几年的发展令人瞩目。赵星植最近的著作《当代符号学新潮流》，总结当今新出现的理论符号学、社会符号学、文化符号学几个大方向上的新学派，包括了伯明翰学派、巴黎学派、都灵学派、欧洲马克思主义符号学派。传播符号学方面出现了赛博符号学、元媒介符号学等。生物与生态符号学主要有新塔尔图学派、哥本哈根学派。瑞典的隆德大学在认知符号学方面做得很出色。符号学在世界各地，朝不同的专门方向多元发展。

我们把符号学的整体方向，看成一种批评理论。20 世纪初，在世界各地同时发生了一个批判性潮流，这个潮流的特点就是不满足于事物表象，希望找到深层的原因。成绩最突出的，首先是马克思主义的文化批评。马克思主义是 19 世纪出现的，但马克思主义的文化批评，是在 20 世纪初才由葛兰西、卢卡奇等人确立。

现象学-存在主义-阐释学，指的是胡塞尔、海德格尔、伽达默尔等，以及一系列符号现象学大师如梅洛-庞蒂等建立的体系。

此外，弗洛伊德与荣格在 20 世纪初推出的精神分析理论，至今依然影响很大，拉康与克里斯蒂娃把精神分析推进到了新阶段。

最后，形式论在 20 世纪初从不同脉系中发展起来，从俄国形式主义,到布拉格学派。

新批评的发展比较独立,最后与符号学汇合,也与上面提到的马克思主义文化批评、现象学、精神分析等互相融合成丰富多彩的分支。

上面提到的各种各样的批判学派、潮流,都在20世纪初这个时期滥觞。难道19世纪的哲人不做批判思考吗?为什么20世纪初批评理论星云爆发,出现了最重要的文化批评理论?因为此时现代性受到了一定的自我反思压力,强迫人们观察现象的底蕴,比如马克思主义文化批评就是要穿过文化的表象来找背后的原因。这四个支柱性模式互相交融发展,形成很多新的变体,但这四个支柱性理论到现在还是最重要的。

为什么要了解这些?因为符号学不是凭空出现的,不是为形式而追寻形式。它是一定的文化气候的产物,是追寻意义根底的思想运动。不要以为形式论就是自我满足、自我封闭的。正因如此,符号学与其他流派可以结合起来。德里达的博士论文就是跟胡塞尔讨论符号问题;拉康与克里斯蒂娃的心理分析,对应用符号学很有创建;巴赫金理论是马克思主义的符号学。符号学要真正有大用,就要做到不固守疆域,开阔视野,开拓边界,把眼界扩展到批评理论的整个光谱。

第二讲　符号意义

第一节　符号意义的滑动

1. 物-符号二联滑动

符号的构成,就是符号进行意义活动的方式。意义过程有三个构成原则值得注意:

- 意义功能滑动原则;
- 意义流动的认知差原则;
- 意义再现的片面性原则。

这里先谈第一个原则。首先,物与符号的二联滑动现象是普遍的。上一讲说过了,符号不一定是物源的,空符号的感知有时候是应该有物而无物,而且心灵的各种感觉也是符号的来源。但还是应当承认,大部分、绝大部分的符号来自物的某种观相。

什么叫观相呢？一个事物可以给我们各种感知。物给我们的某种感知观相,是符号的来源。例如一个苹果,我们可以感知到它的形状、它的香味、它的颜色、它的质地、它的味道。任何一个观相,随时随地都可以产生意义,都让我们感觉到这是苹果。这观相不一定来自作为实物的苹果,也可以是一幅关于苹果的画、苹果香精等。

意义是靠解释者解释出来的,任何物和行为给出的观相,都可能携带意义。物有实用的一面,它也可以变成符号载体。什么时候实用物变成符号呢？当它的观相被解释出意义时。

比如我手中这支 PPT 翻页笔，有它的物用途，但它也可以是个符号。我在这教室当老师，手里挥舞着它，这是我的权威的符号。但是下了课之后放在那儿，它就是一个物，放在桌边，无人顾及，它就不表达意义。所以一个物，可以在纯粹物和纯粹符号之间滑动。纯粹符号是什么意思呢？就是不作为物来使用。例如这个设备不能用了，我依然捏在手里，表示我是老师。

大部分情况下，它既是物，又是符号，可使用，也可表达意义。任何物和符号都根据不同的解释在这两个极端之间滑动，或是纯粹物，或是纯粹符号，或既是物又是符号。这听起来好像很复杂抽象，却是每时每刻普遍发生的，任何物件或事物，都随时随地在这两个极端间滑动。

举个例子，《三国演义》第六回，提到秦汉皇位的传国玉玺。这个玉玺是一代一代传下去的皇位权力符号。王莽篡汉，两个臣子代王莽来索要这个玉印，孝元皇太后气得拿印打他们。此时这块玉是一块打人的石头。到董卓之乱时，讨董联军中的东吴军阀孙坚，发现一个宫女淹死在井里，把她捞起来后，找到了这块玉。孙坚拿到它以后赶快从联军中退出，不跟董卓打了，回到江南他占领的地方：抢到权力的符号，就是真命天子了。以后历代皇帝聪明了，会做多个玉玺，省了这个符号之争。

很多符号都是可以变成物的：信用卡可以用来开锁，奖杯可以用来盛零碎物，小说里的武僧用法器做武器，用念珠做弹丸。电影《明天之后》中，全世界冰冻，人们躲在图书馆里，只能靠烧书烤火来取暖。在这个场景里人们发生了一场争论，关于尼采的书能不能烧的问题。有的人说可烧，有的人说不能烧，就是说他的书不能降解为物。所以符号的意义，跟物的使用性，是两码事。比如，汽车有物的功用，能代步；如果汽车是去接新娘子的话，汽车的牌子就大有讲究了，如果不是豪车，新娘可能就会感觉不被尊重。

上一讲已经讨论过，每时每刻我们周围发生的事物，都有可能被解释出意义来，因此事物永远在二联滑动。关于这个已经举过很多例子，为了让大家印象更深刻一些，我不妨反问一句：有没有一件东西只能是物，或只能是符号？

这是一张很结实的实木桌子，显示它的主人有知识也有地位，一旦地震，还可以躲到它下面去。这枚勋章是军功的荣耀，万一正好挡住弹片，它的作用就是盾牌。接到一封信，我顺手拿它来擦桌子，行不行呢？当然行，我只把它当一张纸。此事又可以读成符号：我瞧不起给我写信的这个人，他的来信被我当成废纸。《汉书》中说言之无物的著作，"恐后人用覆酱瓿也"①。酱缸盖子是要密封的，不然里面会发霉。你这本书不够格，就用来盖酱缸吧，这本书的纸的物质性尚能派个用场。任何符号都可以回到物理状态。到底一件东西，是物还是符号，取决于解释。

大妈跳广场舞让你受不了，广场舞都配着很好听的音乐，为什么你们受不了？音乐对于跳广场舞的大妈来说是美好的东西，对我们要读书的人来说就很难受了，会觉得它是噪音，是空气的物理性震动。

弗朗西斯·科波拉的电影《现代启示录》很有名，里面美军军官是个好战分子。他用瓦格纳歌剧《女武士》的音乐，把越南士兵从丛林里赶出来。我看电影这一段，觉得太戏剧化了，瓦格纳音乐有那么厉害吗？后来看一部越战史，发现居然真有其事。

还有"九寸钉"乐队，美国的一个重金属摇滚乐队，向美国政府提出抗议。那时在关塔那摩湾基地关押着很多所谓恐怖分子嫌疑犯。不好用太明显的肉刑，就用音乐折磨，一天给他们放许多个小时的"九寸钉"乐队的音乐，直到他们受不了。如果在美国关不良青少年的监狱里，放许多个小时的摇滚乐，囚犯估计会高兴坏了。

《忐忑》那首歌，不会唱也听到过吧，节奏很复杂。有一回，浙江男

---

① 班固：《汉书今注》，南京：凤凰出版社，2013年，第2109页。

篮队输给了辽宁队，原因被认为是主队在客队罚球时放《忐忑》。全国篮协通过决议，这场比赛作废另赛，为什么呢？因为全国篮协认为放这首歌是主队在进行噪音干扰，打乱了客队的节奏。在这里，音乐的韵律成了节拍器。

随着社会发展，某物的符号意义是逐渐变化的。楚庄王问鼎中原的故事大家都知道。鼎原是古代的大锅，他打听的是那个锅吗？他问的是朝廷权力的符号，所以这个问题本身是野心的暴露。现在我们任意问鼎的重量，博物馆还答疑介绍。投之以木瓜，报之以琼瑶。一个木瓜才多贵重，怎能跟一枚琼瑶相比？相差不太大了吗？但是它们代表的意义可以类似，这取决于接受此礼物的解释者。

《史记·高祖本纪》中有一场更奇怪的故事，项羽跟刘邦对阵，项羽战场上赢不了，就把刘邦的父亲抓起来，准备放在大锅里煮。刘邦知道后，淡然地说，我们曾约为兄弟，我的父亲就是你的父亲，肉汤烧出来分给我一碗喝。这下子项羽的讹诈就行不通了。应当说刘邦跟项羽比，刘邦比项羽流氓多了。电影中、戏台上，项羽是莽汉武夫，实际上刘邦才是正牌流氓，他看明白了符号学的原理：解释决定意义。

事物什么时候开始符号化？符号化就是带上意义。根据上面说的定义，意义是意识与事物之间的关联。人的灵性，出现在上帝让亚当夏娃吃了"智慧果"的时候，他们就一下子能从许多事物中读出意义来，包括他们自己。一个浑然不知事的人，就是一个比较特别的动物而已。《荀子》说得很清楚："夫禽兽有父子，而无父子之亲；有牝牡，而无男女之别。"[1]亲与别就是对符号意义的自觉。马克思指出："对于动物说来，它对他物的关系不是作为关系存在的"[2]，只有人才能认识到这种意义。

所以，一切意义都是在事物–符号上面滑动的，符号是作为意义载

---

[1] 杨柳桥：《荀子诂译》，济南：齐鲁书社，2009年，第71页。
[2] 卡尔·马克思、弗里德里希·恩格斯：《马克思恩格斯选集》第1卷，北京：人民出版社，1972年，第35页。

体的感知,它某个时刻是符号,某个时刻是物,绝大部分时间是物兼符号,这取决于我们如何解释它。而我们解释它的能力,就是我们人作为符号动物最重要的意识。

2. 三联滑动

根据以上讨论,物有物的实际用途,符号有符号的实用意义,二联滑动是用处变化而已。但是如果一个物-符号完全滑到有用性之外,就变成什么?答案很明显:垃圾,可弃物。如果有意义,也是废物造成的头痛:累赘、污染、肮脏、浪费等。

有没有一种可能,一个物-符号滑出它的有用性之外,变成了艺术品?首先,有这种事吗?我们看到,艺术的确是无用的。如果一件艺术品(例如器具)竟然有用,那么它作为艺术品先要无用化。例如一把剑,锋利可杀人,这是物的使用性,已经够让人害怕的了;如果是皇帝给巡视大臣的"尚方宝剑",那就是令奸臣胆寒的惩罚权符号;如果今天放在博物馆中,它就不可能再有任何使用性或实用意义,只有它的工艺之美令人赞叹不已。

比如某件古董明瓷是夜壶。夜壶派什么用场大家都知道,现在无人用了,也不再有"富贵人家"这样的符号意义。这个古董在佳士德肯定能拍出一个不高不低的价格,因为像杜尚的小便池一样,它就是一个无任何实用意义的物品。所有古物的意义都是这样从"无用化历史"中积累起来的,哪怕夜壶也是这样。

《清明上河图》中有拱桥。我们祖先修桥是为了使用,也有实际的符号意义:官府修桥是为了宣扬德政,表明社会富裕,有余力做民生建设。我们也可以从拱桥身上读出古代的技术水平和社会动员能力。今天到开封去,依然可以看到一些古代石桥,怕出危险,就不准行人走了,只是当作风景,当作景观艺术。城墙、城楼、宝塔、牌坊等古建筑的存在,也是一个道理。

我有一块卵石,花纹挺特殊的,是我从建筑工人淘洗的碎石堆里看到的。当时看到它,我眼睛一亮,赶快把它拣出来,一洗一擦,花纹真是美丽。我在南京读的大学,南京雨花台以产雨花石闻名,我的这块石头因此有了怀旧意义。此时它就不是铺路的石头,而是纪念青春岁月的符号。我把它镶起来以后,装了个盒子,送给一个南京老友做礼物,他把它挂在墙上,作为一件艺术品。它能重新变成石头吗?假如家里失火,它可能掉地上混入泥污,重新变成可以铺路的石块。一个物变成符号的途径千千万,甚至可能变成艺术品,同样,它又变回成物的途径也千千万。

这个道理容易理解:艺术品是无实际用途、无实际意义的符号。垃圾当然也是失去日常生活意义之物。我个人认为,艺术性就是对生活庸常意义的超越。如此说,似乎太简单了一些,本课程接近结尾时,会有一讲专门谈艺术符号的特殊意义方式。

3. 部分滑动,三性共存

物-使用符号-艺术符号的三联滑动,会有一种常见的情况,就是"三联部分滑动"。这杯子很不错,它材料上轻便实用,符合我上课使用的需求;设计巧妙,不会溢水;图案美观大方,雅而不俗。这三种品格齐全,我同时在使用杯子的三个属性:物使用性,装水方便可用;实际意义,我的教师身份标志;审美意义,造型可以欣赏。实际上我们生活中的许多物件,同时都有这三个品格。就拿这教学环境来说,这个教学楼,这个教室的装修,这个窗户的设计,这些灯光的布置,都是三性并存。

尤其奢侈品,它的增值方式非常戏剧化。比如一瓶酒,第一,口感好,这是它的物使用性;第二,牌子可炫耀,能表达饮酒者的社会地位,而且某明星代言过,让我觉得与有荣焉;第三,它的包装设计让人愉悦,外形有超脱凡庸的艺术性:这就达到了三性共存的效果。买一辆汽车也有三性之分。这辆玛莎拉蒂是名牌车,物使用性肯定优越,它的速度与刹车能力、急转能力彪悍;它也有符号意义,比如这个品牌可以表示昂贵,开这样的车的人多半是有身份的;第三,它有艺术欣赏价值,流线型的设计的确很漂亮,不同于一般代步用车,艺术性就是超出实用的也超出符号意义需要的部分。

经营任何商品,都要求在这三方面用力。注意后两个都是符号意义。符号的实际意义包括身份、地位、格调、风度等,超出实际意义的部分才是它的艺术性所在。你去买衣服,第一个看它的物使用性,材料如何,做工好不好;第二个看它的实际意义,品牌、样式;第三个看它的艺术性,是否好看,是否配得上你的体态肤色。

这三者是不一样的。一件衣服是不是名牌,跟艺术性没有关系;格调时髦,跟样式让人愉悦,是两码事;所以艺术本身无价。我的意见是"艺术无赝品"。各位肯定惊奇,艺术怎么没有赝品?艺术市场上,赝品与真品价格相差极大,赝品可能完全不值钱。那么拍卖会上,收藏家出高价竞购的是什么?收藏家买的是艺术真迹的稀有性,买的是此物件的保值能力,此时当然不能弄错真假。

所以说艺术品有赝品,艺术无赝品。

第二节 认知差

1. 符号传播的认知差动力

刚才说的符号滑动是符号功能活动的第一个原则。下面还有两个原则,第二个是认知差的原则,第三个是片面性原则。这两个比较简单,应当比较好懂。

什么叫认知差?意义为什么要传送?意义传播,表示我心里有某种意义要告诉你,而意义必须用符号传送。从整个社会看,有意义能告诉邻居,告诉后代,记录下来,才形成人类文明。动物也有意义要传播,母熊教会小熊许多生存技能,但都是它们的 DNA 里就有的技能,不太会是母熊自己新获得的知识。而人类用符号来教育、传播并记录新的意义,符号传送形成的意义流动,是人类文明形成、延续、发展的一个基础。

意义流动最基本的动力来源,就是人之间有认知差。任何运动都来自压力差：水流来自水压差，气流来自气压差，电流来自电压差，人的迁徙来自生存资源差，人的社会运动来自地位差。意义的流动则来自传送者感觉到自己有某种意义要告诉对方，即与对方的认知差。

解释学家伽达默尔说，解释不仅包括被理解的对象，还包括解释者的自我理解。为什么要理解二者呢？我理解到我有东西要告诉你，就是我认为我懂的某事你不懂。我懂你不懂那我就要传播，当然这要对方也承认此种差别。你们来听符号学课程，是认为自己对于符号学的理解比我差一些。伽达默尔说自我理解是理解的出发点，是说者认为自己的理解比对方高一筹，多一点，更贴近真相——我比你高明，我来说给你听。

尽管认知差是一种感觉，但这是任何传播的起点，是"为了你好"的一种交换，或一种给后代的赠予。我要说任何话，必须基于一个最基本的前提，就是我说的你不知道，或不如我知道得多。我听任何人说话，也必须基于一个最基本的前提，就是在说的这一点上，我比你懂得较少，或是我不得不自认（因为学术地位低、索要学分、辈分低等）懂得较少。

但是，你举手说："老师你刚才说的东西我不懂"，你说这句话，要覆盖的认知差在哪里呢？是关于你的"愚钝"，你的认知比我多。如果不需要，没有任何东西可告诉的话，你何必说话？你肯定有东西告诉我。

同样，我听任何人说话，要有所得。哪怕我明白你是在撒谎，我也可以听下去呢。例如审讯犯人，我知道他在躲避事实，为什么还要听？我想从这场交流里认知到什么东西？是这个人的撒谎本领，他心里有什么鬼，这些都是他可以让我了解的地方。

因此，没有认知差，就没有意义传达，但是认知差这东西是主观的，是说者与听者觉得如此而已。我在这滔滔不绝讲课，是自以为比你们高明，其实你们心里不太了解的，可能只是我这位老师自以为是到了何种地步。认知差是我教课的前提，哪怕这个前提是虚假的，只是双方各有所图。但是如果师生间没有认知差,讲课作为一种传达,就无法进行了。放眼整个人类文明,所有的传播活动,都是如此。

2. 片面化原则

第三个原则,任何符号携带的意义,都是一个关于对象的片面的认知。对事物,人不需要全面理解才能获得意义。符号的起端可以只是意识感知到物的一个观相,而这个观相可以只是来自物的某一点可感知性,远非其整体性。比如苹果的一点香味,远非关于苹果的整体知识。

看到一辆汽车开过来了,我马上跳到一边。根据我的认知,按它的速度、它的重量,如果被它撞上,不死也要吃大亏,所以我赶快跳开。那时我要全面了解这辆汽车吗?绝对不需要。如果更多了解这辆汽车的话,反应就晚了,就被撞上了。所以在决定跳开的时刻,汽车的色彩、样式、品牌、司机相貌等,全都必须忽视。这个时候去判断这辆车多漂亮、品牌多高贵,只能妨碍我迅速做出意义认知。

实际上,我们在这个世界上生活,必须忽视好多东西。如果没有这个片面性原则,我们对周围世界各物都要进行全面了解的话,那可能就会几乎一步都动不得。与本次意义解释无关的感知,是眼前这个符号文本中的噪音。

这个例子好像极端,实际上我们抓取任何意义,都是片面化的。《韩非子》中有一个很奇怪的故事:"郑县人卜子使其妻为裤,其妻问曰:'今裤何如?'夫曰:'象吾故裤。'妻因毁新,令如故裤。"[1]妻子问,裤子做好了,怎么样?卜子说,要像我原来的裤子,妻子就把新裤子撕破了。为什么呢?"如故裤"可以有两种解释,可以是像旧裤子那样破了,也可以是像旧裤子原先的样子。"故"这个字是片面的,不能说清意图意义。这个故事非常有趣,却不太被人引用。这是韩非子的"柏拉图式三裤说",卜子说的是不见形的"吾裤"。

---

[1] 韩非:《韩非子》,长沙:岳麓书社,2015年,第105页。

符号不再现整体物,更不代表物的抽象本质,符号的意义在解释。这好像很抽象,实际上容易理解。我们并不要求物的本质拿出来作为符号的感知来源。说一个片面性的笑话。某富翁请老同学吃饭,每人上鱼翅一碗,他没说这是鱼翅,众人都以为是粥,都说这个粥味道不错。众人说"再来一碗!"一圈下来,又多破费几千元。这不能怪那些同学,如果他们的感知为粥,意义就是粥。

艺术本身也是片面化的。卢卡奇说理想的艺术,全面地反映了世界的客观本质、社会的整体性。一本小说有没有这种"本质再现"可能?《红楼梦》里贾母就说了,才子佳人故事全是破绽百出:"编这样书的,有一等妒人家富贵,或有求不遂心,所以编出来污秽人家。再一等,他自己看了这些书看魔了,也想着一个佳人,所以编了出来取乐。他何尝知道那世宦读书家的道理!"①贾母是富贵人家出身,认为这些小说家都是穷光蛋,娶不到富贵人家媳妇就在故事里瞎编是非。我觉得贾母说的有道理。小说,哪怕伟大的现实主义小说,也不可能是全面的知识,也不需要全面的知识。贾母这段话,我觉得可以用来重写文学概论。

上一讲说到,物本身的特点是细节无限,而人的认知潜力有限。我在20世纪70年代末,看到新版大英百科全书,50多部,放满一书架,我就担心下一版怎么办?1980年代初,我们编《中国大百科全书》,分门类编,有几百卷,准备今后按词序合起来。中文排起来紧凑,容量肯定是全世界最大。可惜还没合起来,互联网就出现了。百度百科或者维基百科有多少卷?远远超过所有百科全书,而且还在不断增加。这说明人对世界的认知是无限的。

人对事物的感知不可能全面,符号再现的能力也就不可能全面。鲍德里亚说过一句很奇怪的话:影像不再让人们想象现实,因为它就是现实。巴尔特也说,摄影表达的是曾经的存在。两位大师夸大了摄

---

① 曹雪芹:《红楼梦》,长沙:岳麓出版社,2009年,第480页。

影再现对象的能力。

意大利著名导演安东尼奥尼的电影《放大》(*Blow Up*)里有这样的情节:一个摄影师远远地拍到一对男女在吵架,后来警方说这是凶杀案件场面。摄影师想这好办啊,我把这个场景放大出来,就可以看出凶手的面孔了。结果他放大成什么呢?放大成银盐粒子,哪怕用放大镜来细看,也看不清。照片作为一个符号再现,永远是片面的,哪怕现在的高清度摄影,可能还是看不清实物。

实物是细节无限的,而照片是符号,符号就总是片面的,哪怕高清数字照片,放大到最后出现的也只是粗粒的像素。当今绘画的超级现实主义,画得比照片更精细。中国超级现实主义绘画第一人冷军,他的画作比以前许多超级现实主义画作都更精细。但即使是这样的画作,它的精度也无法无限放大。你们身上衣服的纤维,永远比冷军的画作,比高像素照相再现的衣服的细节多无数倍。

因此,任何符号都只是应和引用对象的某种观相,并做出一个片面的再现。引发对象的意义,靠的是这种极片面的再现。我要传达一个对象意义"一朵红花",可以就地画一朵,可以用手在空中画一朵,可以用色板拼一朵,甚至可以采一朵花,以一朵花代替一个类别的"示例",甚至用"姑娘的脸颊"来做比喻。所有这些再现,都是片面的。符号不需要呈现事物的整体性,因为符号的作用只是提醒接受者"再现的意义是什么"。

3. 符号意义的量化

符号意义实际上是无量化可能的。在某种情况下可以量化的,是接受者感觉到的意义,与别的符号意义相对比。

比如礼物,送礼收礼是一个非常复杂的符号计算。你们送或被送红包吗?那就要参与人情活动,给出红包。红包到底怎么给法?你考量了很多,也许才能想得出来到底给多少。因为对你们学生来说可能还是挺大的一笔钱,对我也是。考量什么?我与他的关系深浅,我们的相对社会地位如何,都是很实际的考虑。

古代番邦进贡,带来珍稀宝贝,皇帝龙颜大悦。受万邦朝贡,面子很光彩,但实际上很不合算,因为还的礼要更多。天朝有物华天宝,还的礼要能证明面子比送礼的人大。有时候还要赔上公主去和亲。两国之间好像是在交换友谊,却有很多实际的计算在里面。

还有一种更糟糕的"礼物",就是贿赂。行贿者对符号不得不做精细的量化。贿赂不当,反而有相反的效果。要费很多心思计算等级差,有时候面子上要再加一层面子,可能才正好迎合面子和里子。当然,他往往会忘记法律上的量化。

货币本身的量化。任何国家财政部都不允许熔化硬币。为什么不许熔化?因为通货膨胀(可控制或不可控制)是现代经济的特征,原来的硬币作为金属的价值,总有一天要超过面值。有些旅游点,把一元硬币做成各种各样形状的小雕塑,价格远不止硬币价值本身。破坏人民币的"载体"是不允许的,硬币屡禁不止的原因,就是货币名义价值(符号价值)与意义价值(实物价值)之间的翻转:硬币金属的价值超过面值。

还有一个很奇怪的现象,就是去店里买东西,店主先是保证绝对是名牌真货,不肯跟你讲价,你说我不买了,店主就会说,可以讲价的。这时你却会想这可能是假货,因为价格就是名牌符号的意义。价格如果降下来,名牌符号就支撑不住其意义,货就可能是假的。

第三节　符号过程诸悖论

1. 符号意义三环节

以上一直在谈符号的意义,但是我们一直没有追究究竟是什么意义:

- 意图意义:发送者想表达的意义;
- 文本意义:符号及其组合本身所带的意义;
- 解释意义:接收者解释出来的意义。

同一个符号过程,就有三个不同的意义,必须分开加以处理。三个意义必定互相排斥、互相替代,后一个出来前面一个就被顶替了,消失了。发出者的意图意义,先被文本意义所替代,最后被解释意义所替代,轮流被取消在场。一旦符号文本发出来了以后,符号发出者的意图很可能就没必要存在了。一旦解释意义出来了,这个符号文本就没有必要存在了。其实它还是存在的,只是可以不再理会。这就是《庄子》里说的得鱼忘筌,得意忘言。

但人类的意义活动很复杂,并不是每个符号文本都是如此的。你猜中一个谜语的谜底,但是谜面很巧妙,你就会记住谜面本身。许多文本的巧妙之处,让我们迷恋,至于怎么解释并不重要,甚至说穿了(例如剧透)反而杀风景。文本本身比意义重要,文本的目的似乎是有意让我们无法迅速猜透,阻碍高效率的传播与解释。这是 20 世纪形式论的开场者俄国形式主义的领袖什克洛夫斯基的"陌生化"观点,也是艺术性文本的特点。用他的话说,艺术的目的就是"增加了感受的难度和时延,既然艺术中的领悟过程是以自身为目的的"[①]。也就是符号文本以不易传达为目的,意义过程停留在文本的形式上。本讲义以后会仔细讲这个问题。

2. 解释意义不在场,才需要符号

符号意义过程,蕴含了三个悖论:

- 第一:解释意义不在场,才需要符号;
- 第二:不存在没有意义的符号;
- 第三:任何理解都是一种理解。

第一悖论,解释意义不在场是符号意义的前提。符号为什么有必要?就是还没得到解释。如果已经解释,就不需要符号了。上一节说到汽车开过来,你要赶快躲,汽车开走后,意义活动就此结束,不需要

---

① 维克多·什克洛夫斯基:《作为手法的艺术》,见方珊编《俄国形式主义文论选》,北京:生活·读书·新知三联书店,1989 年,第 6 页。

再关注这辆汽车。人脸识别与身份证对比证明身份后,二者的验证功能就都不需要了。登机后,登机牌就不用再保存了(除非要报销)。这是实用符号意义方式的特点,高效而集中。

正因如此,看到符号出现,就知道它的解释意义还不在场。电视上充满了某个商品的广告,证明该商品的意义还没被公众解释出来。一旦广告汹涌而来,观众就可以明白一点:这个商品的销售情况可能不好,或是商家想让它变得更好。某个意义的符号很多,证明它的意义需求还没达到。

孔子说:"祭如在,祭神如神在。"①孔子这句话大家都知道,但这句话里有一个非常深奥的符号学原理。祖先的灵魂不在场,招神的让人把符号(祭品)放到祭台上,祭礼本身,表明神意还不在,祭的目的就是把他们请出来。如神在,我认为他是在的。《四书章句集注》中说:"有其诚则有其神,无其诚则无其神。"②诚心表现在我的坚持之中,我不诚,祖神就不会来。

伦敦的白金汉宫前面有一群雕像,群像中间是维多利亚女王的雕像,周围是大英帝国的卫护神。守护大英帝国之狮的是哪些人?有手握镰刀的农妇,扛大锤的工人。女王是在19世纪下半期统治英国,马克思主义就是这个时候出现的。这个阶段,恩格斯写了《英国工人阶级状况》,这是分析现代社会阶级的一部奠基性的著作,证明当时的工人农民,处于"绝对贫穷"状况,在大英帝国里没有地位,这个帝国不是依靠农民工人来支撑的。那么为什么会有这个雕像呢?维多利亚女王为什么要靠工农来维护她呢?什么符号突出,实际上就缺什么。

一个行人在街上拿着张地图,或者拿着个手机在看地图,证明他可能不是本地人。大学校园门口有导向图,谁在看地图呢?是新学生,老学生们大多已经熟悉校园了。广告泛滥,说明人们的消费欲望不够,消费社会靠欲望运转,商家对人们的消费欲望永远不会嫌多。

---

① 朱熹:《四书章句集注》,北京:中华书局,1983年,第64页。
② 同上。

广告表现的是什么呢？表现的好像是欲望，实际上广告的主题是对欲望的欲望，广告说的是，欲望是好的，对欲望的追求是一种美德。有符号就证明了，某个解释意义尚不到位。

公路警示牌"前方事故频繁发生地"出现的时候，说明容易发生事故的地段尚未出现于视线中，只是先做提醒。古代戏曲里，县官出场时会先出现两个大牌子：肃静，回避。县官大老爷出场之前，为什么要先出现这两个牌子呢？因为要提醒街头百姓不要喧哗，不要做出无礼之举冲撞老爷，这是先行警告。

不过，有时候什么意义尚未在场，需要分析。一辆车开过，有人会说："看，这是一辆奔驰！"难道我看不懂奔驰的牌子吗？为什么他还要说这是奔驰？相当重要的一个可能是他觉得你没注意。提醒的不是某种意义缺位，而是我们的注意力不在场。解释意义因人而异，因场景而异，看来似乎是多余的提醒，但只要符号发出者认为值得提醒，就是在填补上一节说的认知差。

还有一个例子可能更值得研究。电影《归来》的主人公叫陆焉识，陈道明主演，巩俐演陆焉识的妻子。丈夫多年前来过信，说这个日期我将坐火车回来。丈夫回来时，女主人公已经半痴呆了，不认得丈夫了，然后，每年到信里所写的丈夫回来的时候，他们两个人，就会拿着写着陆焉识名字的大牌子在站口等陆焉识。陪在妻子旁边等车的不就是陆焉识吗？既然是陆焉识，他不就是意义在场了吗？这个写着陆焉识名字的牌子是个符号，指向什么东西不在场？女主人公心中年年等的丈夫不在场。至于陪她来等的这个人是不是陆焉识，对于妻子的认知来说不相干。这个镜头很有符号学的道理。符号出现必定有所示，对女主人公来说，有个期待的意义终究要进场，不然的话就不需要这个符号了。

所以，对已经不在场的东西，如果解释者有意忽视其不在场，你用任何符号文本都"唤不醒装睡的人"。比如，很多人青春不再了，还继续使用一些青春时代的符号，这被人称为"装嫩"。

3. 不存在没有意义的符号

第二个悖论：不存在没有意义的符号。符号就是意义，没有意义的符号是不存在的。这句话好像没说似的，实际这个事情很麻烦。索绪尔说，能指与所指是一个硬币的两面，硬币的一面如果被切下了，另一面也就没用了。符号不可能从意义上把自己剥离下来，符号的定义就是意义携带功能。

问题在于，在没有得到适当的解释之前，这符号文本本身只是一个载体，我们无法对作者的意图进行猜测（除非他自己出来说，但那又是另一个符号文本），我们只能猜测文本的意图。什么叫文本的意图呢？传统的文学研究一直是在研究作者，比如，杜甫是哪一年到成都的？住在什么样的草棚里？草棚上的茅草有没有被风吹掉？从这个角度研究《茅屋为秋风所破歌》。如果认为文本的意义是杜甫给予的，那么就必须追到他身上。对不对呢？绝对正确，这是此诗产生的背景意义。但这也是不够的。如果作者意图已经在文本当中实现，那么我们读文本就行了；如果作者意图没有在文本当中实现，那么读也没用。

艾柯说："文本就不只是一个用以判断诠释合法性的工具，而是诠释在论证自己合法性过程中逐渐建立起来的一个客体。①恰恰相反，我要证明我的解释合理，我要倒过来构筑一个体现在文本中的意义。文本的意义是对解释起证实作用。我得到了文本的意义，但是我必须用文本分析证明我的意义解释是合理的。不同的解释实际上把相同的文本，变成了不同的文本。不同的红学家，讨论的似乎是不同的《红楼梦》文本。

《道德经》说："无名，天地之始；有名，万物之母。"②在场是有名，不在场是无名，一个是天地之始，一个是万物之母。万物之产生，也就是在无和有之间涌现，即从无名（尚无符号）到有名（已有符

---

① 艾柯：《诠释与过度诠释》，北京：生活·读书·新知三联书店，1997年，第78页。
② 王夫之：《老子衍》，《船山全书》第13册，长沙：岳麓书社，1996年，第17页。

号)的过程。意义不在场才是解释者关注符号的动力,意义不在场才能使整个符号活动朝解释方向进行。

符号的载体与再现意义,必然有所不同。举个或许可以让大家笑一笑的例子:秋波传情,当然是一个符号活动。有同学提出来说夫妻之间不抛秋波,因为意义在场,就不再需要这个符号。符号要表达的绝对不是眼珠如何灵活,符号必定有需要猜测解释的意义;只表达自身的话,符号就没必要存在。国外某些大人物有替身,那个替身跟他很像,但却是另外一个人,他们之间是有意义距离的。没有距离的话就不是替身,是真人了。

《牡丹亭》中,柳梦梅看到杜丽娘的画像,立即深陷爱情不能自拔。中国古代画像是单线平涂的。现代犹如真人的高清照片,有可能让人一见生情。单线平涂的仕女图,怎么可能让人一见生情呢？实际上符号再现的能力,在每个人眼里,在每个时代,完全不同。杜丽娘的画像,不管如何画法,都是符号,与杜丽娘本人必定有差距。克服这差距的能力,每个观画者是不同的,我们只能说柳梦梅克服表意距离的能力特别强。

对象距离,是符号表意的最基本条件,如果符号与对象无距离,就不会有符号。橱窗里的一件衣服,是不是商场里面衣服的符号？是的。我在橱窗里看到这件衣服,很合意,然后到商场里面去找同款。为什么它是符号？橱窗是向你展示一个例子,示例就是跟店里面同款但不同一。

所以符号表意有三个距离:时间距离、空间距离、表意距离。没有距离的话符号就会跟意义同存,就不需要那个符号了。符号需要一定的时间,需要隔着一定的空间,才能够把那个感知传给你。表意距离则是,这个橱窗里的衣服很好看,店里面的衣服是你第一眼看不到的,橱窗模特代你穿了起来给你看。

没有这三个距离,这个符号跟它的对象完全重合,符号就会消失,因为完全同一了。同一就不成为符号。某些招聘会上,求职者会呈上个人的写真集。本人已经在场了,为什么还要一本写真集?因为虽然人在场了,但人的在场并非穷尽人的各种可能性。比如我并不能呈现我自己在照片上的打扮起来后的样子,即所谓上照程度。可以说一句奇怪的话:我本人都不是我的全部。

4. 任何解释都是一种解释

第三个悖论:任何解释都是一种解释。那么错的解释呢?的确,有好多解释是错的。但是解释者如何知道他得到了符合"真相"的意义?我们说某种意义理解是错的,是因为作者说"这不是我的意思",或是某个权威(例如我这个当老师的)说这是错的。但这两种宣判,都不能算。

发送者有意用符号撒谎,此时哪一种解释才是"正确的"解释呢?艾柯说:"符号学是研究所有可以用来撒谎的东西的学科。"①这句话让许多符号学家很不高兴,我也很无语。但仔细想想,艾柯是有点儿对的,因为不仅发送者可以一说二,符号本身也很可能导致误会,导致错觉。所谓真相是很难的问题,需要走到社会实践中,到可证实的地方,去互相对照,互相验证。本讲义最后一讲的最后一节,会处理"真知"问题,那需要全部的符号意义规则,才能尝试讲解一下。

符号解释本身,有可能是错的,有可能是真的,有可能是假真或假错,必须用这个符号文本与许多其他符号文本对照,才能大致猜测。所以艾柯这句话是对的,虽然有点儿损人。"每当存在着说谎可能时就有一种符号功能",说符号学是撒谎学是不对的,但是有撒谎的可能,才有表达"正确"意义的可能,的确如此。

我真的听到过某个母亲说,"哎呦,我这个儿子才一岁半,已经会撒谎骗糖吃了,真聪明哦!"实际上每个孩子的成长,都是手里拿着一本符号学在成长,把他们的言行记下来,你就会发现,他开始学会掌控

---

① Umberto Eco. *A Theory of Semiotics*. Bloomington: Indiana University Press, 1976, pp. 58-59.

意义了,他就开始长大了。在此我不是做道德判断,我也认为应当教育儿童不能撒谎,但那是符号学之外的问题。

不懂本身也是理解的结果,理解只是一个暂时的解释而已。电影中的黑帮老大对手下人比个手势,手下人就把抓来的人拖出去毙了。老大问怎么回事?手下说,你不是叫我杀了他吗?"哪里,我是要个雪茄。"你说到底是手下人搞错了呢,还是老大有意推卸责任呢?

这是香港电影匪帮片当中经常有的镜头,证明什么呢?证明到最后任何解释只是一个解释。我们无法证明老大在撒谎,他不会承认,因为他是老大。著名的古希腊哲学家巴门尼德说过一句话,"能够被表述、被思想的东西,必定存在"①。这句话本身好像有点太唯心,实际上意思就是说,既然我这样再现,它就可以被理解为存在。从这个角度看,匪帮片中老大的手势,所表示的两种意义都有根有据。

《三国演义》头三回是写历史背景,叙述太快速。第四回讲曹操逃亡的事,才像小说中的人物经历,速度慢下来细写,说的是曹操跟陈宫逃亡到吕伯奢家,两个人听见磨刀的声音,又听见有人说"绑起来杀了"。曹操把这一系列的片段,读成一个完整的意义:他们在准备杀我。于是他"宁可我负天下人,不可天下人负我","不问男女,皆杀之"。他连杀了八人后,发现院子里捆着一头猪,才明白原来吕伯奢是要杀猪款待他。曹操杀人有没有根据呢?符号文本根据相当清楚,有人在磨刀,有人在下命令,但如果曹操不慌张的话,文本就不一样,他就可以得出不同的理解。

中国史书上有个更著名的例子,《韩非子》所载"郢书燕说"的故事。"郢人有遗燕相国书者,夜书,火不明,因谓持烛者曰:'举烛'。而误书'举烛'。举烛,非书意也。燕相受书而说之,曰:'举烛者,尚明也;尚明也者,举贤而任之。'燕相白王,王大说;国以治。"②郢地某人晚上写信给燕国朝廷,灯火不太明亮,他让旁边人"举烛",把蜡烛

---

① 转引自汪子嵩等:《希腊哲学史》第一卷,北京:人民出版社,1988年,第634页。
② 韩非:《韩非子》,长沙:岳麓书社,2015年,第106页。

举高一点,一边说着一边不小心在信上写下"举烛"二字。燕王读信时见此二字很高兴,国家就因"举贤而任之"得到大治。写信者误将"举烛"二字写入书信,却由此被当作意义深远的强国大计。

再举一个更好懂的例子。电影《刮痧》,故事发生在美国的华裔家庭里。小学生生病了,他祖父给他刮痧。老师看到了孩子身上刮痧的痕迹,结论是这家人虐待儿童,然后就告到法庭上去。这家人被判决为虐待儿童,要孩子与父母亲分开,寄养到别人家里。那么谁有理呢?法院有理啊,这个皮肤有伤痕,符号文本如此。你说意图意义不是如此啊,可是这些老外能懂中医的话,那他就不叫老外了。因此这里意图意义、文本意义、解释意义三者悲剧性地不一致。任何解释是一个解释,关于这一点,后面会讨论:解释要靠文化元语言。

乔姆斯基要挑战符号学与语义学,写了一句话"无色的绿色思想狂暴地沉睡"①(Colorless green thoughts sleep furiously)。这话里每个词的上下文,都是不可能的搭配。乔姆斯基用此挑战语法常规。福柯说这个太简单了,做梦,做白日梦,或者写诗,写超现实主义诗,或者是发疯,都可以写出这种句子。

诗歌符号学家理法太尔说,诗歌有个大特点就是不通(ungrammaticality),写得通的诗不是好诗。这句话我个人很同意。我知道这个课堂上每个人都会写诗,经常有人会发给我看看。至今我还没有发现大诗人,原因或许就在此。为什么呢?我读到过的大部分东西,不是写得太不通,而是写得太通。诗当然是在通与不通之间,怎么样贯通这两者,明白了这个问题就是真诗人了。

说个最明白的例子,在手机上,表情包"微笑"用得极多,它所表示的意义却很模糊,赞同、欣赏、讥笑、有意不表态、笑而不答等等不一而足,以至于现在用此表情包,就是意义暧昧了。很多人认为不宜使用,但用得还是很多,或许大家就是喜欢模糊态度吧。

---

① Noam Chomsky, *Syntactic Structures*, The Hague & Paris: Mouton, 2002, p.15.

第四节　不完整符号

1. 信号

上面说过,完整的符号有三个意义环节:发送意图意义,文本意义,解释意义。与之相应,缺少某个环节的不完整符号有多种,只是它们必须依然符合符号的定义:"被认为携带意义的感知。"

符号的范围很大,符号的范围边上,还有很宽大的模糊区。有些符号落在范围的边界上,比如信号、动植物的符号、内符号(身体内部的符号)等。身体内部肯定有符号。吃饱了,有感觉,此感觉有意义可解释。但是我们一般不把身体的内部感觉算作符号,因为它们没有能被他人感知到的符号载体。

我们把"无须解释的符号"大类,称作信号(signal)。它们有符号载体的意义发送,携带着清晰的意义,看起来完全符合符号的定义,问题是它们不需要解释,而是要求实际反应。动物使用的符号大部分是信号,动物对信号一般也不解释,而是依据物种的生理遗传机制安排好的方式,采取特定的行动。例如野羊逐草而居,鲑鱼群溯流而上,蜜蜂群看到一支蜜蜂之舞就蜂拥而上,它们的行为反应是遗传决定的。

有些符号学家认为信号不能算符号,因为对信号的反应是固定不变的,接收者无须解释。假如承认信号是符号,符号范围就扩大了许多;如果不承认信号是符号,符号学的领域就会严重缩小。动物植物之间、身体内部器官之间都会有信号,并不需要人格接受者的意识来决定反应方式。机械之间的反应,也可能基于某种信号,例如电梯门关闭时,可以感觉到光被遮断,人工智能体之间的大量意义传送,也应当属于信号范围。

人们对信号不需要解释,而是直接进入反应。人是有主体性的,对信号的固定反应方式,往往会有各种变化。运动员听发令枪响而起跑,这是信号,有人估摸可以先抢几十分之一秒,占个便宜。抢跑当然是欺骗,或者说操纵符号解释,但这就把信号变成了可解释的符号。假定狗被训练到听枪声就起跑,估计它们会按规矩来,不会抢跑。巴甫洛夫条件反射实验中的狗,它的反应是基于信号而不是符号,一旦训练成功,哪怕铃响时不一定有食物,它也会依然闻铃就流口水并冲到喂食处。

《金瓶梅》中,潘金莲嫉妒李瓶儿有儿子,就训练她养的雪狮子猫,训练方法是扎个像李瓶儿儿子的布人,里面放了鱼肉,然后让猫撕咬布人,吃里面的鱼肉。后来猫看见李瓶儿儿子,就扑过去撕咬,结果吓死了这孩子。其实猫并不想杀人,它只是无法解释符号的意义。

第一讲说到人见到汽车开过来会躲开,人的本能无须解释,因此这是信号。但人能用解释改造符号:如果另有考虑,例如需要紧急救人,非要挡下这个车不可时,或是需要炸毁敌军汽车时,就会不躲闪。一旦信号被解释,就变成了正常符号。

卡西尔有句名言"人是符号动物",许多学者建议这句话应当换成"人是符号学动物",为什么呢?因为人不仅使用符号,而且明白自己在使用符号表达意义。这种反思能力只有人才能具有。因此,人不会满足于无须解释的信号。

2. 无发送者符号

无发送者的符号,大多是自然符号,自然现象被解释出意义。古代政治常说到的所谓天意,古希腊神庙祭司嘴里说出的神意,中国的天文乾象、吉凶预兆、星卦谣谶、感应梦幻等自然现象,都是在通过一套预言体系解释出意义。既然自然现象是天意的表现,那么解释者就必须构筑神这个符号发送者。正由于此,自然符号文本必须尽可能宏大(例如天象),抹除人为意图意义的可能,以便接收者构筑天意作为发送意图。

闪电打雷可以是携带意义的符号,古人一般都认为这是神在表达愤怒。以天象为吉凶预兆的意义活动,都必须把符号发送归于一个有主体能力的人格身上。现在叫它迷信,古人却认为这是最合理的解释,是他们认识自然的方式。构筑自然符号的发送者意图,是现代之前人类文化生活中的重要内容。

《三国演义》说到"仰观天文""夜观星象"有 20 余处,多是以星象天文预兆政事大局和将帅吉凶,大部分从天象观察到的天意,指向重要的战略性问题。第 33 回曹操见"南方旺气灿然",就觉得东吴孙权"恐未可图也"。第 91 回谯周见"北方旺气正盛",就劝诸葛亮不要勉强伐魏。有时这种天意甚至可以关系到具体的战术布置。官渡之战前夕,谋士沮授仰观天象,预言"恐有贼兵劫掠之害",袁绍不听,就被曹操烧了乌巢粮草。

在古人的政治行为中,天意是如此重要,使得欲采取政治行为的人,不得不寻找携带所需要的天意的符号。《史记·项羽本纪》载,范增游说项羽杀刘邦:"吾令人望其气,皆为龙虎,成五采,此天子气也。急击勿失。"范增认为可以用他的"望气"之术说服项羽,让他除掉刘邦,项羽不信范增之言,中国历史因此走上另一条路。

人们倾向于认为,所有符号都必定有发送者,因此很自然地会构筑一个发送者,方法之一就是用自然符号的"意图"来回答很多问题。与之相似的一种符号意义是移情,就是把自然现象看作有感情的,是自然背后某个发送者的感情的表现。这种感情有时候很平和地表现为移情,移情经常在文艺作品当中出现,"昔我往矣,杨柳依依;今我来思,雨雪霏霏","杨柳依依""雨雪霏霏"在这里就变成大自然与人类相呼应的悲伤,移情是赋予自然一种假定的主体意义能力。

在文学理论中,有些学派认为文本意义比发送者意图意义重要得多,批评者不用追溯发送者意图,只需在文本中寻找意义构筑。现代批评家厌倦了一个上帝般的作者,拒绝从作者传记资料出发进行批评,因此他们建议作者离场。比如巴尔特认为"读者的诞生必须以作者的死亡为代价"①。他们实际上是建议,最好把文学艺术看成无发送者的符号,这样才能让读者有解释的自由。

3. 潜在符号

潜在符号,是人工制作的文化产品,它们是人类社会生产出来的符号载体。一旦没有进入流传,没有得到解释,它们的表意过程就无法完成。符号是"被解释成携带意义的感知",没有得到解释就不是符号,但是我们无法否认它们有被解释为意义载体的潜力。

例如一首诗,没发表,没有别人读到,谁能否定它是有意义的?一位女士化好妆准备去参加 party 的,接到一个电话说 party 取消了,难道她的精心的化妆就没有任何意义吗?只是意义没有实现而已,它们是意义潜在的符号。

半夜街上没有车,但红绿灯还在亮。它是不是符号呢?红绿灯如果不是符号,它是什么呢?不能否认它是作为符号出现的,只是没有被解释。信写了没发出去,礼物买了没有送出去,都是如此。前面引用过的皮尔斯的说法,"除非被解释成符号,否则无物是符号",这个话其实不全面。有好多东西,比如我今天的讲课,是符号集合成一个符号文本,你觉得我的讲课是胡说,抗拒不听,坐在那里用耳机在听音乐,我的讲课是不是符号?当然是符号,只不过对你而言不是完整的符号,而是意义并没得到解释的潜在符号。

如果我在黑板上写两个字,觉得不对,马上就擦掉,我写的这两个字没得到解释,它们是不是符号?绝对是,对不对?印尼某岛上山洞里,4 万年前留下的一个手印,是原始人最早的符号,它表达什么意思?难道是"到此一游"?对于符号而言,任何解释都是解释。但是它在没被考古学家解释之前,是不是符号呢?

"野渡无人舟自横",用这诗句作画题的很多。如果真的是野渡无

---

① 罗兰·巴尔特:《作者之死》,赵毅衡编《符号学文学论文集》,天津:百花文艺出版社,2004 年,第 512 页。

人的话,那么这就是一个潜在符号。画家看到"舟自横",才能用画面再现出来。此时"无人"如何体现?用个间接再现证明:船上停了只鹭鸶,有人来就会惊飞,没有飞起来则证明"无人"。也就是说,你要画"无人",你已经是解释者,这画题本身就是悖论。潜在符号本身携带着意义,只是没有"被认为"这一环,它们是随时可以得到解释的符号。

第三讲　理据性

第一节　索绪尔体系的"全无理据"

1. 苏格拉底的犹豫

理据性（motivation）是符号与对象的联系方式。为什么它是符号学最关键的问题？因为对理据性的不同理解，成为符号学不同的流派最基本的出发点分歧。有的文献译为"根据性"，这个词太普通，容易混淆。理据性是特殊的意义解释方向安排，把某种再现符号，引向特定的对象、特定的解释意义。

如果问一个小儿，为什么你脚下的这个宠物叫狗？他会很诧异竟然有这样的问题，他认为狗就是狗。究竟为什么叫狗呢，难道天神下了命令叫它"狗"吗？玉皇大帝用的是中文吗？玉皇大帝应当管理全世界，难道他只管中国人？赵元任说，他碰到一个北京老太太，老太太嘀咕，他们（外国人）说话真怪，这明明是水，英国人偏偏要叫它"窝头"（water）①。老太太在哪里搞错了呢？这个问题就是理据性问题。

索绪尔认为理据性的第一原则就是任意性（arbitrariness），这个词的另一层意思就是武断。叫某物"窝头"也行，叫它"水"也行，叫它其

---

① 赵元任：《语言问题》，北京：商务印书馆，1980年，第3页。

他也行,这是每个语言符号系统中任意武断的,不讲道理,也不需要讲道理的社会习惯,与化学组成为 H_2O 的物质无逻辑联系。任意的为什么能强加于每个讲这种语言的人呢?因为它又是武断的,对一个语言社群来说,它是武断的,是必须这样的。符号学家班维尼斯特称这个关系为"必然"(necessary)。

中国古代贤哲荀子也认同这个观点。他说:"名无固实,约之以命实,约定俗成谓之实名。"[1] "约定俗成"这个词就来自荀子。他还说"字必有实",这是一个透彻的意见。虽然约定俗成,但是荀子又说,约定了就"字必有实",也就是说原先的任意性,一旦固定下来就是一种确确实实的理据性。那么,这种关系是如何形成的呢?

西方古典时代哲学家也遇到这个问题。柏拉图的《对话录》当中总有苏格拉底出场,苏格拉底总是巧妙迂回地反驳对方,主持真理。有一篇是三个人对话。一个人叫克拉特鲁斯,克拉特鲁斯认为,词语是自然的,天然如此。他的对手是赫莫根涅斯,赫莫根涅斯说"自然没有给事物一个名称,名称是我们的约定,是使用者的习惯"[2]。《对话录》的大部分篇章都是苏格拉底在最后说出一个最合理的方式。奇怪的是,在这一篇最后,苏格拉底竟然骑墙,他说"语言与对象之间应当有像似关系,不然的话不够完美"[3]。到底语言与对象之间有没有像似性?如果有,就不是任意的,赫莫根涅斯认为没有,只是约定而已。就像刚才说的荀子的前一个观点。无理据性实际上是贯穿西方哲学的,也是索绪尔符号学的出发原则"符号无理据性"的来源。任意武断性又称不透明性,所谓不透明就是说符号本身无法直接指向事物。

与之相反,认为符号有理据,即与对象之间有直接关系的理论,根据柏拉图的《对话录》中主张此观点的人物的名字,叫"克拉特鲁斯论",又称

---

[1] 楼宇烈主撰:《荀子新注》,北京:中华书局,2018 年,第 453 页。
[2] Edith Hamilton and Huntington Cairns (eds), *The Collected Dialogues of Plato*, Princeton: Princeton University Press, 1963, p. 422.
[3] Ibid., p. 469.

为透明性:语言如果是一张纸的话,我们能够透过它看到对象。但是为什么会有这种透明关系呢?这就需要整整一讲才能说清楚。

2. 任意武断

我们先谈任意性,因为任意性是索绪尔提出的,他从语言出发来讨论所有符号问题。任意武断性是指,符号跟对象之间没有关系,符号不能自行解释。这样的话我们怎么知道"水"就是水?索绪尔符号学的着眼点就是,整个符号系统,留下了"水"这个空位,是整个符号系统支持这个任意武断关系,所以,"水"在中文中,water在英文中,不会指向任何其他东西。

就拿一个交通灯做最简单的例子。为什么我们看到红灯必须停?因为约定俗成。红灯停已经习惯了,但这个习惯怎么来的呢?红灯停虽然是任意武断的,但却有一个必要条件:它跟绿灯和黄灯组成一个系统,绿灯指向行的意义,黄灯指向等的意义。如果没有其他两个形成系统的话,红灯就没法叫你停。

那为什么不能约定俗成绿灯停呢?做不到,原因是已经成社会习惯了,因为已经有红灯占据了"停止"的位置。曾有过推翻此规定的尝试,"文革"时期红卫兵曾通令全国,说红灯是革命的信号,见红灯必须前进,因此交通灯改为红灯走绿灯停。这个通令是有"革命的"理据性,也不能说绝对不合理。但后来通令下到全国,交通事故出了太多,只能宣布作废。

水为什么叫 shuǐ?条件就是"金木 X 火土"成为一个自然界"元素"的命名系统,先决条件就是 X 要跟系统里其他符号相区别。一旦确立,别的任何词语符号,都不可能取代指向那个对象的符号位置。任何符号单元都必须靠系统才能携带某种特定意义。这个系统观念,构成了整个 20 世纪 60 年代以来结构主义思想大潮的基点。结构主义实际上应该叫作系统主义,因为关键问题不在结构,而在系统,系统是单元发挥功能的前提条件。

索绪尔的理论,有四个二元对立:

- 能指/所指（signifier/signified）
- 言语/语言（parole/language）
- 共时/历时（synchrony/diacrony），
- 组合/聚合（syntagmatic/paradigmatic）

第一个二元对立，能指/所指，能指就是我们说的感知，所指就是它的意义。

第二个二元对立，是言语/语言。为什么我讲课你们听得懂？哪怕我说的话带有乡音，因为我们共享一个汉语语言体系，所以我说的话，在汉语系统允许的单元变异范围之内，系统保证了你们能理解我使用的语言符号。

索绪尔的另外两对二元对立是共时/历时，组合/聚合。这四对对立都非常有道理，虽然随着索绪尔体系观被改进，他的理论的重要性有所降低，但是组合/聚合在当代的形式理论中，在符号学与叙述学中，依然极为重要。我们将在第五讲仔细讨论。

索绪尔理论本身形成了具有革命性的变革。索绪尔是日内瓦大学教授，主要研究领域是印度梵语与印欧语言演化史。梵语很接近所谓的原始雅利安语，整个印欧语族，一路从伊朗到欧洲，都是原始雅利安语的变化的结果。长期以来语言学家研究这种变化规律及各种语言形成过程，即历史语言学。我们的中文系大部分教师研究的也是历史语言学，考证一个字原来是什么，比如，它在甲骨文中是什么意思，《说文解字》是怎么说的，后来又是怎么历时演变的。

索绪尔一辈子做的就是这个工作，但是晚年他突然领悟到了语言符号共时问题的重要性：把一个语言当成一个共时存在，在某些情况下更值得研究。为什么必须当成共时存在？因为只有暂时悬置各字的历时变化，把某个时间范围内语言的使用看成一个系统，才能发现很多问题。就像我们要知道当今红绿黄灯之间的关系，而不是交通信号的发展史，才能开车。根据索绪尔的理论，理据性即符号与意义之间的关系，靠着共时系统支持。

3. 系统的意义支撑功能

系统支持再现意义的各种符号，它有几个特点。首先系统是全域的，相关联的意义它全覆盖，比如交通灯，停、行、左右转弯，车行与人行，各有符号指示，组成了全域。汽车、电瓶摩托或行人，不管想要如何转，交通灯都会告诉你。交通灯系统覆盖了各种可能性的全域，若有例外，就会出纰漏。

语言系统虽然巨大，道理也是这样。全域基本覆盖，其他语言能说的意义，汉语大致上都能说。如果不能全域基本覆盖，你就会发现翻译很难进行。但是全域覆盖有点像拼图游戏，假定两张图完全一样，分解下来的每一块，与另一块却是不叠合的。各种符号意义系统都必须这样。例如顺街右转，在中国一般无须等绿灯，在有的国家要等绿灯；再例如许多岛国汽车要靠街左行驶，整个十字路口的指挥要反过来。

如果红绿灯坏了，或者街头情况过于复杂，红绿灯不起作用的时候，交通警察的指挥手势系统虽然有所不同，但依然是全域覆盖。语言也是这样子，别的语言跟中文，大致能全部互译，但是不一定每个词都能叠合。这就是为什么机器翻译错误多，因为它考虑语境制约的能力，至今远不如人。

符号构成系统的第二个要求，叫作区分性特征（distinctive feature）。这个概念非常重要。区分性特征，就是每个符号单元如果要表意，必须与系统中的其他单元区分，为什么 dog 叫作 dog，因为跟 dot、doll、doc、dove、dodge、dose 不一样。中文因为书写系统与发音系统分开，所以叫一条狗为"狗"（gǒu），必须跟"鬼"（guǐ）、"瓜"（guā）、"锅"（guō）等发音不一样，也必须跟"狼""猫""狐"，跟"够""构""拘"等，写法不一样。

下棋的时候少了一个棋子，我可以在地上捡一块小石子，放在棋盘上，我说这个就是我丢失的"将"。行不行呢？完全可以，只要对方承认，就是约定俗成。但是得有两个区分性特征：第一，棋盘上还没有相同的小石头，如果有就搞混了。第二，这个棋子必须用"将"的独特走法，这块东西它是什么物质，什么颜色，什么形状，并不重要，关键问题是它和别的棋子样子不同，走法不同，这就是该棋子的区分性特征，是各单元组成一个系统的最必需的条件。同理，组成一个校领导系统，书记与校长的责任不一样，书记跟人事处长的责任也不一样。

符号系统的第三个条件是深层控制与自组织。它要组成一套系统，这套系统叫棋路，在语言当中这套系统叫作语法，它们都是深层结构，是表层结构（"言语"）下的深层结构（"语言"）。这个系统就能够抗干扰。什么是抗干扰呢？刚才我已经举了个例子——下棋的时候，某一颗棋子可以用另外东西代替。一个足球队也是如此，队员有各个位置，各个位置的队员也有各个踢法。假定一个后卫被红牌罚下该怎么办？怎么继续覆盖全域？其他人就要兼顾两个位置，用他的踢法，补他的位置。这个就是抗干扰延续系统。所以它必须有一套规则，让队员继续各占其位。这套深层结构与表层结构之间的关系，是结构主义符号学最关键的问题。

所以结构主义刚出来的时候，很多人说，如果结构主义就是深层结构控制表层结构，那先前几个世纪好多思想家都是"未有此称呼之前的"结构主义者。比如马克思认为，上层建筑是根据经济基础来变化的；弗洛伊德认为本我（潜意识）控制自我。尤其是社会学家涂尔干，直接影响了索绪尔思想的形成。

涂尔干是社会学的始祖，他的理论是社会学的常识。涂尔干有一本影响极大的书叫作《自杀论》（*Le Suicid*）。他说每个民族每个时代总有些人自杀，每个人自杀的理由都是非常个人化的，很不相同。如果理由相同的话，工作就好做多了。理由虽很不一样，但是有一个奇怪的情况就是，社会构成决定了自杀率会维持在一个特定水平，自然环境、性别、婚姻状况、宗教信仰、富裕程度等因素都会影响这比率。自杀是一个非常个人的事情，但个人的理由只是对个人自己来说是绝对特殊，而自杀率则取决于社会文化与民族性格，相对稳定。

涂尔干的《自杀论》对索绪尔刺激很大,他发现语言符号的意义首先是共时问题。当然任何一个系统都有历时问题和共时问题,但是共时问题决定了系统的意义。因此,索绪尔的符号学意义理论,以结构系统为主要凭据,可以简明阐释如下:

• 系统任何符号单元的变化,都会迫使其他成分变化。把红灯换成前行,绿灯就得换成停。

• 同类型一组系统可以转换。靠左侧前行,换成靠右侧前行,就不得不出现全系列转换。红绿灯坏了,就要换交警来指挥交通。

• 如果一个符号不能纳入系统的话,它就无法承载意义,无法传送意义,也无法被解释出意义,符号与意义的关系靠整个系统支持。

4. 共时/历时

共时性是说一个符号文本的各元素在时间上并列。在索绪尔之前的语言学研究,主要是在语言的历史演变上下功夫,比如研究早期原始语言如何变成俄语、法语、德语、英语。它有一个历史性的转换体系,现在还是能排得出来的,好多词之间是先后演变的继承关系。但是系统的意义关系更可以是共时性的。系统在历时性的演变中,转化为一连串的共时局面。我刚才说过了,如果红绿灯不用了,大家全靠交警指挥了,那也一样。

共时/历时的区分,看来简单,却有些可争论的问题,有可能把符号学大师都搞糊涂。巴尔特说:"共时的是每个菜的构造,而一道道上菜是历时的,主菜是什么,汤是什么,荤食是什么,素食是什么,最后点心是什么,构成了一个历时系统。"① 列维-斯特劳斯也认为,交响乐的某个瞬间的和声与配器是共时的,但是交响乐的演奏是历时的。②

这样就碰到一个问题了,如果只有和声这一刹那是共时的话,那么对一顿晚宴配菜的研究,对整首交响乐的研究,是共时还是历时?

---

① Roland Barthes, *Elements of Semiology*, London: Cape, 1967, pp. 27-28.
② Claude Levi-Strauss, *Structural Anthropology*, New York: Basic Books, 1963, p. 45.

这两位大师,我斗胆认为他们都错了。所谓共时并不是严格的同一时刻发生,而是分析其意义的立场把它看作"共时"。比如点一桌菜,菜虽然是一个个上,但这几道菜的相互关系,是一个共时系统。不然,按他们的观点来看,一部小说,一部电影,都必须是历时的,因为从头看到尾,总要一定时间。但它们都是典型的共时符号文本:开场、发展、高潮、结局,构成一个组合紧密的文本结构。

不是我贬低大师,而是大师的看法有时候也会错。钱锺书就举了一个好例:《优婆塞经》说,"有智之人,若遇恶骂,当作是念"。碰到人家骂你呢,你如果是有智慧的人就不妨这样想:"是骂詈字,不一时生;初字生时,后字未生,后字生已,初字复灭。若不一时,云何是骂?"①你就把它当作一个历时结构,后一词出现,前一词已经消失了。它既然不是共时的,就不成一个文本,只不过是一个个单音而已。这相当于是一个懦弱之人自我安慰的笑话。

所以共时/历时不是真正的时间问题,而是一个观察角度。一部交响乐、一顿晚餐,与一句骂人话一样,不一定是严格的同时发生、共时并存,但我们依然可以把它们看成一个共时系统。共时性,是系统成分内在逻辑上的并置,而不一定是经验上的同时;而所谓历时性,也只能看成一种关系转换系列。

好多同学学符号学时很喜欢巴尔特,因为巴尔特讲得比较有趣,但巴尔特是开拓者,他的理论前后难免有矛盾的地方。比如共时问题,他在《时装体系》中谈时装时说:"时装的共时性年年风云变化,但在一年之中,它是绝对稳定的。"②这话什么意思?我一年必须换好几件衣服,怎么会是绝对稳定的呢?时装设计公司要照顾到春夏秋冬四季是如何转换,一年四季构成了个全域,这个全域可以看成一

---

① 钱锺书:《老子王弼注》,《管锥编》第一卷,北京:生活·读书·新知三联书店,2007年,第685页。
② 罗兰·巴特:《流行体系:符号学与服饰符码》,敖军译,上海:上海人民出版社,2016年,第7页。

个系统。全年的款式更替好像是历时的,实际上可以看成一个共时文本系列。这就与他的关于上菜是历时的说法相矛盾。

5. 有机论

为什么关于系统的讨论比较重要?因为它直接引出了有机整体论问题。有机论也就是结构的守恒性,其构成像有机体一样。一个有机体、一个动物,你把它一条腿卸下来,或把某个内脏摘掉,它就无法完整地执行身体的功能。身体各部分合成一体,每一部分都不是可摘除的。

用结构主义观察艺术作品,就像看一个有机生命。历史上的大部分文艺学家都是有机论者,他们说(优秀)作品本身是完美的,而且每一部分都对它的整体起作用,所以对一个作品的最高赞扬,就是说这是一个有机整体。别林斯基说:"因为它(引者注:指艺术作品)里面没有任何偶然的和多余的东西,一切局部从属于总体,一切朝向同一个目标,一切构成一个美丽的、完整的、个别的存在。"[①]

有机整体论实际上是很多学派共同的看法,从浪漫主义开始,超验主义、神秘主义、直觉主义、现实主义、黑格尔主义、新批评也认为文本的任何部分都是不能动的,格式塔心理学也是如此看。历史上有机论的最后的也是最有力的辩护者是结构主义:索绪尔认为,将符号的任意性引向意义靠的是系统,而系统构成有机整体,上面已经说过为何系统会"牵一发动全身"。

有机论显然不符合意义实践,哪怕再伟大的作品都是可以修改或删减的,一篇诗作有那么多稿就证明它本来就是改出来的。伟大的艺术作品之所以伟大,就是因为它是多声部的,层次复杂而意义可以解构的。有机论之误,本讲义在讨论艺术时会细讲。

有机论最令人容易看出问题的方面,就是作品中噪音(noise)的存

---

① 别林斯基:《别林斯基选集》第二卷,满涛译,上海:上海译文出版社,1979年,第458页。

在。噪音,就是符号文本中不对文本意义总体做出贡献的成分。前面第一讲说到,看见汽车驶来,人们为了躲避危险会躲开,这时就不会去管汽车的色彩、品牌、样式等。那些汽车特征,对于接受者此刻头脑中的"危险"解释来说,都是噪音。噪音问题很重要,把一个符号文本看成是有机论的,看作无噪音的,那它就是认为文本预先符合了会出现的解释。上一讲说过任何解释都是一个解释,因此一个文本的确可以有多个解释,一个解释(例如"汽车")根据的元素,在另一个解释看来就可能是噪音。

例如看相这种古老的符号行为。我们暂且不讨论看相是否是迷信的问题,对解释的文化评价放在后面谈。看相大师采用被看者的几个特点,组成一副面相文本,得出的结论或者是整张脸的结构预示大富大贵,或者是预示某种灾祸。他在看相时只是采用他所需要的东西,采用佐证某种解释所需要的组合选择,对被看者的其他面相特点可能视而不见。

对这个"看与看见"问题,王阳明的理解非常出色:"子欲观花,则以花为善,以草为恶,如欲用草时,复以草为善矣。"①这是把自然界看作一个有用的符号文本。这也是自我解释,解释把符号文本变成了一个目的论的集合。

所以,任何符号文本都必定有个适当的"信噪比",比如一个简单的立柱图表,要达到对比目的的话,立柱不需要那么宽,只需要几条线就行了,这宽度是噪音。在这里,就数量对比意义而言,宽度是不需要的。但如果是一个无宽度的立柱表格,也就是全部信息没有噪音,就很难看了。比如我讲课,如果坚决要求我把噪音消除,我就没法说话了;我讲课当中有好多"口水话",有好多不需要的音。所以我一旦看到有人给我录音录像,说话就不自然了。哪个人绝对没有废话呢?

前面的说法,实际上是在重申文艺学中有两千多年历史的有机论。

---

① 王守仁:《传习录译注》,北京:中华书局,2018年,第140页。

亚里士多德在《诗学》中说:"为了美,一个活的有机体,或任何一件由部分组成的单一体,不仅必须使这些部分有一个整齐的安排,而且还应有一定的大小,因为美依赖于两个品质:大小与秩序。"①移动或切除任一部分,就不可避免地会改变或破坏作品的意义。这是下面会说到的"艺术无冗余论"的滥觞。

巴尔特说过"文学即涂改"。据说巴尔扎克在写作时每次都要改稿很多遍,如果说最后稿是完美的,一个词不能改的,那怎么需要改那么多遍?如果说《红楼梦》是一个字都不能改的完美的文艺作品,那么它哪儿来那么多异文呢?

关于有机论的问题,可能跟现代之前的艺术给人一种完美的形象有关系。现代艺术反其道而行之,是有意乱给你看,比如印象主义中的"点彩派",故意露出笔迹来。过去的音乐很圆满很完美,现代音乐则杂音很多,曲调很乱,这个杂音是有意的安排。现当代艺术作品拒绝过于圆润。

本讲义第十一讲"冗余与噪音"一节,会更详细地讨论有机论问题。有机论的确不符合符号文本的普遍构造特点,尤其不符合后现代艺术的潮流。

第二节 皮尔斯符号学的理据性

1. 初始理据三分

索绪尔的符号学模式认为,符号一开始就是非理据的,符号跟对象的连接任意武断。皮尔斯的符号学模式就不一样,他认为符号与对象的关联有理据性。如此一来,就形成了两个完全不同的体系。

这两个完全不同的体系各有各的解释能力,当代符号学界多采用

---

① Aristotle, *Poetics*, trans. Gerald Else, Ann Arbor: University of Michigan Press, 1967, p. 120.

皮尔斯体系,因为在理据性问题上应当说皮尔斯是对的。皮尔斯把符号与对象分成三种关联:

- 像似符号(icon);
- 指示符号(index);
- 规约符号(symbol)。

这三个词在西语中都是常用词,注意,皮尔斯对这三个词的用法与常用的不一样,本讲义采用的中译也不是西语常用词义的翻译。尤其是 symbol 造成的混乱,前面已经提到过。此词在西语中可以有三个意思:象征、符号、规约符号,最后一个是皮尔斯的个人用法。皮尔斯指出的三种关系中,像似和指示是有理据,规约就是无理据,所以皮尔斯认为三分有其二是有理据。符号承载意义,靠的是理据性与无理据性的混合,无理据就是规约。

这里应当说句公道话,索绪尔也认为符号是有部分理据性的,但只限于局部,例如拟声词、复合词的顺序理据,复合词的位置理据,都不是任意的。阿拉伯数字的前一位置是后一个位置的十倍,排列方式是符号意义的理据。

拟声词的语音像似相当复杂,全世界的语言有部分共同的声音像似。在相互绝无联系的语言中,几乎所有的"母亲"一词都用唇音 m,或 n,显然这与哺乳有关;而"父亲"一词都用塞音 p/f/d 称呼,想来与呼叫响亮引发注意有关。还有更五花八门的零散理据性:英文与中文,都用 b 作"打击"词(如 bash, bang, batter, beat, bruise, blister),中文里打击用 b/p,如"棒打""抨击""拍打""爆破""噼里啪啦"。英文里"脚步"词用 t 作首音,p 作尾音(step, stop, stomp, stamp, tap, tamp, tramp),中文用 d/t 作音节首音,如"跺""蹬""踢""踏"。

只是此类语音相似,在语言中都过于零散,总结不出规律。中国现代诗人邵洵美曾经试图总结各辅音的特殊意义,实际上是从汉语的辅音中找理据;比如 m 是有腻性的,p 是有敌性的,l 是活性的,s 是凶性的,f 是动性的。那样的话,谈恋爱的时候尽量用腻性词,对骂时最好用敌性词。① 但是他没有写出一首"腻"声的情诗，或许中文辅音的这种理据性只能在局部情况下对表意有所帮助。

2. 像似性

一个像似符号能再现对象，是因为跟对象至少有部分相似。于是符号与对象关系很自然，似乎透明。符号文本是面朝对象"依样画葫芦"，像似符号与对象之间分享某种性质。

如果一个符号与对象性质全分享，至少"看起来"全部性质一样，那么符号与对象之间就没有本讲义第一讲说的"距离"，符号就不成为符号。一个蜡像塑造一位名人，如果那位名人在边上摆同样姿势，那就分不出哪个是符号，哪个是名人本人，要摸一下（叠加一个触觉符号）才能做出区分。全像似，即不成为符号。所有的像似符号，跟对象之间都是一种部分像似。

所以，像似符号都是在某种程度上形态与对象相似。最早的电影《火车进站》在放映时，曾发生这样的事：当银幕上的火车开过来，观众会赶快逃跑，因为他们觉得火车真的压过来了。在 3D 电影里，当角色人物把东西正面抛向摄影机，看来就像是在抛向观众。我记得看某个 3D 电影时，前排某君老是在闪避"砸过来"的东西，弄得我没法好好看电影。

像似还可以是非视觉的，非视觉感知需要转换。语言文字可以描写图像，所谓"诗中有画"，但是需要转换，因为语言文字本身没有图像。

皮尔斯把像似符号分为三级，第一级叫"形象式像似"(imaginal icon)，第二级叫"图形式像似"(diagrammic icon)，第三级叫"比喻式像似"(metaphorical icon)。像似符号太多太复杂了，不分这三个等级的话，就会搞乱像似符号的根本品质。

---

① 赵毅衡：《重新发现一位诗论家：邵洵美的诗歌批评》，《行易知难：文学论集》，成都：四川人民出版社，2023 年，第 65 页。

形象式像似是与对象的外观有对应,符号让接受者直接联系到对象,这应当来说是最常见的,上面说的基本上是形象式像似。

图形式像似,可以以图表为例,主要处理符号之间的关系。比如一个数学公式、代数方程,比如两个氢原子加一个氧原子,用 H_2O 表示。各种图表,比如大学排行榜、富豪排名榜,位置与图表之间有像似关系。比如股票价格的起落,表现为 K 线。这些符号跟它的对象之间有像似关系吗?肯定有,不然无法再现这个关系。

比喻式像似更加抽象,例如天坛的设计为天圆地方,像似古人的宇宙观,皇帝是在宇宙之中拜天地诸神。比如金字塔,全世界有很多民族有金字塔,这些民族都有一种高位崇拜。这里的高位,既是一个空间上的高,也是一种神性上的高,更是因为其上下位置象征权力与服从。

各种仪式都是历史性的比喻式像似,比如脱帽致敬,中世纪骑士脱帽,表示的是我把头盔摘了,我们之间无敌意。同样,敬礼是为了表示一个人的手里没武器。所以我们可以看到,仪式性的艺术包括《九歌》《春之祭》《荒原》,都是一种历史比喻式像似。

语言中,声音叠加起来是一种强调,比如糊里糊涂、黏黏糊糊、气势汹汹,"糊里糊涂"不见得是表现糊涂状态的加倍,多半是表现糊涂的感觉的持续延伸。再比如形容词系列 high、higher、highest,词素逐渐增多,为什么最高级词素最多呢?因为严重程度最强。

语言当中无意识的图形式像似很多。我发现,各种语言中"高"的发音都比"低"高,所有的"大"的开口都比"小"大,英语 high-low,法语 alte-bas,英语 great-small,德语 gross-dunn,都与汉语一样有开口"大"与"小"、"高"与"底"之分,这或许是全世界各民族普遍的无意识理据性。

如此语言的理据性实际上很多,恺撒这句狂言大家都知道,"Veni, vidi, vici",("我来了,我见了,我征服了")。听起来有很自然而轻易的连续感,其隐含意义是对他而言,天下予取予夺,轻松自如。

3. 拓扑像似

符号的像似性，经常是拓扑像似，即按需要而变形的弹性像似。简单的例子如北京的地铁线路图，中心区是一个不大的区域，但是很多路线要在这里换乘。换乘关系最为重要，所以这个区域的地图要画得非常仔细。地铁图上的郊区部分就简单一些，紧凑一些，实际上郊区站间距离很大。所以大城市的地铁线路图一般不按真实大小画，而是按需求弹性地画。如此像似关系，就是拓扑像似。

一张纸折起来变成一个纸盒，折纸本身是利用它的拓扑关系。城市规划也是这样的，文章格局也是，房屋装修也是，都是要在共同的空间当中、共通的拓扑关系当中，构成一个复杂格局。电影当中，有许多图像再现，也是拓扑像似。比如我们看到的战争片，有个场景是发射一个鱼雷，发得过深从对方军舰底下钻过去了，这时拍的是水下镜头。但其实这场面谁都没有看到，摄影机拍到的只是"想必"如此，要变成故事情节，只能这样图示，这种图像就是一种拓扑像似。

比如惊悚电影中，当凶手举把刀杀进来，这时有声音效果，有恐怖的音乐。真的凶杀现场会有恐怖音乐吗？电影给我们的是超越对象的像似，它模仿的是观者的心理效果。图像与对象只是一个弹性像似关系，全像似做不成艺术。

再举个例子。舞蹈《飞天》再现的是敦煌壁画。仙女从天上飞下来，姿势极美。舞蹈表演怎么办呢？只能在地上身体一再俯仰，貌似飞翔。以倾斜的身姿，像似斜上飞出。艺术就是如此暗示，借形发挥，真的用威亚吊起来，反而笨拙了。所以有些艺术文本各元素之间的关系，是音乐式的而不是图像的。所谓音乐式的，不是真的像似模仿，它是一种情绪上的模拟。

建筑中的拓扑像似就更多了。悉尼歌剧院的屋顶造型，互相之间构成一个"橘子瓣"；南京的"喜马拉雅中心"多楼建筑群，原型可能指的是雪山，整个建筑群，互相之间是一个拓扑关系：没有两栋楼是像似的，也没有两栋楼是完全不像似的，它们构成一个文本内部的拓扑连续带。

不仅图像如此,中国的字文化,也有一个很特殊的拓扑像似形式,即对偶。这是一种部分像似呼应连接,对偶就是同位应和,同位关系有时候可以拉伸得很远。王夫之的题对:"六经责我开生面,七尺从天乞活埋。"①鲁迅赠瞿秋白的对子,"人生得一知己足矣,斯世当以同怀视之",两联完全是两个意思,但却是个很工整的对子,此时对偶之间的拉伸张力关系就非常强。因此,对偶是一种文字拓扑对应艺术。

翻译同样是一种拓扑对应,因为两种语言之间,绝大部分词汇不会完全对应。比如,公侯伯子男是西周时期的爵位,欧美国家也封爵位,英国至今还在封爵,爵位也是公侯伯子男。欧洲怎么会遵循西周的封爵制度呢?正好西周有五个爵位,它们与欧洲爵位之间的等级关系大致相应,借用而已。撒切尔夫人最后被封了 baroness,译成男爵夫人。但她丈夫没有封爵,因此她不是男爵夫人,中文翻成"女男爵",可笑,也不通。拓扑像似就是会如此无奈,本来任何翻译都是弹性像似,无法求全,这个爵位名称正好击中了中西爵位最不相应的地方。

艾柯对皮尔斯的像似性概念持批评态度,称之为"像似谬见"(fallacy of iconcity)。艾柯说:"像似符的定义并非依靠'像似'(similitude),而是与对象'共享某种品质'。"②例如苹果手机的 logo 不太像一个苹果,称之为苹果相似符号,实际上是约定俗成;一般情况下画一个苹果(例如儿童画)也不像苹果,像似性需要文化规约加以支撑,实际上是规约符。艾柯这个挑战没有必要,因为任何符号要有效率地表意,都需要规约性帮助。本节第五段,会说到符号理据性真正起作用的方式。

一般来说,先有对象,然后符号把它再现出来。但是利用像似理据性,符号可以创造对象。就像房子还没建,先有设计图;先有麒麟凤凰图像,才有关于麒麟凤凰的诸种符号功能;甚至先有外星人图像,似

---

① 王夫之:《船山全书》第 16 册,长沙:岳麓书社,2011 年,第 73 页。
② Umberto Eco. *A Theory of Semiotics*. Indiana University press. 1976. p. 195.

乎等着外星人来配合似的。设计图和对象之间的关系是弹性像似，当代大量的旅游点都要经过精心设计才能让人旅游，这不仅是为了游览方便，而且是按照一定的方式像似给你看。所以，所有的筹划设计，都是先有意义，先有再现体，然后再可能有对象。

4. 指示性

皮尔斯说的第二类符号，是指示符号（index）。关于指示符号跟对象之间的关系，皮尔斯说："指示符号是在物理上与对象联系，构成有机的一对，但是解释者的心智无须关心这种联系，只是在这种联系形成之后注意到它。"① 皮尔斯写的是笔记，有时候话说得不清楚。指示符号跟对象之间的联系，是由因果、邻接、部分整体等形成的，说不上"有机"。不过皮尔斯说指示符号目的是"提请注意"，非常准确。指示符号的根本性质是把解释者的注意引向符号对象，作为符号它再现意向性与对象的连接。指示符号最简单的一个例子就是（用手指）"指"，或是符号☞，一个手指拿来提醒一个事物。中文"指"字的构成，也是用手表示某意思。

第一讲就说过了，符号相当重要的意义就是引导尚不在场的注意，皮尔斯举的例子是风向标、敲门声、打铃声。指示符号只是指出对象不加描写，所以它的作用是有意让解释者看。我本人最恼火的一个指示符号是学生占位置，拿一本刊物，代表占了这个位置。这是个指示符号，它要靠大家的承认才能表现你与这个位置的关系。

指示符号极为普遍。皮尔斯认为，"要找到一个没有指示成分的符号是非常困难的，如果不是不可能的话"②。在再现效率上，指示符号显然优于像似符号，像似符号要靠解释者的经验回忆才能解释出再现对象；指示符号则最简单，只是提醒注意。但是三种符号中与对象关系最紧的是指示符号。实验证明，动物与婴儿也能理解一部分指示

---

① Charles Sanders Peirce, *Collected Papers of Charles Sanders Peirce*, Cambridge Mass: Harvard Univ Press, 1931-1958, vol 2, p.299.
② Ibid., p.306.

符号。皮尔斯认为像似是第一性,我个人认为指示是第一性,是最基本的符号行为。

指示符号看来简单,表意能力却很强。我们看到有好多文化现象,实际只是符号现象。比如恋物狂,这些人就是对某种物件有收集癖好;另外比如以前收集邮票、钱币、火柴盒等等零星的东西,它们是某个时代文化符号的一部分,可以指示提醒某个时代。

指示符号也可以复杂化、艺术化。在这里我举一个例子,一位北欧诗人写的诗《回家》①:

> 你的父母
> 已经成为别人的
> 父母
> 而你的兄弟姐妹成为邻居。
> 而邻居们
> 已经成为别人的邻居
> 而别人住在
> 别的城市。
> 正像你一样
> 他们又回到别的城市
> 他们找不到你
> 如同
> 你找不到他们。

关于家的各种原来的记忆,都可以作为家的指示符号。如果指示符号都消失了,这个家就不存在了。我在上海长大,但我现在回到上海觉得很陌生,有关老家的指示符号都没了。一旦指示符号都消失了

---

① 北岛选编:《给孩子的诗》,北京:中信出版社,2014年,第110页。

的话，家也就不存在了。

再举一个例子，阿兰·罗伯-格里耶的电影《去年在马里安巴》。这是一部电影史上的名著，讲的是在某旅游地，一个男人跟一个少妇搭讪说，他们是老相识，女的说我怎么不认识你呢？男的说去年我在马里安巴，跟你有过这交道那交道，做过这个事那个事。女的自我怀疑起来，难道是我忘了吗？我们两个原来真是情侣吗？但一旦大量的指示符号都指证确有其事，到最后她相信了，就跟他私奔了。

这个电影很有趣，指示符号给人一种强烈的秩序感。只要有足够多的指示符号，那么一样东西就变成井井有条的现实了，因为它跟对象之间有紧密的关系，它指向对象的方向、动势、大小、幅度，就好像交警用指挥棒指挥交通，显示出各种大小、幅度、方向。

图书馆里书籍的号牌、档案、字典、笔画排列等等都是一种指示。像似符号的特点是给人一种很生动的似乎透明的意义关系，指示符号则给人一种秩序的联系。比如上海市中心东西向的路用城市名，南北向的路用省名，所以不太容易走错路。纽约曼哈顿的街道更富于指示性，横街从一二三四，一直排到一百二三十，竖街大多是ABCDE，因此行人不可能走错。

不少人会在淘宝上购买朋友出生当天的XX报作为一个别出心裁的生日礼物。这种情境下，纸质报纸并不是只有作为纸张的"纯物性"，而是重新被赋予"巧妙且独特""有质感或历史的厚重感""联结现在与过去""很有心的生日礼物"等意义。

品牌与名人之间本来是没关系的，但是一旦请名人代言之后就有了关系，指示关系。瑞士劳力士表，一直请网球王费德勒代言，表示其走针精准，品相高贵。"双冰大战"（指影视明星李冰冰与范冰冰的竞争），应当来说是两个冰冰代表不同的品牌，范冰冰跟LV没关系，李冰冰跟GUCCI也没关系，但一旦代言了以后，就变成一个邻结的指示关系，两个人的身份就变了，"双冰大战"就变成LV与GUCCI两个名牌的竞争。

5. 符号的指示性底线

按照皮尔斯的看法,像似是第一性的符号,形式是第二性的,下一节说的规约性是第三性。他的理论很周密,但是指示性所需要的条件显然比像似性更低:解释者面对像似符号,必须调动他的记忆中关于对象的感知经验,而指示性只要提醒解释者符号与对象的某种邻接关系。

早在20世纪80年代初,就有学者提出植物的符号行为没有像似性,例如植物对阳光、重力的反应影响生长方向,动物使用的各种符号,身体里的"内符号",例如运动与肾上腺素分泌,没有像似关系,它们都是指示符号。而且最初级的指示符号,大多是上一讲所说的信号,不需要接收者的解释努力,只要求接收者行动反应。

猴子有九种叫声,比鲸鱼的歌声、蜜蜂的舞蹈都更为复杂,传送的意义更多,但是几乎全是指示符号。黑猩猩能用"主用手"的食指指向要交流者注意的物件。瑞典隆德大学认知符号学研究所的兹拉特夫团队设计了一个符号实验,在这个实验里,解释者既有猩猩,也有婴儿与幼童。实验过程是,把可口美味的奖品放在不同颜色的盒子里,然后用几种符号标明。第一种是用手指指明;第二种是在盒子上加标记;第三种是用牌子标出盒子的颜色或形状。实验结果是,对指示符号他们都能取得一定程度的成功,而对于像似符号,只有较成熟的幼童才能猜出。

为指示性的发生问题,我问过不少初次做父母亲的同事,他们都说,一岁不到的孩子,最早的意义表现,就是用手指。他要出去,会指向门;他要抱,会指向母亲;他要吃什么,也会用手指。我很高兴看到普天下的婴儿,都用他们的意义实践,来证明这条符号学原理。

所以,指示符号是最基本、最原始的符号理据性,靠的是直接相连的邻接关系,只要看清符号指向,意义就比较容易得到。其他两种符号就需要一定的智力运作。因此,指示符号是皮尔斯提出的三种符号中抽象程度最低的符号,笔者愿意称之为"第一级符号"。

语言中有一类词是指示词(indexicals),它们是非实指的虚词,却是语言的骨架。这是很值得我们深思的一个问题。每一种语言最核心的词都是"这/那""此/彼""this/that""你/我"等。"此"是"我"的地方,"我"的范围,"我"这一面;"彼"是"我"的范围之外。

这些词,跟主体的位置有关,要根据发出者和解释者的相对位置来处理,因此它们不是明确地表示对象的词语,而是表示关系的。假定你在我对面,我说左边,你说你的左边是哪边?你的左边是我的右边。一个符号体系,最关键的东西是秩序,只有在有秩序的情境下,才能搞清楚指示词的具体意义。指示词构成了一个系统,一旦构成系统,就必须有清楚的秩序。

甚至最简单的称谓,如上司、邻居、父亲、表哥等,都是根据与"我"的关系而存在的,"我"的表哥可能是"你"的叔叔,表哥只是此人与"我"有关的片面性品质。因此到最后"我是谁"成了核心问题:自我意识借指示万物而指示自身,"我"指示万物,"我"对万物都有个说法,然后"我"就立得住足。

所以指示符号最大的特点,是给世界一定的秩序,给对象一个组合方式。而指示词以"我"为出发点,"我"成为"指示我","我"指示,故"我"成为意义性存在。此种"我"与世界的指示性关系,并不是这个世界本有的,只是因为意义从"我"而出,因此"我"给世界以秩序。在万物之中,"我"的意识借此确立可以把握事物的起码秩序。

甚至自我本身的存在,也必须靠掌握自我意识的规律,不然每次获得意义的活动都要从头来起,自我感觉也会永远是一片混沌。"我"这个概念,是意识对自身认识和行为的一种抽象的控制方式。不是说自我意识能够从内部认识自身,而是说意识能在与世界的互动中得到对自身的某些认识。而演出这个认知魔术的,就是指示符号。

这就是为什么转述别人的话,叫作引用,要打上引号,而引用自己的话就不需要引号,因为"我"本来就是言者。"我"似乎站在意义世界的中心,这或许是自我的幻觉,却是意识存在的最自然状态。这里说的是最基本获得意义的活动中的指示性秩序,不仅是词语表达中的秩序。所有指示词语,都是以"我"为出发点而变化的,因此语言哲学家把这种自我,称为"指示我"(Indexical I)。

6. 规约符

最后一种是规约符号。皮尔斯叫它"symbol",现在很多人也叫它"symbol"。皮尔斯创设的术语往往比较难于使用,"symbol"这个术语更是造成许多混乱,以至于许多研习者至今把皮尔斯的符号第三类译成象征。象征的定义完全不是这个意思,它们中的一部分如果有规约性,那也是高积累的复用得来的所谓"二度理据性",下一节讲符号修辞的时候会细说这问题。

皮尔斯所谓"symbol"(规约符号),也就是索绪尔说的任意武断符号,就是靠社会关系、社会约定俗成而形成意义的符号,既不具有指示的邻接意义,也不具有像似的透明意义,它无理据性。关于索绪尔符号任意性的讨论,上一节已经说得够多,也给了大量例子,这里就不重复了,只说几个容易混淆的有趣例子。

马尔克斯《霍乱时期的爱情》中有一句,"苦杏仁的气味总是让他想起爱情受阻后的命运"①。这是写得好像很诗意的句子。苦杏仁的气味,为什么跟受阻后的爱情有关?说得很优美,但具体原因只有他个人才能体会到,这就是对于他这个解释者的规约符号。

《西游记》中某一个妖怪有个葫芦,它的功能是,在妖怪叫你的名字时,你只要答应一声,就会被葫芦吸进去,变成液体。孙行者被吸进去后,好不容易变个苍蝇逃出来了,他决心非打败这个妖怪不可。他又去迎战妖怪,妖怪又问,你是谁?孙行者回答说"者行孙",没料到嗖地一下又被吸进去了。为什么再次中招?因为你应声了,这名字就是你们两人之间的约定,你答应就是你了。任何名字都是你和接受者之间的关系,而不一定是全社会的约定。北京雍和宫附近有个青年旅馆,叫"者行孙",顾客一般是穷游的青年背包客,孙行者一个跟斗能翻十万八千里,"者行孙"们却得一步一步走,从这个角度看,这个旅

---

① 加西亚·马尔克斯:《霍乱时期的爱情》,海口:南海出版公司,2012年,第1页。

馆的名字是很幽默的。

先前有一位硕士生很用功,她去调查成都慢摇吧里的符号,提交的课程作业是整整一张单子,上面写满了成都慢摇吧里的各种暗语。这套暗语只有资深泡吧客才知道,我们看了很是佩服这个硕士生写的符号学作业,够拼的。

上一节讲的拟声词,连索绪尔都承认,是全无理据的语言中的有理据例外。实际上拟声词不见得理据性充足,中文中的狗叫,作"汪汪",英语为 bow-bow,法语为 oua-oua。我问过英国人,怎么英国的狗能吼出 bow-bow?他们说很像啊,反正更不像"汪汪"。所以这些拟声词实际上是需要规约支持,光靠模拟声音是不够的。

还有类语言,也就是说话时的语气、姿势等。据说类语言完全是像似的,一个人发脾气时就声音高,就着急,再加上手势表情,别人一看就懂,不需要翻译,但其实也不能保证相似。据说阿拉伯人摇头表示同意,碰到这种情况就要当心点儿,要想着他到底是同意还是不同意呢?赵元任说,中国人招手掌心朝下,西方人招手是掌心朝上。规约如果搞错了的话会出问题的。褒姒弄出来的烽火戏诸侯,这个故事大家都知道,破坏了规约的话,以后符号就不灵了。

7. 三种理据性各自的特点

上面说的三种符号,各有不同的品格。体操教练或者舞蹈教练给出的主要是像似符号,乐队指挥主要是用指示符号,语文教师主要是用规约符号。可以看出其中的规律:

- 像似符号使文本生动通用;
- 指示符号使集体出现秩序;
- 规约符号让意义的解释准确有效。

洗手间标记,必须让这个社群之外的人也能用,必须世界通用,往往是像似符号。但要大家都觉得用而不疑,必须在像似中有规约。一般来说,如果你要绝对清楚,最好使用(文字)规约符号,但是,不在此规约圈内的人,不熟悉此文字的人,就只能犹豫了。的确没有十全十美的符号。

最近胡易容老师带着团队研究"核符号":联合国委托符号学家设计一个核废料处理器的标记,要任何人都能看懂,包括后代也都能看懂,因为核分解半衰期很长。最后产生一个方案,就是骷髅加文字,像似加规约,保证易懂与准确结合。

因此,符号的理据性有三个特点,首先要满足解释的"最低意义完整度",使符号有令人认识对象有关意义的能力,为此,意义总是超越感知的小局部。你给我看一个苹果,我始终就只能看到半个,但我会认为你拿的是一个苹果,因为一个苹果是我最低的意义完整度。能被感知的永远只是部分,但解释需要从片面的观相,理解卷入整体的意义。

皮尔斯认为:"三种(理据性)尽可能均匀混合的符号是最完美的。"①这句话说得简洁,但不太好懂。本讲义第一讲就说过,符号意义很难量化。假定皮尔斯所言的符号是最美的,那么中文会是全世界最美的语言符号系统,因为中文三者都有。汉字的进化是从象形到指示,到规约,汉字可能是三种构成"尽可能均匀"的符号。

第三节　符用理据性

1. 理据性的生长

仔细想一下就可以明白,所有以上关于理据性的讨论,包括索绪尔理论与皮尔斯理论的重大差别,实际上都是在讨论符号的"出生取名"理据性,也就是一个符号与某个对象"生来就有"的关系。

20世纪上半期,已经有不少学者开始明白,符号要真正用于交流,必须每个地方都让受者明白其意义,以便顺畅明白地交换意义,为此,不能靠初始理据。社会交流中使用的符号大军,大多数成员并非

---

① Charles Sanders Peirce, *Collected Papers of Charles Sanders Peirce*, Cambridge Mass: Harvard University Press, 1931–1958, vol 4, p. 448.

刚入伍,而是在社会使用中受到长期锤炼的老兵。

举个最容易理解的例子。每个国家的国旗,在设计的时候都是有设计意图的。但国旗经过反复使用后,很少再有人会要求解释者回到原理据性去理解其意义。当我们为国旗而骄傲的时候,想到的不是原来的理据性,而是长期以来国旗上所积累的代表国家荣誉的意义。

对于品牌的logo、足球俱乐部的标徽、电影公司的片头等许多符号,我们都不太会去追溯它们原先是像似符号、指示符号,还是规约符号,还是这三者的混合配置,但是我能认出并识别,这种使用起来更有效的理据性,就是符用理据性,即符号从社会性使用中得到的普遍理据性。

举个例子,胡适的本名胡嗣穈,恐怕无人知道。他在年轻时深受严复译《天演论》的影响,取"适者生存"为名。但此后他并未成为社会达尔文主义的信徒,也没有多少人追问他为何取此名。又比如,网络语汇都生成于类推,或是隐喻,或是转喻,只要是新的说法,就需要新的理据化,例如"韭菜""接盘侠""简中""网红",大多数人不知道其"命名仪式"(往往是某个网络作者的妙思),一旦经过社会性的使用,获得了符用理据性,全国网民就会不假思索地采用。

例如南非某个野生动物园里,有只老虎取名"伍兹"(Woods),这个名字显然来自美国高尔夫运动员老虎·伍兹(Eldrick Tiger Woods),伍兹原名中的绰号"老虎"借自猛兽,现在猛兽反过来也借名伍兹。这个往复借取符用理据性的过程,解释起来似乎非常复杂,实际上却天天在用,老百姓很容易懂。

2. 普遍符用理据性

更漫长的历史性的使用,能把许多人物(关羽、诸葛亮等)的名字变成某种品质的代表,简单的人名因此就成了典故,成了象征。典故靠的是一种历史联系的理据性,是文本通过文本间性向文化史借来的意义。历代文献中的不断引用,社会使用中的不断重复加码,可以使这些名字成为抽象品格的象征。

巴黎的埃菲尔铁塔,刚建成的时候在巴黎很招恨。它原来是19

世纪末的工业博览会的标志,当时巴黎人非常生气,认为它代表的是现代庸俗的工业化,是在侮辱优美的法兰西文化。作家莫泊桑说,在巴黎任何地方都逃不过这个可恨的建筑,唯一的办法就是到塔里面去喝咖啡。但到现在,它就变成法国文化的象征了。巴黎人谈恋爱的话,据说他们的初吻必须是在铁塔上。原来被视为最丑的,现在变成了最浪漫的。这个秘诀在哪儿?这是个典型的符用行为,反复使用,习惯了。看惯了,就看成美的了。

还有卢浮宫的入口玻璃金字塔,贝聿铭刚建起来的时候,全巴黎都在骂,说它破坏了卢浮宫的典雅,现在却都认为这个建筑有它的优雅之处。北京的国家大剧院刚建成的时候大部分人非常反对,说这个大鸡蛋怎么能放在那里,把这个区域的氛围全破坏了。现在看来却很漂亮,非常漂亮。为什么看惯了就变漂亮了?因为它与周围的配合在积累,你见到一次就是配合默契度在积累一次。

这些不是例外,符用理据积累效果,是普遍的。看起来,只要社群集体坚持使用一个符号,没有理据的符号就可以获得理据性,甚至成为高度理据化的象征。使用本身,就是在创造符用理据性。只有拒绝使用,例如无表情地说"无可奉告",或干脆保持沉默,才会与使用理据的顽强增生切断关系。机构发言代表,先得学会这个"惜言止谤"的技巧。

随着各种方式的使用,符号意义自然而然地转向推进。贡布里希有一篇名文《木马沉思录》,为此种符用转向提供了一个非常有说服力的解释。"马"这个词,社会规约决定它的指称是马,是某种特殊的动物(正因如此,我们才指责赵高"指鹿为马"是犯了欺君之罪)。但"郎骑竹马来",一根竹竿为什么能代替马?它没有马的形状,也没有贴上马的图像或文字标签。竹竿之所以称为马,是因为对这个孩子及其周围人而言,它可以被当作马"骑行",在这种使用中竹竿获得了马的意义。

因此,不仅是符号给使用以意义,使用也反过来给符号以意义,使用符号就是催化其意义生长。使用给予符号以指示性,这容易理解。一个数字符号被使用在文本中,例如作为电梯的楼层按钮,与其他数字排列在一道,就有了使用理据:它明确标定某个特定楼层,产生提醒注意的清晰序列。正因如此,为了所谓吉利,有的高楼电梯按钮会跳过第13层,甚至还要跳过第14层,但使用者依然不会搞错。

对此种符号现象,皮尔斯提出一个非常清晰的原理:"所有的符号都来自其他符号。"①在皮尔斯看来,符号的使用始终有个目标,即再现对象的真知。这几乎永远不可能达到,因为真知本身只是一个为了符号本身的合法性而建立的虚拟的目的。但真知必须能以某种方式逐步逼近:随着每一次符号使用,累加的符号意义,总会渐渐丰富起来。累积是有一个方向的,它期盼朝着对象的真知方向前行。

因此,社会的符号使用活动,其重要目的就是使符号生长;符号靠自己的被使用,成长为更有意义的符号。

由此,皮尔斯提出了知名的"符用准则":"每个符号在非常严格的意义上都是一个生命体,这不仅仅是个比喻。符号的形式缓慢地改变,但它的意义不断增长,吸收新的元素并丢弃旧的元素。"②

3. 艾柯的漂流说

为什么经久使用的符号,不必追到当初的意义呢?难道符号的意义不是从"初始理据性"开始的吗?只有在对符号的意义需要进行深入解释(例如语文老师讲课)的时候,才需要溯源,寻出它在《说文解字》中的意义,甚至更古老的源头意义。社会大部分使用者对符号的使用,对意义的要求,只是共时系统的准确。

关于此种符号演化,艾柯提出一个"封闭漂流"原则。激流漂游不会选择水流平缓的江河源头,而是选择水量大的激流段,用皮筏甚至封闭仓,做惊险的漂流。符号的无限衍义,对使用者来说,就像漂流者

---

① Charles Sanders Peirce, *Collected Papers of Charles Sanders*, Cambridge Mass: Harvard University Press, 1931-1958, vol 2, p. 302.
② 皮尔斯:《皮尔斯:论符号》,赵星植译,成都:四川大学出版社,2014年,第69页。

一样,不必追溯其源头。假定衍义已经从 A 到 E,艾柯说得很生动:"一旦我们理解了 E 时,关于 A 的想法已经消失。内涵扩散就像癌症,每一步,前一个符号就忘记了,消除了,漂流的快乐在于从符号漂流到符号,除了在符号与物的迷宫中游荡,没有其他目的。"① 在我们周围出现的越来越多的符号,我们大多弄不清其起源,如"绿茶""狗粮""吃醋""放鸽子""同志"等。因为它们不是古词语,追溯这些也做不成学问,所以,取其目前漂流到的所在即可。

在欧洲人发现澳大利亚的黑天鹅之前,他们都认为天鹅一定是白色的,"黑天鹅事件"原本比喻不可预测的重大稀有事件的发生。黑天鹅被发现后,这个比喻性说法不再有理据,但"黑天鹅事件"这个说法依然被广泛使用。

再如"发烧友""骨灰级"等流行语,其根源已经很少有人追究。20 世纪中叶,流行电子管做的音响器材,使用时间长了,其机身会发热,可是有的爱好者玩得入了迷,即使机器发热也不顾,甚至会玩到电子管被烧坏,此类人因此被称为"发烧友"。大概是因为"发烧"到一定程度就会被烧到只剩骨灰,所以有"骨灰级发烧友"这个说法。后来在网络游戏中,"骨灰级"被使用于汉化《暗黑破坏神 II》中最特别的一个难度的名称。"普通级""噩梦级""地狱级",之上即"骨灰级"难度,在这个难度上,死后无法复活,只能从头开始。能通关该难度的玩家被誉为"骨灰级玩家"。久而久之,"骨灰级玩家"的叫法也被应用到其他各种场合、各种领域。

---

① Umberto Eco, "'Unlimited Semiosis' and Drift", *The Limits of Interpretation*, Bloomington: Indiana University Press, 1994, p.31.

第四讲　意义的分解

第一节　双重分节

1. 符号与对象何者在先？

人的意义世界由符号组成,没有符号的物世界,混沌而无意义。索绪尔声称整个世界,"在语言出现之前一切都是不清晰的……只是混沌不分的星云"①。卡西尔认为自从人拥有文化,"人不再生活在一个单纯的物理宇宙之中,而是生活在一个符号宇宙之中"②。他说,"整个宇宙……哪怕不完全是由符号构成,也是充满了符号"③。就人类的理解潜力而言,整个宇宙,是已经被人类符号意义化的宇宙。自在物世界,是目前尚无法符号意义化的未知世界。

符号是如何把混沌的世界变得有意义的呢？索绪尔认为能指和所指是符号的两面,能指是符号的可感知部分,所指就是符号的意义。符号能指就是符号载体,组合起来称作符号文本。所指是什么东西呢？所指是能指所指出的东西。这句话是我说的,索绪尔没说,因为

---

① Ferdinand de Saussure, *Course in General Linguistics*, New York: McGraw-Hill, 1969, pp. 111-112.
② 恩斯特·卡西尔:《人论》,甘阳译,上海:上海译文出版社,2004年,第35页。
③ The Peirce Edition Project, *The Essential Peirce: Selected Philosophical Writings. Vol. 2, 1893-1913*, Bloomington: Indiana University Press, 1998, p. 394.

在西语中这不成问题。它们是"符指"这个动词的主动分词与被动分词,所指字面上就是:能指指出来的东西。

那么就出现一个问题:所指是不是先等在那儿,等能指来再现呢?是不是能指因为需要再现,才去找一个所指?世界是被构造出来的意义世界。"思必有所思",就是王阳明说的"意之所在便是物"①,那么"意"与"物"到底哪个在先?

艾柯曾经称能指/所指是前件/后件,意思是指出对象的能指是在前面的,所指是在后面的,因此能指创造所指。到底是能指创造所指呢,还是事物先在,制造一个能指来表现它呢?对象物和符号哪个在先?先有这种水果,然后才有"苹果"这个命名,还是先有"苹果"这词,然后才能分辨出这一类水果?这好像是一个很简单的问题,但实际上挺复杂。

实际上,有两种符号:所指优先符号/能指优先符号。所指优先符号是科学的、实用的,它的意义是最主要的,优先的,它的目的就是把意义说清楚。《庄子》说:"故言者所以明象,得象而忘言;象者,所以存意,得意而忘象。"②得到意义后,象就可以忘掉。朗格说:"词本身仅仅是一个工具,它的意义存在于它自身以外的地方。"③能指首先指向意义,一旦有了意义,此词就不需要了。

鲁迅的《藤野先生》,各位中学里都读过这篇散文。藤野先生给过鲁迅一点教育:"你看,你将这条血管移了一点位置了。——自然,这样一移,的确比较的好看些,然而解剖图不是美术,实物是那么样的,我们没法改换它。"④为什么不能动呢?因为它是科学的,它是所指优先。反过来,文化的、仪式的、艺术的意义活动,是能指优先,就是它的形式是最主要的,它的意义倒是第二位的。上次我们谈过这起清

---

① 王守仁撰,王晓昕译注:《传习录译注》,北京:中华书局,2018年,第25页。
② 转引自王弼撰,楼宇烈校译:《周易注 附 周易略例》,上海:中华书局,2011年,第414页。
③ 苏珊·朗格:《艺术问题》,滕守尧、朱疆源译,北京:中国社会科学出版社,1983年,第128页。
④ 鲁迅:《鲁迅全集》第2卷,北京:人民文学出版社,2005年,第315页。

朝时的外交事件:康熙皇帝接见欧洲来的外交使臣的条件是要他们三跪九叩,西方来的使臣说这样不行。所以这个能指比所指重要。拿破仑在他的最后岁月里,被流放到大西洋中的圣赫勒拿岛,但他依然自称皇帝。在他的住所,哪怕地毯已经满是窟窿,天花板奇矮,部下见他时的礼仪却不能废。为什么?他唯一的尊严就在这儿了。

有的能指本身就发挥意义作用。比如犹太人忌食海蜇水母,认为它非鱼非肉,品类不清。犹太人认为必须保持族内通婚才能让自己的族群延续下去。我们知道开封犹太人最后消失了,最重要的原因就是外部通婚。一旦外部通婚,整个社团就会逐渐瓦解。这时就需要能指构成仪式、规范,以标记内外之别。

《诗》可兴观群怨,小说可诲淫诲盗,都与能指制造的"现实幻觉"有关。能指好像就是真有其事一样。能指不过是一堆感知,为什么它本身是真实的?巴尔特在《神话学》第一章讲的是美式摔跤。所谓美式摔跤是假打,看起来挺残酷,但全是排练过的。因此,美式摔跤有一个特点,就是绝对能指优先。电影中的打斗也是如此,有音响效果配合,观众当作真打看,过瘾就行了。

韩国的汉城现在叫首尔,首尔就是首都的意思。汉城改名为首尔的时候,中国表示理解。为什么要把地名改掉?文化上能指形式至关重要就是一个原因。最令人觉得有趣的能指偏执就是"靓号"。1996年,北京与广州原来的电话号码位数不够了,要加第八位。北京的统一抢先加6,六六大顺。广东原来建议加5(谐音"无"),受到群众一致反对,后来改成8。后来全中国都跟着广东人,在各种数字上"为8而狂"。符号能指,哪怕本来它只是广东人的方言谐音,只要大家都认同,就都会感到跟自己的幸福大有关系。这是一个能指优先的奇迹时代。再例如用美颜滤镜拍摄的照片,就不是为了"代替"现有对象,而是为了创造一个更加符合自身审美标准的对象。

能指优先符号,往往让使用者相信能指创造对象意义的能力;所指优先符号,往往让使用者相信符号能忠实再现已有的对象。所以哪个先哪个后呢？一般说，如果符号是在做设计、筹划，那就是符号优先。先有设计图，再有房子。如果是再现自然事物的符号，那就是先有对象，才有这个东西的名称。

2. 双重分节

索绪尔首先提出"双重分节"（double articulation）一说，双重分节就是"用符号分解对象"，或者说，用能指划分所指。巴尔特甚至建议符号学可以称作分节学，他认为所有的符号都是一种分节，分节才能再现对象。

叶尔慕斯列夫做了一个非常有名的实验。他把各个民族的颜色词都列出来，然后让各个民族的人认哪一段光谱对应哪个颜色词，结果发现各民族的颜色很不相同：翻译时互译成"绿"的，在光谱上对应的范围却很不一样。到底哪一段是"绿"？哪一段范围超出了"绿"的范围？各民族不一样。这说明是先有词，然后颜色段才被命名。中国人说"赤橙黄绿青蓝紫"，西方人不懂什么叫青，但中国人对此感觉却是一清二楚。

分节意义非常重大。没有分节，这个世界就是一片混沌。比如我们办个大学，如果学生不分年级的话，教学就乱了。以前的私塾在收学生时不分年龄，反正学的都是四书五经，但真正讲课的话，也挺不方便的。同样，现在教师必须分助教、讲师、副教授、教授，教授还分成几级。为什么要分级呢？是为了让老师保持研究的动力。甚至游戏也必须分级，《王者荣耀》要你一直打上七段，宾馆有星级，餐厅也有个餐饮行业的"米其林指南"，不然一些餐厅的高价就会失去根据。

只有进行分类，才能明辨全貌。公孙龙在《名实论》中，讨论了分类分节的基本要求："谓彼而彼不唯乎彼，而彼谓不行。谓此而行不唯乎此，则此谓不行。"[①]例如现在每个大学都有学术委员会，都把学术刊物分成ABCDE五级，只是每个大学的分级方式不一样，可能你的高

---

① 王琯：《公孙龙子悬解》，北京：中华书局，1992年，第89页。

级别刊物,在我这里只算低级别刊物,相反的也很多。于是在一个学校毕业的特等优秀生,到另一个学校去竞聘,可能门槛都无法过。"此"与"彼"不收"唯乎此彼",结果就乱了套。本来好论文就是好论文,好坏不应当由发表论文的刊物决定,但为了便于领导,分个高低也罢。弄出你高我低,你低我高,那就会打击许多老师学生的积极性,此情况近20年不变,也是中国高教界的"能指奇迹"。

我们写论文也是这样,章节不清、范围重叠,论述就陷于混乱。写文章分出个章节来,这个章节内部"唯乎此彼"。我说这个章节其实是讨论儒家的,结果这里面讨论道家了,那不行。那就一章儒家,一章道家,必须分开写。事实上阴阳五行理论里面有儒家思想,也有道家思想,但是你先要把各部分讲清楚,然后再讲如何杂糅。这样你论文的章节才通,不然杂糅就是一笔糊涂账。

礼仪就是分节。礼仪最重要的一个东西是等级,礼外和礼内,到哪一步做什么事,每一级有不同的能指方式。《礼记·典礼下》说:"天子死曰崩,诸侯曰薨,大夫曰卒,士曰不禄,庶人曰死。"①对各种人的死的说法,都不一样。

佾是礼仪舞蹈中舞者的列数。孔子说:"八佾舞于庭,是可忍也,孰不可忍也。"②八佾是天子用的,诸侯用六佾,卿大夫用四佾,士用二佾。季氏是正卿,只能用四佾,可他竟然用了八佾,孔子最恨的就是礼仪混乱,他觉得季氏在礼仪舞蹈上所用的这舞者列数绝对不可忍受。

在爱斯基摩语言中有40种称呼雪的方式,为什么有40种?因为雪对于他们来说太重要了,所以区分各种各样不同的雪非常重要。阿拉伯语中表示骆驼的词有上百个。中文里有100多种表示玉的词,所以中国是个玉之国,你看大多数王字旁的字都是各种玉的分类,王字旁的字那真有100多种,好多字的区分已经搞不清楚。斯瓦西里语把

---

① 郑玄注,王锷点校:《礼记注》上册,北京:中华书局,2021年,第56页。
② 阮元:《十三经注疏》(清嘉庆刊本)一,北京:中华书局,2009年,第5355页。

死者分成两种,这个是挺有趣的事情。在斯瓦西里语里,死人有两种,一种是有活人见过的,一种是没有活人见过的。因为斯瓦西里语没有文字记载,所以有人见到过的死者是真死者,没人见到过的死者就是传说中的死者。我们可以从一种语言的用词中看到它的符号文化机制。

对三代内亲属的称呼,英语有 14 种,汉语有 48 种。就 uncle 一词来说,中文有 5 个说法,cousin 一词在中文里有 8 个说法。中国人重视家庭关系,尤其注重父系与母系的区分。如果关系分节都搞不清楚的话,恐怕会被骂数典忘祖。据说新的一代叫作"断亲代",因为这一代年轻人有很多是独生子女,一旦搞不清楚这些亲戚称呼的分别,到最后这些范畴就会逐渐消失,相当于断了联系。

马克思在《关于费尔巴哈的提纲》中提道:"人的本质是所有社会关系的总和。"①社会关系是靠分节显现的。在同一个对象身上可以用不同的分节方式。拿我自己来举例,我是教师,是男人,是黄种人,是南方人,是音乐爱好者、足球球迷等,我可以在不同的体系当中分成节。如果我把分节方式全部排全的话,就相当于在文化上定位了自己。在各种社会分节系统中确定了你的节位,个人的全部社会关系就清楚了。

张爱玲有一段话,写得比较诗意:"文明的日子是一分一秒划分清楚的……蛮荒的日夜,没有钟,只是悠悠地日以继夜,夜以继日,日子过得像钧窑的淡青底子上的紫晕,那倒也好。"②她的意思是,文明是分割的,是分节的,让人心烦,但我们不可能永远生活在荒村野外。分节很有意义,尤其对我很有意义,现在公布对青年、中年、老年的划分有了新的标准,80 岁以上才是老年,我才刚到。这么分节无聊不?对我来说非常有聊,给我鼓了气。

---

① 卡尔·马克思、弗里德里希·恩格斯:《马克思恩格斯文集》第 1 卷,北京:人民出版社,2009 年,第 501 页。

② 张爱玲:《张爱玲散文卷上·流言》,北京:中国戏剧出版社,2005 年,第 209 页。

分节是要有根据的,根据就是一套比较明显的能指系列。我们可以用空间划分时间,也可以用时间划分空间。为什么用 10 作为数学最起码的进位？因为我们有 10 个手指。用时间来划分空间的话,往往以 12 为单位:12 星座,24 个节气,全球有 24 个时区等。因为一年 12 个月,是造物主给人类的天然分节方式。东西方都把这个黄道(太阳轨迹)分成 12 宫,用时间来划分空间,划分星座,再划分命运、性格、婚配,从自然到脏腑,到人事,到婚姻,到取名,分节一以贯之,人间秩序井然。

第二节　皮尔斯的符号三分结构

1. 符号二分与三分

上一讲说过,皮尔斯符号学的第一个明显特点是理据性,第二个明显特点是一系列三分式。不是因为索绪尔已经建立了四个二分式,皮尔斯才去建一个三分式体系。皮尔斯在 19 世纪中后期就形成了符号学的基本框架,那时候索绪尔还在教梵文。

首先,皮尔斯把每个符号的构成分成三个元素:

- 再现体(representamen);
- 对象(object);
- 解释项(interpretant)。

再现体(representamen)这个拉丁词,难念但意思好懂。再现体就是能指,用一个感知,把对象的某个方面再现出来,就此携带了意义。皮尔斯倡用的术语太多。再现体即符号载体。这个词不如索绪尔的能指清楚,但是它强调了符号的再现意义的功能。

皮尔斯认为符号携带的意义(所谓所指)应当分成两部分。一个是对象(object),是固定的,不太依据解释而变动。关于 object 我这里多说一句,很多人翻译成"客体",客体对应主体,而 subject 翻译成"主体"就有不少困难,本讲义最后一讲会细说。因此,object 翻译成"对象"比较清楚,它是符号直指的事物。

符号引发的思想,是符号的解释项(interpretant)。注意,解释项是解释引申出来的思想,是符号意义的主要落脚点。皮尔斯把符号的意义分成对象与解释项两个部分,他在这个基础上构建了整个符号学体系。这个分解有重大的理论与实践意义,解释的复杂成为探索的重点,没有这种分解,许多问题不可解,例如本讲义后面重点讨论的艺术问题。艺术作品(抽象绘画、音乐等)经常没有对象,但绝对不能说它无意义。如果索绪尔的符号学可以叫作"重文本分析的符号学",皮尔斯的符号学就变成了"重解释的符号学"。

皮尔斯强调的就是符号如何使世界得到解释。对于解释者来说,符号不仅在某个方面或某个品格上再现某对象,更重要的是,符号在此人心中唤起一个等同的或更发展的符号,即解释项。不管对象是符号创造的还是创造符号的,这个对象都存在于意义关系中。但解释项是另外一个符号,它是一个对等的符号,或是更进展的符号,它可以开启一个新的符号进程,这个解释可以进一步被解释。本讲下面就会讲到这个无限衍义的过程。

2. 三种翻译

雅各布森是现代形式主义诸流派的穿线人物。他是俄国形式主义的主角之一,莫斯科语言小组的核心人物;然后他到了捷克,成为布拉格学派的核心人物;希特勒入侵捷克后,他又到了美国。第二次世界大战时,他在美国与列维-斯特劳斯共事。列维-斯特劳斯收集了大量巴西亚马逊的人类学材料,正不知道如何下手解释,雅各布森向他介绍了索绪尔理论。两个人火花一撞,列维-斯特劳斯突然明白了,只有用符号学才能够把整个人类文明的结构说清楚。他因此成为符号学/结构主义的主将,而雅各布森就是这个学说大潮的催生者。

雅各布森是整个形式主义理论领域不可越过的人物。他的主要身份是俄罗斯诗歌专家,只发表过几篇不长的符号学理论文章,但每篇文章都成为符号学发展的关键点。雅各布森这句话点到了要害:

"能指必然可以感知,所指必然可以翻译。"①在此"翻译"就是解释,一个符号的意义就是它的"可译性"。有三种不同的翻译:

- 用同一种语言换个说法,是语内翻译;
- 用另外一种语言翻译,是异语翻译;
- 也可以用另外一种符号翻译,是符际翻译。

用一套符号来翻译另外一套符号的例子,如一个网址你可以写出来,也可以用二维码来代替。每个乐谱,翻成简谱是一种翻译法,把它在钢琴上弹出来就是"翻译"成一套听觉符号。

所以,符号三分式,不是一个分析方法,而是意义的本质构造,所有的表意都是必然三分的。回过头来看,凡是认真思考意义问题的思想者,几乎都有类似的想法。5—6世纪的小乘佛教,出现了因明学,南北朝后期印度陈那大师的思想被译成中文,那时他已经提出来认识有能量、所量、量果之分。量就是认知,量果则接近皮尔斯的解释项。

钱锺书是中国介绍皮尔斯的第一人,他在《管锥编》当中详细介绍了意义三分式,指出这个三分法,瑞恰慈谈过,中国古代多人都谈到过,墨子称作"名—实—举",刘勰叫"辞—事—情",陆机叫"文—物—意",陆贽叫"言—事—心"。最好的理解还是墨子的三分法,"举"就是它产生了一个解释,启发了一个新的思想概念。

到现代,很多学者把符号文本的意义细分成两种,合而为三。叶姆斯列夫称之为"外延/内涵",莫里斯称之为"指向/意味",卡尔纳普叫它"外展/内包",艾柯叫它"词典意义/百科意义"。艾柯的说法最容易理解。对象就是比较确定的词典意义,解释项是百科,意义是可以不断增加、有不断延伸可能的解释。

应当说明的是,词典是变化的,所以对象本身也有变化。但在文化演变到某个阶段时,它就是相对固定的。鲲鹏之类珍奇动物,我们

---

① Roman Jakobson, "Sign and system of language: a reassessment of Saussure's doctrine." In K. Pomorska & S. Rudy (eds.), *Verbal art, verbal sign, verbal time*. Minneapolis: University of Minnesota Press. 1985. p. 30.

没看到过,但词典上说昆仑山上有,昆仑山是中国文化的圣山,所以这里的对象物,是"文化上得到承认的事物",而不一定是事实,在《说文解字》作为字典正宗的那个时代,中国文化公认为如此而已,对象并不是永远不变的。

而解释项未必具有在本文化中得到承认的属性,而是个人或集体的解释者得到的意义。很多符号没有对象,直接指向解释项。艺术作品可以跳过对象,比如有些诗作句子读来不通,艺术把对象给抽掉了,但这时它依然有解释项。数学或者逻辑公式是抽象的,也是跳过对象,但有丰富的解释项。所以对象可以不存在,但解释项必须存在。本讲义第一讲就说过了,符号的一个最基本构成就是有意义。

记得达利的名画《记忆永恒》吧?时钟柔软如一块面团。这画有对象吗?没有,时钟不可能柔软。但它有解释项吗?有很多。解释不一定对,但可以衍生出新的对象。纽约现代艺术馆的礼品店里,就有些钟表搭在桌子边上,10美元一个。有一次新闻说iPhone充电的时候会变形,漫画家就画出了"达利版手机",这当然有点夸张,但击中要害。

第三节 无限衍义

1. "三生万物"

符号过程在定义上是不可能结束,它靠解释项变成一个新的符号传下去,这就是无限衍义,这个延伸过程理论上是无法中断的。皮尔斯说:"一个只有三条分叉的路可以有任何数量的终点,但是一端接一端的直线的路只能产生两个终点。"① 这就暗合了《老子》说的"一生二,二生三,三生万物"②。两点联成线,它就封闭起来了,而三是开放

---

① 科尼利斯·瓦尔:《皮尔士》,郝长墀译,北京:中华书局,2003年,第22页。
② 阮元:《十三经注疏》(清嘉庆刊本)一,北京:中华书局,2009年,第2927页。

的。皮尔斯的理论有时候有点烦琐,但是大多很有用。本讲义第一讲说过了,任何解释都是一种解释,但是要解释就必须用另一个符号,不同解释就会引出不同的新的解释链条,就是下文要讨论的分叉衍义。

我们拿一个品牌来举例,比如茅台,你看到"茅台"两个字想到的是什么?国酒。解释项是什么?富贵、地位、奢侈。酒的富贵、地位、奢侈又表明什么?表明喝它的可能是生活很讲究的富人,当然也可能是贪官。富人是什么意思?贪官是什么意思?你可以追问下去,继续解释下去,这就是无限的分叉衍义。

巴尔特也提出一个衍义方式,他的衍义分成三层。第一层表达/内容,变成第二层外延/内涵,第三层变成修辞与意识形态。他这个公式用的人很多,我个人的想法是,这可能太快了,也太快走到顶了,第三层就变成了意识形态。解释项衍义到一定程度,会卷入意识形态,但不会那么快,既是无限衍义,下面路应该还有得走,不应当第三层就跳入意识形态。

皮尔斯有一篇笔记《关于人的知识和感觉》,其中举的解释项例子很生动:"我本人是一个符号,是个再现体,但是解释项可以是一个人。我的解释项可以是我的未来记忆,就是人们是怎么记住我的,我本人的未来,我写下的句子,我的作品,我的思想,或者我生下的孩子。"①

这一点是最有趣的,皮尔斯没孩子,但是他知道生下的孩子可以是你的解释项。这一点很好,各位,你们如果不懂什么叫解释项,你想想为什么你要生孩子,想想母亲为什么急于让你结婚生子。为什么?她需要你继续发展你的人生意义,也是让你作为她的解释项,有新的延伸。皮尔斯的文字一般比较艰涩,这一段出乎意料地亲切而具体,发人深省。

2. 意图定点

符号意义本身的解释是没完的,正是由于解释是新的符号,需要

---

① Charles Sanders Peirce, *Collected Papers*, Cambridge Mass, Harvard University Press, 1931–1958, Vol 7, p. 591.

做新的解释，合起来就具有更丰富的意义。如此衍义到最后会达到什么地方？皮尔斯认为无限衍义它最后会触及符号本身，这可能就是"真知"，本讲义最后会讲。艾柯认为会达到"整体语意场"。我本人认为无限衍义最后达到的，是一个不可能达到的极限，即理解整个人类文化。

理论上没有有限衍义，但实践中符号解释总要中止在某处，无限衍义在实践上不可能，我们只是承认此种潜在的可能性而已。任何解释活动都推动解释者继续衍义。当解释者是一个人或一群人，他们就可能满足于一种取得的意义，这个符号衍义就可能暂时中止。

解释行为停止于一点，因为解释者自己满意了，已经达到预定目的了，或者时间不够了，或者是疲劳了，或者是能力不够，或者就是抵触，不愿再想，所以停止是必然的，预定停止在哪一点就麻烦了。符号发出去了，意义的解释就是社会活动，到达的点不是能控制的。

如果有意识地控制衍义停在某个点，可以叫作意图定点。发送者需要它停在某个地方，才适合他的意愿，适合他的设计要求。尤其是在经营品牌的商家那里，很希望衍义达到某种效果范围。比如我出产一种酒，当然希望全世界的人都喝这个酒，但实际上只能希望到某个点。所有符号的发送者、设计者、社论作者、记者、宣传家、球队教练、电影制片人，实际上都预设了一个意图定点。

过高的期待反而有害，浮夸不实。我拍个电影，或者是写一本讲义，就希望借此变成世界第一，这么想难免会让我文风狂躁。我建一座楼，希望它成为本市的地标建筑，可能虽然投资过多，但市民却不认。所以意图定点影响符号文本的品格，定得适当，是必要的。

举几个我个人经历的例子。电影《安娜·卡列尼娜》的DVD，翻译成《爱比恋更冷》。我看到时气晕了，跟DVD摊主生气："怎么可以这样糟蹋名著？"那个摊主朝我翻白眼："你不买就不买，你批谁呢？"我羞愧而退，因为我没有站在出版商的意图定点上，我也不属于DVD购买者这个社群。出版商的意图定点是什么？我想绝对不包括像我这样热爱托尔斯泰的人。这个社群已经把我排除在外了。爱比恋为什么冷一点？说实话，这标题我看不懂，但发行商对看爱情片的社群的定位，估计比我准。

反过来，中国电影的英译名却大多译得非常好，往往比中文原电影名字都好。《纵横四海》译成 *Once a Thief*，一日为贼终身为贼，但后半句话不说出来，留了个悬想。《不见不散》译成 *Be There or Be Square*；《东邪西毒》译成 *Ashes of Time*；《花样年华》译成 *In the Mood of Love*；《霸王别姬》译成 *Farewell My Concubine*；最后这个翻译看起来是个"忠实翻译"，却把全球观众都逗乐了。总的来说，中国电影翻成英文，很尊重英文观众，制片人与翻译者的意图定点不一样，他们看来对市场各自都是有了解的。

有意把意图定点缩短，也是有的。短定点意图，就是有意不想延伸意义。施乐（Xerox）牌复印机出现于20世纪80年代，上市后立即占领了很大的市场份额，品牌名字也变成了一个常用词，大家都说"请把这文件 Xerox 一下"。施乐公司认为此局面有悖于他们的意图定点"买本公司的机子"，因此发起一个运动，在英语当中用 photocopy（复印）这个词，而"施乐"只做品牌符号，本机专用。

3. 分叉衍义与转码

上面说了，一个符号文本，它的对象相对固定，但解释项是因人而异的。鲁迅关于《红楼梦》的这段话，大家都读过，"单是命意，就因读者的眼光而有种种：经学家看见《易》，道学家看见淫，才子看见缠绵，革命家看见排满，流言家看见宫闱秘事"[1]。实际上鲁迅列出的每一种，都不能说没有道理，而且每一分叉都衍生出一种新的红学。

什么叫分叉衍义？就是对一个符号文本，各有所见，每个人有不同的解释项。比如现在有一种西瓜，叫作"沙漠王子"，不知道是什么人取的品种名称。瓜本身味道还可以，但是它之所以能热卖，是因为

---

[1] 鲁迅：《鲁迅全集》第8卷，北京：人民文学出版社，2005年，第179页。

名字带来的好处超出味道带来的好处。这个瓜名的解释项分叉了。有人认为再热的天,王子的宫殿总是凉爽的;有人认为沙漠里太阳大,那里出产的瓜肯定好;而我想起迷人的童话小说《小王子》,作者是一个飞行员,第二次世界大战时曾驾机迷失在沙漠里,所以我也喜欢这瓜。这个符号的意图定点很妙,让几种人都甘愿上当。

转码(transcoding)就是让符号意义沿着新的路线发展。这词原义是技术性的,例如 VHS 录音录像带是模拟码,转成数字码才能刻上 CD 盘,再次转码才能出现于网络音乐平台。文化研究中的转码,指的是解释项偏转,给原来的符号施加很大的压力,使它携带的意义发生另解。

例如粗粮应当是能让人大口吃饱的简单食料,有的饭店里有"粗粮细做"的菜品,写在奢侈菜单上,做好端出来,只是很少的一点点,粗粮被细做成了名贵的菜。例如好多野菜,现在却变成罕见的高档菜。这就是一种转码解释,它的解释项发生了原先想不到的衍义变化,反过来创造了新的意义。

看足球比赛直播与看重播,场面实际上一样,但效果绝对不一样。看录像回放,有一个条件就是依然不知道输赢;如果已经知道输赢的话,就只是"精彩回放"。为什么?因为结果使比赛的解释项很不相同,同样场面会因此变成两场完全不同的比赛。因此,解释转码了整个符号过程,使得同样的符号携带上了完全不同的意义,同一场比赛,因此变成了意义完全不同的符号文本。

再例如流行的"娘炮文化",鼓励某些男星以不像男人来吸引人。一般人的看法是,男人失恋固然应当伤心,但不应当哭哭啼啼,至少不应唱伤心情歌。这与原先的解释正好相反。转码的解释到底是对还是错误?个别人(当然包括我)的看法,话语权很小。

最典型而且有经济价值的研究的转码,或许是牛仔裤从工装到全球时尚的转码。解释项反过来对符号意义产生了压力。在婚礼上新娘穿白纱裙这个风俗在各国盛行也是一例,新的解释项改变了原来的符号理解方法。这些例子大家都知道,你们自己也可以举个例子试试。

三分法使得解释可以倒逼符号关系,可以使意义逆方向演进。拿麒麟做个例子。鲁国君王猎到一头麒麟,这个事情没什么了不起,他只是猎到了一个比较奇怪的野兽。但是孔子听闻此事,"绝笔于获麟"①,鲁国的编年史《春秋》就不能再写了,历史终结于此。麒麟是瑞兽,打死麒麟是绝对的不祥之兆,以后鲁国的命运会很悲惨,他不忍再书。后来,司马迁写《史记》,旨在延续《春秋》传统,但汉武帝打到了一只野兽,拉回宫廷后,很多儒生一致认定是麒麟。司马迁也说历史终结于此了,停止了写《史记》。今天若见到类似麒麟的怪兽,也会是大事,要对它进行一级动物保护,但是不至于我们符号学也停课。这样的例子也是在说明,解释项转变,迫使对象意义转码了。

三元关系中的解释项,是符号活动当中最活跃的一项,是能够推动符号演变,甚至推动文化演变的一个重要东西。文化是所有社会的符号意义活动的总集合,一种文化就是整个社会与相关的活动的汇总。

奥格登与瑞恰慈说,我们的一生几乎从头到尾一直都把事物当作符号。他这话很有意思。我们所有的人生经验,在这个词最宽泛的意义上,不是在使用符号就是在解释符号。世界就是由各种各样事物组成的,这些事物可以是感知的,可以是虚构的,可以是想象的,也可以是荒谬的,这些都取决于解释,我们所处的世界就是由符号构成的。

所以德勒兹最后说:"事物与事物的知觉是同一种东西。"②这就是王阳明说的:"思之所在便是物。"③所以事物与符号几乎是相同的,因为我们就是通过符号意义认识这个世界。

---

① 阮元:《十三经注疏》(清嘉庆刊本)(一),北京:中华书局,2009年,第3706页。
② 吉尔·德勒兹:《电影Ⅰ:运动-影像》,长沙:湖南美术出版社,第102页。
③ 王守仁著,王晓昕译注:《传习录译注》,北京:中华书局,2018年,第25页。

第五讲 双轴关系

第一节 双轴与主导

1. 双轴的命名

双轴关系是一个很奇妙的东西,我研究符号学已经40年了,依然在发现双轴关系中的新奥妙。到高科技的当代,这个原理更为重要。索绪尔的理论,很多人经常讲的是他的能指/所指、言语/语言、共时/历时,我认为,双轴关系才是索绪尔留下来的最宝贵的遗产,因为双轴讨论打开了共时背后的历时,打破了索绪尔理论的最主要局限,让趋向于静态的体系活跃起来。

双轴指的是组合轴/聚合轴(syntagmatic/paradigmatic)。这两个词是希腊词根,西方学者为显示学有所据,就用希腊词,比较难读而已,意义并不晦涩。任何符号表意活动,都必然在组合/聚合双轴关系中展开。索绪尔原先把聚合轴称为"联想关系"(associative relations),"凭记忆而组合的潜藏的系列"。他这个解释是有缺点的,因为把聚合关系看成一个发送者的心理问题,而它实际上是个符号文本组成问题,也是个符号阐释问题。

20世纪50年代,雅克布森发表论文深入讨论双轴关系,他的看法很是击中要害。他认为组合轴可以称为"结合轴",关注的是符号如何组成文本;而聚合轴可称为"选择轴",功能是比较选择组成符号文本的元素。这两个词用得非常好,把双轴关系说得清清楚楚:聚合轴就是选择轴。选择与结合,这才是我们的思考方式最基本的两个维度,所有意义活动都是在选择和结合中做出的。问题是雅克布森到1950年代才提出来这个名称,这时,索绪尔理论已经经过了三四十年的发展,名称改不过来了。

这双轴,中文文献译成"纵聚合轴"与"横组合轴",好像有一横一纵关系。如果这能让人永远记住,这里的方向只是一个比喻,那倒也罢了,实际上很容易导致错误理解。聚合轴完全谈不上方向,组合轴也不总是横向展开的,只是印欧语系的语言,从右到左或从左到右,都是横的。但中文以前是竖的,日韩文以前也是竖的。开车的时候,对十字路口的情况的感知,不是横向排列,而是平面展开的;建一座楼房,配置不是横向排列,而是立体配置;甚至穿衣搭配也不是。所以最好在把纵/横两字去掉。

可以看到,任何符号文本活动,都有组合/聚合。组合很清楚,就是若干符号元素如何组合成一个文本。比如组织一个会议,各环节必须列出表来,环环紧扣。拍电影的舞台场景,论文章节的安排,故事的起承转合等,这些都需要在组合上讲究。

而聚合是选择,组合上的每一个元素,背后都能找出一个聚合选择关系。比如,这次会议,应当请谁做大会主题发言,请谁做主持者,请谁做对谈者,请谁做大会秘书,请谁做录像记录,都有若干选择。聚合轴上每个可选择的因素,都是作为文本的隐藏身份出来的。我如果选了甲做会议秘书的话,我就没选乙。选上的过程就是选下的过程,我必须选下若干人,才能选上一人放到这个位置上。这事情我们每天在做。如果不选择,这个大学,这个班级,怎么组成呢?

2. 双轴的意义配合

这就形成一个很简单但普遍的关系:没有任何一个符号文本可以不靠选择和组合形成。选择和组合哪个先哪个后呢?应当说没有先后。一般来说我们是在思想当中先组合,我需要哪些成分,然后我为这些成分去选择。但是实际上聚合本身靠组合,组合本身也靠聚合,两个合起来了,来回协调,各有功能。

组合的每个成分都有若干可替代物,最后我选中某元素,是考虑了好几种标准。标准可以变换叠加,但唯一不变的标准是,聚合轴上的备选元素,都在结构上可以取代被选中的元素。文本形成的时候,聚合消失。组合是文本构成方式,组合是显示的;而聚合不然,一旦文本组合形成了以后,聚合就退场了。

聚合是组合的根据,组合是聚合的投影。组合就是选择的结果,选择过程投影在这个组合上了。"春风又绿江南岸",每个词都可以另外选择,"春风"改为"东风""轻风"都可以,好多词都可以用。"绿"字是个大聚合轴留下的浓重投影,所谓"诗眼"。一旦文本形成,进入意义流程,就不能动了。

选择一旦形成,我们就只能看到组合。比如,只看到一桌菜的组合,但是后面隐藏着精心的聚合过程:点一桌菜的时候,我费了脑筋,这桌菜本身也表达了某种意义,比如组合成为一桌满汉全席,或私房菜之类。一桌菜,选中的和选下去的,二者都体现了意义。

人生所有的意义活动,随时随地都有双轴关联,不可能找到一个没有双轴关系的符号文本。女士外出前,或许会在衣橱前多踌躇一会儿。裙子、帽子、上衣、鞋子、包包的搭配,是着装的组合要求;选择何种式样的裙子,则取决于几种可能的聚合关系,因为搭配式样会有不同的意义。小到衣服,大到建筑,都是这样。建筑的搭配关系,如花园、主楼、曲径、配楼、观景台,互相之间有风格的搭配,每一种活动都有特别的意义要求。

双轴操作为什么这么重要?因为只有理解了双轴操作,才能真正理解一个文本的意义。看"春风又绿江南岸",要看到它实际上选下了什么,它的聚合轴如何形成,不然我们欣赏不了这妙句。如果你是一个球队的教练,看到对方的出场阵型,你马上就要懂得他让何人坐了冷板凳,他的战略意图就此显露。

每个组合都隐藏了聚合,而每个组合隐藏的聚合构成了一种意义背景。双轴的操作是一个来回"试推"的操作,没有先后次序之分,实际上两个东西都要考虑到。比如我要组织一个专题研究班子,我在有可能的人选中选,但目前人选中没有可用之人,只能用外聘扩大聚合轴。这似乎是一个具体问题,但更是一个意义问题:我的研究理念,就体现在我如何选班子上。

动物与人类的双轴关系是不一样的,动物的意义行为,基本上是在组合轴上延伸。它抓到什么就吃什么,不像我们蒸炒煮,还加各种调料。越是文化发达,组合系列越丰富,聚合系就更丰富。中国的著名菜系,就是聚合轴特别宽,挑选面广。怎么挑起胃口?聚合能让组合显得丰富多彩,名堂就特别多。

3. 宽幅与窄幅

组合是聚合的投影,聚合丰富了,同样长的组合也丰富起来。比如,拍摄比(shooting ratio),即一部电影拍了多少胶卷。拍两个小时的电影,拍的胶卷有 20 个小时,拍摄比是 10,这是很平常的。如果预算比较少,拍摄比甚至可以低到 5 左右。如果说是一部豪华大片,拍摄比就很大。这像是一个资金丰裕程度的问题,却很影响质量。拍摄比大的被选下的就很多,质量上更精益求精。

有的聚合比较隐藏。比如唱歌,看上去没有聚合,参与者拿起乐器就演奏,拿起麦克风就唱。实际上其聚合很有讲究。演出者是有储备的,实际上聚合轴很大,却并不一定直接表现在这次的组合中。即兴的音乐,如爵士乐,爵士乐者好像是即兴演奏,但实际上只是聚合轴(配合默契的排列)隐藏方式特殊。

如果文本风格变异较大,一般是"宽轴"的结果。"春风又绿江南岸"为什么令人赞叹?一个关键的问题就是用了险词"绿",在这个词的选择上,突然聚合轴变得非常宽,出乎所有诗人用词之外,所以成了千古名句。聚合轴宽的文本,往往是怪异、峻奇的,故事叙述"不可靠",情节出乎意料。

因此,我们面对一组概念:宽幅和窄幅。以前每个市镇必有布店,布店里卖的布,有的布幅窄,有的布幅宽。母亲叫你去买多少尺布料,老板要你说清布料幅度是多少;窄幅的布料,买回来可能就不够用。聚合轴的宽幅和窄幅是两种不同的风格的符号文本,宽幅的选择面可能很大,窄幅的选择就少。某些菜系,某些民族服装,先锋诗或者传统诗,某些画派的画,宽幅的总体风格多元化,窄幅的选择则比较单一。比如西餐,饭菜就这么几种,却用那么多刀叉来切它,所以可以说句笑话:西餐餐具是宽幅,饭菜是窄幅。

建筑风格,宽幅跟窄幅之间变动很大。一般来说现代建筑是宽幅的。我们觉得传统的都一样,相当重要的是它遵循一套规矩,在组合和聚合上都弄不出新的花样,建筑者也不想弄新花样,合规得体是第一条件。现当代建筑,尤其公共建筑,则必须变出花样,不然就没有点亮这个公共空间,就说明这个建筑设计师不合格。

与传统文化相比,现代文化是宽幅的。电影《手机》里讲几个朋友,小时候在农村,生活严重窄幅,只有二八圈大架自行车、手摇电话等。改革开放后,这些人进城了,时代进入了宽幅,然后他们的生活就乱套了。最后是电影中的人物大彻大悟:"手机不是手机是手雷!还是农业社会好。"为什么还是农业社会好呢?因为农业社会是窄幅的,可预料的,生活中没有多少意外。

有一种情况要特别谈一下,叫作伪宽幅。伪宽幅的组合,本就是无风格的元素,可以随意更换,无足轻重的,经常也被叫作"路人甲""打酱油的"。路人甲就是伪宽幅。比如在教练眼里,不会打球的我不太重要,他主要要求那些主力队员打好,其他的就只是配合的无风格元素,随意拉一个人就行。表面上看教练的选择面很宽,但真正有选择必要的元素并不多,这就是伪宽幅,真窄幅。

第二节 双轴同现

1. 双轴同现文本

双轴原理说起来好像挺奇妙的,实际上很简单,但是这个原理会出现一连串的变体。第一种变体是双轴同现。上文说过,文本显示出来的是组合关系,只有组合轴没有聚合轴——组合成文本了,聚合轴就退隐到后面去了。但是,在双轴同现文本里,聚合与组合会同时出现,聚合过程会显现出来。

常见的菜单,既提供了聚合轴的挑选可能,也提供了组合轴的连接可能。我们说聚合轴是退出的,菜单只让你看到可以选的,那么菜单作为文本,它就是组合。它是组合的话,就应当不显示聚合了,聚合应当退出。但是菜单本身背后还是有聚合的:老板弄不到的食料,大师傅做不出的菜,这些东西不能列上。所以,菜单表面上看起来是组合轴、聚合轴都在那里,实际上它是组合,许多聚合可能已经排除。所以菜单拿上来,我们就知道这个店的风格是什么,这个店专营什么。在菜单这个组合文本里,的确有聚合挑选的可能,它既有组合又有聚合,合起来显示为一个特殊的带聚合的组合。所以菜单是显示聚合的组合。

运动会的出场名单,经常也是带聚合的组合。从校级、省级、全国,再到奥运会上的各项比赛,每级运动会都有出场名单,每个名单都是聚合、组合两级并列。再如童蒙课学写诗,学格律平仄等,也是在教你如何聚合构成一首七律的组合。这种教学必定是双轴共现,把写诗的聚合组合关系,合起来写成讲课内容的新一层组合。

雅克布森更进一步指出,组合关系是邻接关系,聚合关系是相似关系。① 为什么相似呢?刚才说过,聚合元素在结构上能够替代组合元素。组合只有一种邻接关系,聚合的相似却可以在不同方面相似。如果两种方式并用,就出现了另一种双轴共现文本。

在下一讲"符号修辞学"中会仔细讨论:比喻是相似性形成的,转喻(与提喻)是邻接性形成的。雅克布森就此把任何符号文本的双轴操作,都拉到显现的修辞平面上。他更进一步发展如此理解的双轴概念,认为现实主义是倾向转喻性的,也就是重组合的;浪漫主义是倾向

---

① Roman Jakobson, "Two Aspects of Language and Two Types of Aphasic Disturbance", *Selected Writings II*, The Hague: Mouton, 1971, pp. 239–259.

隐喻性的,也就是重聚合的。

雅克布森举了个例子:托尔斯泰写安娜·卡列尼娜自杀,特别写了安娜落在一边的手袋。在《战争与和平》中,托尔斯泰描写年轻女主人公的相貌,所用的细节"唇上的汗毛""裸露肩膀",这是偏重组合的提喻。在一个作品中,既有隐喻式段落,又有比喻式段落;既有现实主义风格,也有浪漫主义风格。雅克布森把文学艺术当中最基本的手法对比,变成了符号文本的构造关系,还是相当有眼光的。

双轴同现的第三种情况是多选择。法国新小说家罗布-格里耶写的《嫉妒》,一组相同的事件用了九个不同的描述。阿特伍德的《圆满结局》中,有十个可供选择的叙述过程,只是无论哪条路径的结局都是主人公难逃一死。所谓多选择,就是把聚合的选择罗列给你看。纳博科夫《淡色的火》被认为是最完美的小说,它有六种不同的读法,读者可以来来回回对照看,作家提供了各种连接方式让你选择。同样,网上的"超链接"小说也是有几种情节发展方式任你选择。

双轴同现文本的第四种情况,是聚合系列文本本身的总结与研究。一个文本的形成过程就是聚合系列。每部电影都可以拿出一个系列文本:故事大纲—剧本—拍摄计划—胶卷—混成本—剪辑本—送检本—发行本。一本小说、一首诗实际上也都有这些中间文本。一件新产品设计,有草图、模型、试样等。哪怕号称一气呵成的作品,如果没有即兴创作的草稿,实际上也还是有试探文本。

关于聚合系列不同文本造成的分歧,最著名的例子恐怕就是今文古文之争。儒家经典分两种版本,一种据说是汉代孔宅墙壁塌了以后,被发现墙壁里面藏着防止秦始皇烧掉的古文版本。另外一种是口头代代相传而流传下来,到了汉代才写定的文本,被称为今文。关于古文和今文两派经学何者是正统这个问题,一直争论到晚清。为什么会形成两种文本?实际上是聚合系列的中间文本取舍不一样。

《红楼梦》的聚合系列也惊人地宽大。当时没有正式的印本,不同的稿本都是手抄本。脂砚斋评注本很受五四以来新红学家的宠爱,但它一直是手抄本。我们现在用的是"程高"刻印本。稿本聚合系列复杂,导致红学家至今仍然争辩不清何者是何者的延续。

组合是过去聚合文本演变的总结,但聚合系列又是向未来开放的,因为可以接着写。可以有《红楼圆梦》《红楼真梦》等,又可以出连环画、节写本、拍电视剧、电影等。组合系列则不可能衍生,一旦组合拿出来,文本就已确定。

但任何组合都可以向未来文本演变。所有演变中的文本,都是隐性的双轴共现文本吗?聚合系列文本也就是同一个 IP 或者同一个人物,或者围绕着漫威或 DC 人物群(所谓特许经营权[franchise]),能延续很多很多文本。续作的成功甚至有可能超越原作,让人觉得写得再烂的东西都有复活的可能。尤其换一个媒介的话,新的聚合系列可能能复活已经走到尽头的原作系列。

聚合系列文本是当代文化一个很重要的现象。像古代,《西游记》只有《西游补》或《续西游》等续作,并不太多。当代文化因为是多媒介进行,社会需求非常多元,所以有很多不同的作品改编,如舞台剧、电视剧、图画书、动画等,形成多媒介的聚合系列。

由此,各种双轴共现文本,在现当代文化中越来越多。这里有个雅俗之分的问题。在传统社会,雅文化是宽幅,俗文化是窄幅。在当代社会,一般来说俗文化文本容易构成集群,有粉丝参与延续。一些经典作品在当代的改编,使得一些观众少年时代的记忆被激活,仿佛这批成年观众从来都没有长大似的。比如,《超人》这个系列的电影是根据出版于 1938 年的连环画创作的,它的最早读者已经过了耄耋之年,但还会喜欢看超人在系列电影里不断进行的新冒险,所以当代的俗文本反而可能形成宽幅。

2. AI 的聚合遮蔽

作家或艺术家在一部作品创作中的聚合选择,是一个非常复杂的过程。艺术家作为一个主体,有权随时终止聚合操作,就此形成作品文本。艺术创作的一大特点,就是见好就收,随机应变,适可而止。这里只凭借艺术家的感觉,难以言传,"这个样子最好"而已。

但机器是不可能中途歇手的。它的任何聚合都是有预定目的的,所以 AI 无聚合。AI 艺术是数字化的、模块化的、编码化的,所以它可以有各种手法,变出各种花样。但一个机器,能不能做出一张波洛克的滴沥画?只要是预先设定的,任何结果都会是它的最终结果,它的任何出产都是高度目的论的。

AI 实际上不需要聚合过程,它不会演变,只能一步到位形成组合文本产品。何者可挑选,何时算完成,是主体性的领域,聚合选择只有人能做到。比如电脑程序"清华小冰",出版了诗集《阳光失了玻璃窗》,收入 139 首诗。但这是人类编者从它写的几万首诗中选出的。感兴趣的读者也不能全部读到它写的几万首诗。选择就是聚合,小冰做不到,它的每一首诗都是根据程序写出来的,无所谓优劣,它对每一首诗都同样对待,除非给个新标准,否则它无法进一步选择。

所以 AI 本身是非艺术的,它在聚合轴上没有自主能力,它是聚合遮蔽的。大家对人工智能艺术非常感兴趣,但我觉得人工智能绝对不是一个艺术家,重要原因就是它每一步都是目的论的。

AI 完全没有聚合能力,它的选择过程是一个个的组合相续,每一个分别进行算法处理。"深蓝"(Deep Blue)下国际象棋,也必须一步步下,每一步都是一个组合,对方下了新的一步,就要求它也对棋子进行新的组合、新的计算。因此,AI 没有"途中""过渡""试探"等聚合操作概念,它的所谓聚合,是由数据库中的各种组合文本构成的。它不像其他有发出者主体筹划的聚合过程,朝着一个舆图中的理想组合发展,AI 的聚合轴操作,是被预定算法规定的。

3. 展面与刺点

展面/刺点这一对概念,是巴尔特在《明室》这本论摄影的书中提出来的。他用了两个拉丁词,Studium/Punctum。这是巴尔特的最后一本书。

什么是展面?巴尔特说,艺术创作中的展面部分,"让我感觉到的,属于'中间'情感,不好不坏,属于那种差不多是严格地教育出来的情感"①,"文化('studium'从属于文化)乃是创作者和消费者之间签定的一种契约"②,"很有表现力;这里有责任感、家庭的亲和、对习俗的遵从、节日的打扮——这是一种在社会上往上爬的努力"③。我们都需要往上努力,但在巴尔特这些巴黎知识分子看来,这是资产阶级的庸俗的人生方式。

刺点不一样,刺点是把局面搅乱的东西。巴尔特说,"'Punctum'(引者注:刺点)不在道德或优雅情趣方面承诺什么"④,"动作敏捷得像猛兽"⑤。他又说,"我能够说出名字的东西不可能真正刺激得了我。不能说出名字,是一个十分明显的慌乱的征兆"⑥。刺点就是文化"正常性"的断裂,就是日常状态的破坏。

可以用这对概念回顾福斯特在《小说面面观》中提出的观点:叙述作品中的人物分"扁平人物"和"立体人物"二类。⑦ 一部复杂的小说,既需要立体人物,也缺不了扁平人物。扁平人物有两个优点:第一,对作者非常有用,不需要费过多笔墨介绍他们;第二,扁平人物可以随便放在哪儿都行,就是上面说的是伪宽轴的,看起来可供选择的人选太多,实际上什么选择都差不多,就是上文说的路人甲式的宽幅。

动和静之间,应当静是展面,动是刺点。但是也可能反过来。电视剧《潜伏》中姚晨扮演的人物永远在动,永远在闯祸出事。但到最后她不得不静,安居于山村。好动的人物到最后静下来,就可能变成刺点。所有的意义方式都是相对的。突出的那一点,突然聚合轴被打宽了,那个时候就是刺点。

---

① 罗兰·巴特:《明室》,赵克非译,北京:文化艺术出版社,2003年,第40页。
② 同上书,第43页。
③ 同上书,第69页。
④ 同上书,第71页。
⑤ 同上书,第78页。
⑥ 同上书,第82页。
⑦ E.M.福斯特:《小说面面观》,朱乃长译,北京:中国对外翻译出版公司,2002年,第174页。

《戴珍珠耳环的少女》这个电影,最后出现一个非常有趣的刺点:拍到脸部特写以后,油画碎裂了,上面的油画颜料纹路出来了,一下子跳到三个世纪之前。因为三个世纪之前的油画不可能保持平滑。这不是故事的刺点,而是电影手法的刺点。

艺术作为符号文本的一种体裁,本身就是刺点。我们不可能生活在艺术中,我如果讲课像朗诵诗一样,你们虽然可能会很高兴,但一无所得;讲课必须语言平实而清晰。因此,诗歌是写作的刺点,诗眼是诗歌的刺点。舞蹈是走路的刺点,亮相是舞蹈的刺点。冰舞是滑冰的刺点,抛翻是冰舞的刺点。足球是运动的刺点,绝杀是足球的刺点。选择中更有最佳选择。

这就类似布拉格学派提出的美学概念"前推"(foregrounding),前推必须有后靠的背景作对比。艺术文本是一般表意文本的前推,在艺术文本中又有某些成分被前推出来。钱锺书讨论过李贺,认为李贺的诗几乎每一句都是刺点,结果就是满篇刺点叫人眼花缭乱。而杜甫则不同,"老杜诗凡一篇,皆工拙相半,古人文章类如此。皆拙固无取,使其皆工,则峭急而无古气,如李贺之流是也"[①]。李贺的诗的确每一句都很峭急,摘句很出色,但一篇下来反而平淡。

诗人庞德有句妙言:"美是两个陈词滥调之间的一个很短的喘息。"这是背景和意外选择的关系。把这道理应用于文化,我们就可以发现有许多现象是展面和刺点的关系。比如居家/旅行,居家是展面,旅行是刺点。但对于一个总是在路上的人来说,也可能回家是刺点。对于爱旅行的人来说,回家是另外一种愉快;如果我们回不了家,就可能会忧伤,因为家是一个参照点。没有一个展面做背景的话,刺点无法成立,刺点是靠展面成立的。

---

① 钱锺书:《管锥编》(一),北京:生活·读书·新知三联书店,2007年,第1891页。

第三节　六因素主导论

1. 六因素的提出

1958 年在一次会议发言中，雅克布森提出了文本意义的六因素分析法。这或许是雅克布森最重要的理论，经常被人引用。符号学在 1950 年代之后发展极快，这时，雅克布森的术语已经不太好用了。他把对象叫作 context，把媒介叫 contact，把文本称作 message。我们还是改回我们现在通用的术语，分别改成 object, medium, text。不是说雅克布森说错了，而是这样可以避免许多不必要的术语纠缠。仔细读雅克布森会议发言的全文，就明白我的改动是符合他的原意的。为了让读者明白，也为了对雅克布森本人公平，下面括弧里第一个是我建议的英文词，第二个是雅克布森原先用的英文词①：

对象（object—context）
文本（text—message）
发送者（sender—addresser）——接收者（receiver-addressee）
媒介（medium—contact）
符码（code—code）

雅克布森更重要的贡献在于，他指出，不同因素主导的符号文本，性质完全不同：
- 当表意过程以发送者为主导时，文本呈现情绪性（emotive）；
- 当表意过程以接受者为主导时，文本呈意动性（conative）；
- 当表意过程以媒介为主导时，文本呈接触性（phatic）；

---

① 罗曼·雅克布森：《语言学与诗学》，见赵毅衡编选《符号学文学论文集》，天津：百花文艺出版社，2004 年，第 175 页。

- 当表意过程以对象为主导时，文本呈指称性（referent）；
- 当表意过程以符码为主导时，文本呈元语言性（metalingual）；
- 当表意过程以文本为主导时，文本呈诗性（poetic）。

情绪性文本是指语气、姿势、表情等符号元素，都是情绪性的发挥，当它们成为文本主导时，文本就呈情绪性。高考结束后学生们集体撕碎教科书，这可能是你们都做过的情绪性意义活动。《毛诗序》认为《诗经》全来自情绪："情动于中而形于言，言之不足，故嗟叹之；嗟叹之不足，故永歌之；永歌之不足，不知手之舞之、足之蹈之也。"①

当文本中的主导因素落到文本另一头，就是意动性的。意动性就是文本出来以后，期待接收者能做事，例子就是命令、呼唤、祈使语气等。一个文本以这个因素为主导，整个文本就是意动性的。以发送者为主导的文本我们经常碰到，但以接收者为重点的意动性文本就更多了。例如我们不久就会听到下课铃声，这是意动的符号文本，这铃声响了我就得立即停止。

接触性。说话本身是要传达什么东西，传达本身就是需要有交际，需要保持接触。明星追求上镜率、曝光率，也是因为要保持接触，保持跟观众的接触非常重要。打电话，我们经常有保持联系的目的。"煲电话粥"的目的就是使用文本的交际性，这里交际就是主导。巴尔特有一本书叫作《恋人絮语》，他的意思是，越是没有意义的事情越能显示出恋爱时的交际必要。表达交际性符号意义的活动很多，例如"点赞"，很多人都做，这是"冒泡"表示"我在关注"；新闻联播结束时，电视荧屏上开始打出字幕，这时画面的背景是播音员收拾着桌上的纸页，这表示"我还在"。

接触性好像有点简单，实际上很重要。麦克卢汉的媒介理论就建立在这个基础上。麦克卢汉说，媒介就是内容，媒介就是信息。媒介

---

① （明）郝敬著，向辉点校：《毛诗原解 毛诗序说》上册，北京：中华书局，2021年，第680页。

怎么会变成信息呢？[①] 信息是你要讲出来的东西，媒介则只不过是保持信息传递通畅的工具而已。当我们选择用不同媒介的时候，可能本身就赋予了被选择媒介一定的意义。比如，用邮件跟对方联系的时候显得更正式，能传递"我对他更加尊重"这样的信息。用电话可能比较随意，显得比较亲切。所以使用不同的媒介的时候，就暗示了某一种特定的情景信息、关系信息。这时候所传达的内容反而悬置起来，可以存而不论。接触性此时占了主导地位。

指称性，就是说这个符号本身有个对象。符号分实用的科学的符号和艺术的文化的符号，第一讲我们就谈过科学的、日常的、实用的语言，都以指称性为主。

当文本以解释所需符码为主导，叫作元语言性。指出文本中有元语言因素，这是雅克布森对意义理论的一大贡献，但至今理论界还没有好好讨论过这个问题。雅克布森提出元语言性，指出文本自身会携带元语言因素，来说明应当如何解释自己。因为它是文本之内的自我解释，因此称作（自携）元语言。本讲义第八讲，会仔细讨论元语言问题，以及雅克布森的特殊贡献。

文本自己带着解释，这是经常发生的事。比如，"我叫李斌，木子李，文武斌"。这句话没有提供新的知识，他只是解释这个符号的构成。"mi so la mi so la so mi do re，愉快的歌声满天飞"，上一句是唱名，唱名是乐谱，是指明自己应当如何被唱，在此成为文本的内容。"我就心字头上一把刀，忍了吧"，这话是在解释自己，表达的是字的写法，但更是解释这个决定之不易。

雅克布森为文艺美学提出的最根本性问题，就是诗性的来源。诗性就是当符号侧重于文本形式（而不是其内容）时，文本出现的品质。当文本本身变成主导，如何讲就变成了最主要元素，讲什么反而成了

[①] Marshall McLuhan, *Understanding Media：The Extension of Man*, Cambridge Mass：MIT Press, 1994, p. 7.

第二位,这时文本中就出现了诗性,比如顺口溜、广告、竞选口号、绰号等等。这时候这些符号不是没有其他表意功能,只不过符号自身的形式成为主导,就产生了所谓的诗性。

有一年的国际足球赛事直播标语,我觉得好极了:"不是强者胜,而是胜者强。"这句话与球星 C 罗的自夸异曲同工:"不是我在追记录,而是记录在追我。"还有央视对某地官僚主义的评语:"专业工作做得很扯淡,扯淡的事做得很专业。"为什么这些话具有诗性?只因为"说得妙"。仅仅是翻了个儿重复一下,整个主题就出现在"文字游戏"中。有规律的重复引向诗性,因为它把注意力引向了文本本身。

任何变异都必须靠重复才能辨认,重复是在变异中重复,在重复中变异。重复形成了诗性,但重复又当必有变异。完全绝对的、机械的重复,不成为诗性。怎么在重复的技术上看出某些变异?如果我们对于重复没有了解的话,也就看不出变异。"成功的重复是不重复",所以我们每一次,哪怕第一次,也是重复。每次重复也是第一次,为什么是第一次呢?因为开辟了一个新局面。

2. 主导对立与文化发展趋势

应当说清楚,雅克布森关于六因素论的单篇论文长度有限,在论文中,他举的例子是语句,而不是多媒介符号文本。实际上这六种因素,在几乎所有的符号文本里都有迹可循;也就是说,六种因素几乎是无所不在的,是所有符号文本共有的。但是,当某种因素在一个文本中起了主导功能,整个文本的品质就改变了。例如一篇意动性主导的文本(一篇命令、一纸劝说等),中间完全可以有许多别的因素的语句,例如情绪性的感叹、诗性的抒情等,但它们不占主导地位,这篇文本依然是意动性的。

主导(dominant)这个概念也是雅克布森提出的。一个文本中,或者一群文本中,甚至一个文化当中,当某个符号元素起了一个主导的作用,这个主导因素会引领整个文本,甚至整个文化领域的变化。雅克布森经常讨论主导问题,六因素论贯穿了主导意识。

这六因素中,每两个主导是相对的。表现性/意动性正好相反,表现性是发送者主导,意动性是接收者主导。指称性/接触性是相对的,因为指称性指向对象,接触性指向媒介。上一节说过了,诗性/元语言性也是相对的,元语言性求解释,诗性不求解释,至少以不求甚解为美。

这样,雅克布森提出的六因素,就可以变化成如下一个局面:

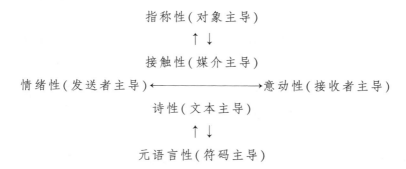

上面括弧里说的是"以某某性为主导"时,文本倾向会如何变化,这点非常重要。虽然一个是主导,其他因素不占主导,但一旦某种因素占了主导地位,该文本就变成了有相应品质的一种文本。例如《将进酒》整篇文字夸张而潇洒,不是说文本中没有其他因素,但此文本就是以发送者的情绪化为主。

我在仔细思考后发现,此六因素可以组成三对互为消长的对立关系:某一因素上升成为主导,不可避免地以与其对立的另一因素的重要性下降为代价。雅克布森似乎已经敏悟到这一点,不过他在这篇论文中只指出了其中可能的一对。他说:"'诗性'与'元语言性'恰好相反,元语言性是运用组合建立一种相当关系,而在诗中,则使用相当关系来建立一种组合。"他这个说法令人颇费思量,我的理解是,元语言性帮助文本指向解释,而解释就是用另一套符号来翻译这个意义,因此是一种"相当关系";而诗性让文本指向性回向文本自身,重点停留在文本的形式品质上,因此是让文本中因素的"相当"组合成某种形式,使解释反而变得困难。

雅克布森发现的这二项对立虽然有道理,但我个人觉得,指称性使文本更为明确地指向外延,而诗性则指向内涵;诗性并没有取消解释,只是丰富了解释,为解释的确定制造了困难。用布鲁克斯的话来说,任何一首优秀的诗歌都会反抗对它进行释义的一切企图。董仲舒说"诗无达诂"①,但他并没有说"诗无诂"。因此,诗性抵抗解释,但诗并不是无解。

我们可以以一个最简单的文本为例,看诗性如何与指称性对立。李白的名诗《客中行》:"兰陵美酒郁金香,玉碗盛来琥珀光。但使主人能醉客,不知何处是他乡。"当初这很可能是旅途中为酬答兰陵酒坊主人热情招待的美意而写的酬谢之作,可让店家挂在店堂炫耀的。后来这个指称性消失,只留下一首文辞畅美的诗,意义丰富但所指不明。现在市场上有一种"兰陵酒",这是把李白诗又变成了广告。李白的诗,是否指称特定的酒,就有了两种不同文本,其意义方向相反:一个诗性主导,解释模糊;一个指称性主导,明确指向某种酒的品牌。

沿着这思路做进一步观察,我们可以看到另外两对对立因素:强调接收者反应的意动性,与强调发出者表现意图的表现性正好相反;强调占领传播渠道与媒介的接触性,与强调符号与解释连接的元语言性也正好相反,彼此呈你强我弱之势。这样就出现了下面这三对因素。上文已说过,雅克布森只是指出有三种对立的可能:

- 指称性(重所指对象)/诗性(重文本形式);
- 元语言性(重解释引导)/接触性(重占领媒介);
- 表现性(重发送者意图)/意动性(重接受者身上的效果)。

在一个文本中,这些对立如果出现偏向,会造成文本的意义导向朝特殊的方面倾斜;而且,这种复杂的动态平衡,决定了整个表意活动的倾

---

① 苏舆:《春秋繁露义证》,北京:中华书局,1992年,第56页。

向。小至一个文本,大至一个文化(一个民族的文化,一个时代的文化),就会出现某种特点。例如,可以说南欧民族的文化比较"浪漫",文化中的表现性比较强,而北欧民族比较"守纪律",文化的意动性比较强。一个文化的历史演变,动力很可能来自其主导因素的此消彼长。

这里讲授的主旨,是讨论符号主导因素变异,引发现代文化的重大演变。如果我们看人类文化的大历史,从现代性肇始的 17 世纪起,到 20 世纪 70 年代的后现代,再到 21 世纪,可以看出大致的趋势——几条符号因素重要性相对清晰的变异:

- 指称性在下降(理性时代最高,理性解体使指称性降低);
- 表现性在下降(浪漫主义时代最高,科技转向使表现性降低);
- 元语言性在下降(神权国家的时代最高,多元文化使固定解答的需要降低)。

与之相对,现代文化中以下因素的影响力在提高,尤其是 20 世纪下半期以来,这些变迁更加高速,更加强烈:

- 诗性在增高("泛艺术化",使娱乐成为社会生活余暇的重要内容);
- 意动性在增加(供大于求,经济生活完全以刺激购买力为中心);
- 接触性在增高(数字媒介,超接触性成为当今文化最显眼的特征)。

一个多世纪以来,电气化与数字化使文化中的接触性持续增高,我们现在处于一个高接触性时代。高效的传播,使传播变成了我们文化的主要内容,而传播的各种渠道也迫使你注意。现在所谓"手机人",成天都在看手机上的信息,很多时候是为了保持接触而接触。

所以当代文化中,三个文本意义特性在戏剧性地升高,诗性、意动性、接触性,尤其是接触性升高成了我们时代的一个大特征。数字技术迫使符号的主导因素出现了三低三高的翻转倾斜,从中我们会看到社会文化演化的大趋势。符号主导性的转换,既是文化演变的原因,又是其征兆。

第六讲 文本与伴随文本

第一节 文本

1. 文本的构成

文本,这是当代汉语中的一个新词,因为确有需要,也已经生根。20世纪70年代末80年代初,文学理论界刚开始讨论这个概念的时候,被作家刘心武好好嘲笑了一顿。他说他们这种没理论的人叫本文,有理论的人叫文本。其实两者不是一回事,文本是符号组合,但它不是符号的简单结合,它是"能被解释出合一意义"的符号组合,这个原则是瑞恰慈提出的,非常重要。合一不是单一,以后会讲到。文本可能会被解释出几个意义,但这几个意义,必须是能结合起来,成为文本的合一意义。

我举个例子,《红楼梦》中写贾宝玉后来通过苦读中举,贾宝玉应不应该考科举?贾宝玉的一贯形象,是坚决反对科举的,按理说他不应当做此事。但考了而且中举了,应当如何解释呢?一批人认为后40回是高鹗写的,不符合曹雪芹的初心。这样就把后40回划了出去,成为两个文本,有两个贾宝玉。如果把《红楼梦》120回当成一个文本来读,就必须解释为什么贾宝玉性格中有两面性,以及他不可能摆脱社会主导意识压力的原因。

《水浒传》有前后两个文本,一个120回,一个80回,后一文本是金圣叹把后面40回砍掉后的删削本。后40回写的是梁山好汉被朝廷招安,攻打方腊。这两个文本主题当然非常不同,一个是讲造反,另一个是讲投诚做朝廷雇佣军。因此文本的划定非常重要。

《三国志》中关于赤壁之战,记载了两种说法。"曹操传"部分讲的是:"公至赤壁,与备战,不利。于是大疫,吏士多死者,乃引军还。"[1]而关于周瑜的传记里记载的则是:"与曹公战于赤壁,大破之,焚其舟船。"[2]但这两种说法,算是记录在两个不同文本中的。历史学家可以各采一说,读者也不一定必须把二说调和。二者并非同一文本,就没有必须把意义合一的硬性要求。

不过你们马上会问:燕卜逊不是写了著名的《七种复义》(Seven Types of Ambiguity)吗?正是因为符号合成一个文本,意义才会复杂化,不合成一个文本,不同的意义就是分开的,零散的,构不成复义。文本意义哪怕再复杂,哪怕再多元,也要合得起来,这是文本的第一要求。

有的文学理论称文本为语篇(discourse),这说法相似,只是语言学的痕迹太浓。当然"文本"这中译也不尽合适,好像文本必是文字的,其实文本是任何符号的组合,例如一张地图、一首歌。符号学家艾柯把它叫作"超符号",这个词现在只用于非常难以分解的符号组合,比如图像。艾柯认为图像不是符号组合,而是一个整体的符号。这看法也有道理,但图画并非绝对不可分解。本讲义第十讲讨论艺术的时候,会详细分析这个问题。

总之,不能把文本理解为文字的集合,而应理解为任何被我们当作有一个合一意义的符号组合。例如这个班级、这个大学也可以是意义文本。巴赫金说:"没有文本就没有对象,就没有思想。"[3]德里达也

---

[1] 陈寿:《三国志》,裴松之注,北京:中华书局,1982年,第31页。
[2] 同上书,第878页。
[3] Tzvetan Todorov, *Mikhail Bakhtin*: *The Dialogical Principle*. Minneapolis: University of Minnesota Press, 1984, p. 17.

有句名言"除了文字之外别无他物"①,意义世界就是由符号文本构成的。

举个例子。《五灯会元·七佛·释迦牟尼佛》:"世尊在灵山会上,拈花示众。是时众皆默然,唯迦叶尊者破颜微笑。"②拈花,这不是一个单独的符号吗?伽叶是从一个符号当中得出来的意义吗?这其实是一个文本组合:释迦牟尼在灵山会上讲法,不多说,就拿出一朵花,因此这朵花跟发送者的身份、跟发生场境,是联系在一起的。这不是单独的一朵花。释迦牟尼本人,大会讲法,拈花示众,这是一个有许多符号组合成的文本。

所以文本要满足两个条件:第一,一些符号被组织进一个符号组合中;第二,这个符号组合可让接收者理解为具有合一的时间和意义向度。

2. 文本的边界

所以一本讲义(例如这本)是不是一个文本?其中一首诗,或一个篇章,是不是一个文本?都是。那么到底一本讲义是文本,还是一个篇章是文本?回答是,解释者把它当成一个意义单元来解释,就是一个文本。有的西方理论家说文本有七大性质:结构上的整合性,概念上的一贯性,发出的意图性,接收的可接收性,解释的情境性,文化的文本间性,文本本身的信息性。这或许太啰嗦了一点,结构上的整合性,自然会带出后面六条。

很多符号组合都让人怀疑它有没有整合性,比如长轴山水,几十米长,是一个文本,隔出一截,也可以是一个文本;用快进的方式看电影,把两小时的电影缩成三分钟,也可以读成一个文本;照片剪出一块,也是一个文本;1960年代有一种"发生"戏剧 Happenings,就是一群演员到街上去,没有剧本,没有导演,演到哪儿就是哪儿,那么怎么

---

① 雅克·德里达:《论文字学》,汪堂家译,上海:上海译文出版社,第230页。
② 普济:《五灯会元》,北京:中华书局,1984年,第10页。

知道它能组合成为一个文本呢?实际上,"文本性"只有在接收解释中才会出现,接受者将其当作一个整体性的符号组合进行解释的,就是文本。

所以,文本实际上是符号形态和解释协调的结果。我要解释出一个意义来,就要先在脑子当中把它组织成一个文本。文本实际上是满足解释要求的一个组合。

惠特曼的《草叶集》是由各种长长短短的散文诗组成。有一首诗叫作《给老年》:"我在你身上看到了那个注入大海时宏伟地扩张和舒展自己的河口。"①这是一句话,却也是一整首诗。再来一首《生命》:"假使你要再见到我,就请在你的鞋底下找寻吧。"②也很隽永有深意,但这却是我从他的长诗《自我之歌》里摘出来的一行,上万行当中的一行,如果我把它拉出来,加一个标题,它就是一个意义独立的文本。

因此,文本意义的边界,就是我们解释的边界。岩画无框,文本边界在哪?采集岩画的人会碰到一个困难:到底拍下多宽的照片,才是一个文本?我框进什么东西,我就把什么东西放在一道解释,因为文本的边界就是我解释的边界。

张艺谋导演的大型歌舞剧《印象·丽江》,把周围的蓝天雪山组织进来了,这个文本是包括周围的环境的。意向的区隔把某些观相隔在外面,这才组成文本。这里的关键问题就是区隔。文本的边界不在于文本本身,而在于解释方式,把感知区隔开来,把事物变成了意义对象,才构成文本。没有放进区隔中的,并非否定其存在,而是被暂时悬置,存而不论。

3. 区隔的重要性

区隔出文本,是意义活动的根本性特点。意义的产生过程,就是

---

① 沃尔特·惠特曼:《草叶集选》,李野光译,南京:译林出版社,2013年,第244页。
② 沃尔特·惠特曼:《惠特曼诗歌精选》,李野光译,武汉:长江文艺出版社,2011年,第100页。

区隔的产物。本讲义在第一讲时,就讨论了符号感知的片面性,现在我们要说清为什么意义活动必须如此,区隔的规律何在。

前面讨论过,意义是意识与事物的联系,把事物激活成意识的对象。但对象不可能是整体的事物,要获得意义,意识必须把事物的一部分观相区隔出来。意识不可能一次处理事物的"整体",因此,区隔是意义活动必不可少的前提。

我们经常被要求要认识全面,被要求做到"知人论世""视界融合""整体掌握"之类的"完整"认识。这些要求都是对的,但它们是多次认识活动的复合积累形成的。单次的意义活动,不可能全面理解对象,片面化是意义认知的本态,而有效的片面化,取决于区隔。

因此,事物在意向性的区隔作用下,才生成"对象的秩序",此时事物不再是原先似乎自然存在的状态。在意义世界中,既不存在无先见的"童贞"意识,也不存在"自然"的事物。面对事物,意识本来就有倾向性,有获取某种意义的"偏心",不可能不偏不倚地观照事物本身。

在意向性聚焦的压力下,事物某些部分被凸显,这有点像用手电筒照亮对象的一个局部。意义实际上不是"信息性的",而是"变形性的",前者是被动地传达的信息,后者是意识主动"抓取"的意义。事物本来没有意义,落于昏暗混沌之中,被意识照亮后,才能提供意义。代价就是事物不再是"自在之物",区隔就是意识造成的事物"对象变形"。

很多思想家都意识到"意义取决于分割"的道理,他们都感受到了,在意义世界中,存在一种调节主客观关联区域的机制。意识将对象区隔范畴化,实际上是古老的哲理。先秦哲学中称为"畛",即分开田块的阡陌。《庄子·齐物论》:"夫道未始有封,言未始有常,为是而有畛也。请言其畛:有左、有右、有伦、有义、有分、有辩、有竞、有争,此之谓八德。"[①]《庄子》说得相当清楚:世界的秩序,靠的就是"畛",划

---

① 王夫之:《老子衍 庄子通 庄子解》,北京:中华书局,2009年,第97页。

出畛域,靠的是区隔的范围化、文本化、类型化。区隔并不是面对某种特殊对象出现的,而是意义的原本性质,是意义生成的必要条件。

符号文本的构成并不是自然形成的,是"我"的解释组成的。落在文本内的,也不是平均的。意向性使对象不平均:注意力集中到某个部分,它就凸出来了,变成文本主导因素,其他部分就退到背景上去了。

落在文本区隔之外的符号元素,并非不存在。尤其是落在文本边缘上的因素,会影响文本的解释,有时还会发生决定性的影响。因此,文本的边界不是很清晰的,有时候相当模糊。哪怕画框那样明确的隔断,都不能断然划出符号文本的边界,这就是下一节要谈的内容。

第二节 伴随文本

伴随文本没有对应的英文词,这个中文词本身也是我提出来的,我建议英文为 co-text。这个概念提出来后,我发现经常有同学写文章用"伴随文本",看来有用,听来易懂。但这不全是我的发明,这是总结一系列符号学家的看法,尤其是热奈特的"跨文本"[①]理论。我只是把它们比较清楚地整理为六种三大类,并且以"伴随文本"这个名称总结这个现象。你们可以用别的称呼,欢迎发展这个概念。

伴随文本,是文本边上携带的大量的符号元素。前一讲谈的是文本,伴随文本是文本边界之外的,或是文本门槛上的,经常被文本附带上的,似乎是可算可不算文本的一些符号元素。文本的边界是模糊的、毛糙的,可以说完全没有任何伴随文本的元素是不可能的。任何文本都是社会文化的产物,文本靠伴随文本跟社会文化连接。

伴随文本就是落到文本边界之外,或边界之上的,多多少少参与到文本意义活动中的各种符号元素。它们究竟对文本的意义如何起

---

① Gerard Genettet, *The Architext: An Introduction*, Berkeley: University of California Press, 1992.

作用,作用是否重要,都是要具体看的。文本是一个意义集合,伴随文本本身也有意义。所以一个被解释的文本,往往是文本和相关伴随文本结合而成的全文本。

可以大致列出伴随文本的类型。可以说,任何符号文本几乎都有这一套伴随文本:

- 副文本(paratext);
- 型文本(architext);
- 间文本(intertext),包括已有文本(pre-text)与同时文本(syncro-text);
- 评论文本(commenting text);
- 链文本(linktext);
- 先/后文本(preceding text/succeeding text)。

1. 显性伴随文本之一:副文本

第一种伴随文本,是副文本。这个词是热奈特首先提出来的。Para-这个前缀经常译作"副"或"类"。副文本是文本的显性框架因素,框架是文本边上的东西,比如书的标题、注解、序跋、封面;比如画的定价、画框的安排;比如音乐的乐队名称、规模、录制方式、指挥安排。总之,所有这些似乎都不属于文本,但是明显暴露于文本边上的大量物质性因素,都是副文本。一幅画它有裱装印鉴,这些副文本还非常重要。我在画展上经常看价格标签,尤其是那些似乎一挥而就的作品。坦白说其实我不打算买,我想看的是画家的"自我掂量"。价格标签是不是文本的一部分呢?它可以是文本外的副文本,只要它参与到(本次)意义解释中来。

上一节我伪造了一首惠特曼的诗。怎么伪造的?我给了它一个标题,这标题很重要,因为没有标题的诗几乎不可能成立。我到现在都没有看到过一个电影没有片头片尾。为什么一个电影必须有片头片尾?因为它是电影文本必需的副文本。绘画也必须要有一个标题才能摆上展览会。实在没有标题,称作"无题",也依然是个标题。赵无极1958年创作《云》之后,他的画就不再有标题,只是直接在画的背面写上日期,连"无题"都不给,他的后期画作,也就以日期为标题。

关于副文本的意义解释参与度如何,造成了文学批评史上的一场大争论。新批评的开创者瑞恰慈,1920年代在剑桥大学的文学系教英国诗歌。他想弄清楚班上这些研究生究竟会不会读诗,就用了一个独创的办法,把诗的作者与标题去掉,然后分发下去请大家写评论鉴赏。现在做这个很容易,粘贴后上复印机就行,那时候要秘书全部重新打印出来。

结果就发现,好多学生看不到作者名往往就不会读诗,会把一些小诗人的劣作夸为"了不起的大作",把一些大诗人的佳作看成"很一般"。这证明什么?证明我们的阅读欣赏,受作者名字的影响非常大。如果知道这首诗是徐志摩所作,怎么也要读出几层复杂意义吧?如果知道这是赵毅衡写的,客气点也只会说马马虎虎。通过这个实验,瑞恰慈发现学生不会读书只会读名字,因为他们习惯了从文本之外寻得意义。瑞恰慈认为诗的意义靠文本自身,于是他就发展出整个一套新批评的"细读法",讨论如何分析文本。

我个人觉得瑞恰慈这个结论走了极端。因为作者名字、诗的标题等等都是副文本,随时要连着来的,不可能甩掉的。甚至我们看一部电影,也可能是冲着导演的名字去的。瑞恰慈之所以能够嘲笑学生弄错了,是因为他垄断了副文本。他认为学生应当学会读文本本身,而不是只了解背景知识就行了。他这个观点还是对的,但新批评重视文本,反对研究文本跟社会的联系,这是做不到的。在我们平时的阅读实践中,副文本起了很大作用。瑞恰慈这个实验,正好给了一个相反的印证:副文本往往不可或缺。

英国画家透纳1940年的一幅画,画的是风暴中的大海。他对于大海上弥漫的水汽光雾的感觉的传达,所用技法可以说是印象派的前驱。我觉得比印象派还印象派,非常生动。它有个标题:《奴隶贩子正在丢弃那些已死和将死的人,台风将至》,所以这幅画是对奴隶贩运的控诉。这样,我们就知道,大海景象不再唯美,此画是对反人类罪恶的现实主义控诉,这种精神就不像印象派了。这是副文本直接影响解释的著名例子。

楼盘的名称也是典型的副文本,我们附近有一个楼盘叫作"莱茵河畔"。我问一位老师住在哪里,他说哎呀不好意思,住在"莱茵河畔"。这个名字取得很漂亮,那个房子却造得一般,所以他说"不好意思"。精彩的楼盘名字往往抬高了房子身价,但副文本与文本不合辙,互相不方便,就像人的名字起错了一样。

《邮差总是按两次门铃》(*The Postman Always Rings Twice*)原来是部小说,后来被拍成电影,是一出著名的爱情悲剧。为什么按两次门铃?好像命运之神先警告你一次,第二次就要来找你算账了。故事讲的是命运会先给我们一个警告,然后给我们来个真正打击。据说这个作品名字的来源是,作者成书后,找不到合适标题,正在彷徨踟蹰,邮递员来敲门。仔细一听,敲门的确总是两次。没有特别的意思,但这个名字写出来恰好成了意义深远的象征。

《第二十二条军规》(*Catch 22*)这个标题也起得特别好。据说原来叫《第十一条军规》,但发现当时有某书出版,标题相似,编辑索性就把十一乘以二。"Catch Twenty-Two"在英文当中因此成为成语:你定的规矩怎么说都是你对,下属绕不过去。为什么"Catch Twenty-Two"最好?你读一下就知道 22 这数字的英文最卷舌头了。

我经常觉得,一个作家的成就之一,往往是贡献一个标题,使之成为成语。《霍乱时期的爱情》,现在随时可以变成"什么什么时期的爱情"。女作家洁尘写了本书叫《华丽转身》,现在这个词也变成汉语的常用语了。在这里,相当于是副文本喧宾夺主,代替文本在文学史上留下不朽殊荣。

中国画有一个特殊的特点,就是上面盖满了图章,题满了文字。图章是很重要的,每个题签也非常仔细。它们是收藏史与流传史的记录,也是副文本集合,帮助解决了版本鉴别问题,为真品提供了比较有力的证据。

在印度,佛经是写在贝多罗树的叶子上的。据说玄奘带回来几本"贝叶经"。现在已经很少很少了,西藏比较干燥,保存较多。在佛学中"贝叶经"常被认为是真经,因为贝叶是印度特产。纸本身成为文本的重要部分,这看来次要的副文本,让文字变得神圣。

颜真卿的《祭侄文稿》被称为天下第二行书。《祭侄文稿》好在它的涂抹、改动,涂抹改动不是文本的一部分,是文本取消的一部分,可以说是增加的副文本部分。颜真卿的侄子牺牲于抵抗安禄山叛乱的战斗中,这是颜真卿在激动中写下的信件草稿。这稿本成为中国艺术珍品,重要的原因就是文本之外的涂抹改动副文本。

2. 显性伴随文本之二:型文本

文化中的文本,总是会成集群和类型的。型文本就是文本归属的类型。文本意义的解释,不得不受这个类型的影响。最明显的文本集群莫过于体裁,但型文本不仅是体裁,也包括风格、流派、时代、作品集、风格群等各种方式形成的集合。一首诗是唐诗还是乐府,还是清人所作,时代不同,对它的解读方式就完全不一样。到文本数量极多的当代,文本的归类方式更复杂也更重要了。

很多情况下,型文本几乎是最重要的伴随文本。比如一盏红灯,在《红灯记》里,是革命传统的象征;在婚礼上,是喜宴的标记;在十字路口,是停车信号;在公路上,是危险预警。红灯归于什么范畴类别,是最重要的,这里就出现了一个范畴展示问题。

展示问题就是说,我在把某个符号展现给你的时候,同时也给了它一个范畴;符号被理解为某种符号,是因为被以某种符号的类型展示给解释者。把文本展示为诗,加标题,并且频繁分行,就会展示为诗的文体范畴,读者就会按诗的方式来读它。比如说上一节举例的《给老年》那一句话,展示为一首诗,就让人觉得语句大有深意:老年大可胸襟开阔,世事如烟,对蜗角之争,大可一笑置之。按照诗的方式来读,就会如此解释。

对同一个事物也是如此，比如牡丹花可以入药，也可以欣赏；罂粟花在照片上看很艳丽，它也可以用来制鸦片。再比如《水经注》，中学上语文课时，把它当作散文；但它也是重要的地理书。同样，《庄子》可以是哲学，也可以是散文。所以同一个文本实际上可以展示为不同的类型，解释因此就会朝不同的意义方向。我对这个问题的解释极大程度上取决于展示，没有展示，就不知道它的文化范畴到底是什么，几乎无法做适当解释。

你们本人也经常会展示自己。你去应聘某个高校，首先就要展示你是博士或博士后。这个展示很重要，不然的话招聘官一看你这个样子太嫩嘛，先搁一下吧。所以你要展示自己为一个成熟的学者，穿着谈吐像个学者，这就是文本范畴的展示。相当多的意义是从范畴中，而不是从文本本身中读出来的。

当然范畴也会被滥用，一个例子就是"信息茧房"。算法把消息按我的兴趣范畴分配给我。现在每天早晨看到百度的消息，越来越符合我的关心领域。这种做法很糟糕，我的世界会因此越来越窄。我喜欢看英超的足球，结果就是天天看到英超足球的消息，西甲、意甲、德甲都不发给我，其他运动更少，搞出的误解就是天下皆英超。后来我才明白网络是凑我的趣，挑选我需要的新闻范畴展示给我。数据算法的效率固然高，让我省了寻找的麻烦，但却也是网络时代的一大弊病，它控制了我们的视野。

3. 生成性伴随文本：间文本、已有文本、同时文本

与上面两种显性的伴随文本不同，隐性的伴随文本，出现于聚合过程中，在文本面上经常是看不出来的，但是与文本的关系可能更加紧密，对文本意义的影响可能更大。

第一种隐性伴随文本，可以称为间文本。我们都知道文本间性（intertextuality）是克里斯蒂娃提出的很重要的概念。文本本身是跟许多文本连接起来的，文本是整个文化史的累积的产物，解释它的时候不得不受所有有关文本的影响，受全部文化语境的压力。例如，一部

电影,如果前面没有那么多电影,如果我从来没看过任何电影,我甚至不知道应当如何看,那么,电影镜头里开过来的一辆火车甚至会把我吓跑。许多穿越剧描写的就是古人或外星人穿越到现代,对许多普通事物都不懂,就是这意思。

间文本分成两种,一种我称作已有文本,另一种可以叫同时文本。已有文本实际上是先前发生的,只有解释者先前经验过的才能够受它的影响,事后发生的不可能。解释的时候,表面上一般不会想到这些已有文本的影响,意义压力是自然而然发生的。其征象就是文本中各种或隐或显的典故、戏仿、剽窃、暗示、注解等。应当说,没有已有文本,任何文本都不可能形成,因为我们产生的不是盘古开天辟地后的第一个符号文本。

克里斯蒂娃也明白间文本有两种,它们之间有个时间差,一个是历时性的,一个是同时性的。因为文本产生本身是需要时间的,在这段时间当中,许多因素给你的影响非常直接。[①] 同时产生的文本间性,比如《红楼梦》据称"披阅十载",在这十年中对《红楼梦》的作者产生影响的,在文字上不断加批语的,就有个神秘人物脂砚斋。此人是谁,至今争论不清,周汝昌坚持说是曹雪芹的妻子。"脂评"对于《红楼梦》的影响,无法忽视,是理解《红楼梦》的同时文本。同样,你们交上来的课程作业,我有批语,你正式写成论文时,我的批语就成了同时文本。你采纳也好,抵拒也好,都是在受同时文本的影响。

现在的电视剧,有些是边拍边推出的,拍了一半观众就有反应了,导演为了票房就会按照观众的反应改剧本。尤其欧美的电视剧是一年一"季"的,明年再来时,已经听了很多人的意见。导演可能很倔,不理会任何同时文本的压力,但他对另外一种同时文本就很敏感,就是票房、收视率,如果收视率不行他就只能改。这种同时文本并不在文本里,它在文本外同时存在。

---

① 转引自 Winfried Nöth, *Handbook of Semiotics*, Bloomington: Indiana University Press, 1995, p. 322。

不仅创作时如此,解读时也要考虑文本间的相互影响。在研究一个文本时,把它的已有文本与同时文本全部联合起来研究,这个叫作"全读"(whole reading)。上一节讲过瑞恰慈他们倡导的文本细读(close reading),现在这种解读法反其道而行之,把所有的历史上、社会上、文化上的影响因素,只要在作品创作时可能发生影响的,全部综合起来。格林布拉特写了一本著作叫《俗世威尔:莎士比亚是如何成为莎士比亚的》(*Will in the World: How Shakespeare Became Shakespeare*),他认为只有在那个时代的整体文化气氛中,莎士比亚才能写出莎士比亚戏剧。

4. 解释性伴随文本之一:评论文本

我们说了半天都是要解读文本的意义,解读时不得不受到一种很重大的伴随文本的影响,这种伴随文本我叫它评论文本,热奈特叫它元文本,意思是关于文本的文本。"元"字用得太多了,热奈特本人就说了三种不同的"元"。所以我称之为评论文本。

评论文本是关于文本的讨论,主要出现在文本生成以后与解释之前,这中间有好多评论、八卦、传闻、指责、评判、标签等出现,这些东西可以(或许应该)置之不理,因为我们是有判断力的成人。但作品太多,为什么我只看这部电视剧?因为网上"好评如潮"。评论不是文本的一部分,但它引导我去观剧,也必然影响我对于这个文本的解读,我努力保持独立也没有用。

网络打分,不管是"豆瓣""IMDb"还是"烂番茄",这样的评论文本都是发生在文本被阅读被理解之前,它不是文本的一部分,却对文本的解释影响很大。所谓"热播",就是评论文本在推波助澜;一个电影可以成本很低,但是最后效果很好,往往这也是评论造成的。我不是说评论文本都是误导,但是它们至少提供了一种先出的选择。

当然解释者可以有意不受评论文本干扰,有些是评论做得不好让我们起了反感。比如法庭审理案子,舆论对某些案子的评论往往起反作用,这也可能的。但是我们不可能完全不理睬评论文本,哪怕自己认为要有独立看法,我们也依然会受评论文本的影响。所以任何有独立见解的人,最好不要看评论。但是在当今数字时代不太可能隔绝自己,麻烦就在这里。

评论文本可能造成一个很奇怪的逆向影响,例如《红楼梦》对《金瓶梅》的影响。《红楼梦》是产生于 18 世纪的小说,《金瓶梅》作于 17 世纪。因为评论文本是对解释的影响,今天我们在看过《红楼梦》以后,对《金瓶梅》的理解就会很不一样。如果没读过《红楼梦》,会觉得《金瓶梅》很琐碎,现在才知道它是开了一个风气。这就是逆向影响:出现在后面的可以影响前面的。在我们的解释中,后出的文本可以影响前出的文本,比如现代诗使我们对 16 世纪英国玄学派的评价变高,生态主义使我们对道家哲学另眼相看。后出的文本,成为影响已有文本解释的评论文本。

5. 解释性伴随文本之二:链文本

链文本,就是可能合在一起解读的文本。书架上放在一起,网页上放在一起,演出时放在一起,展览时放在一起,也就是解释时归于一起。比如新年音乐会,它同时演出了些什么乐曲,往往会对其中的某一首乐曲产生影响。本来是不出名的乐曲,被拿到今年的维也纳新年音乐会上去了,它的地位就会被突然抬高,因为它跟其他名曲在一起被演奏了。

举个例子。汤婷婷的自传小说《女勇士》(*The Woman Warrior: Memoirs of A Girlhood among Ghosts*),在英文系被当作女性自传小说研究,被作为少数民族女性主义的作品进行分析。到底这是传记还是小说呢?英文系师生认为它作为小说很了不起,值得细读;到了书店,这本书却被放在传记柜售卖,作为传记比作为小说卖得好。这里与不同作品为伍,其实是在引进不同的评价参照。

据说有家卖酒的店做过一个实验:店内播放古典音乐,人们会愿意花钱买贵一点的品牌;放流行音乐,卖出的酒就比较便宜。你们到某家店里喝点冷饮或者咖啡,如果它放点"高贵的"音乐,同样的饮料,你可能会觉得性价比比较高。甚至同样是番茄,放在水果店里,号称"贵妃番茄",价格就比菜场里贵多了。街舞进入奥运会项目,电竞进入亚运会项目,这两项原本不登大雅之堂的娱乐的社会地位顿时就高了起来。

链文本是同时给你的文本。买一束花,包装常用的是淡橘黄色的英文报纸《金融时报》,中文的报纸为什么不行?第一,它是白的,不便送礼;第二,报上消息若是不太令人舒服,看一眼就会觉得晦气。《金融时报》的纸是淡橘黄色,而且英文大多数人也看不太懂,所以当花色包装纸效果不错。这个与T恤上的英文字同样道理,不通的词组也没有太大关系。这就是链文本,是放在一道的符号文本。它与型文本不同,链接的文本不一定是同类型。

6. 解释性伴随文本之三:先/后文本

先/后文本就是几个文本有前后承继关系,必须放在一道解释才明白其意义。比如仿作、续集、后传、小说改编电影等。就小说改编电影来说,因为小说是先文本,电影是后文本,尤其当小说是名著时,小说会对电影发生重要影响;当然电影也会反过来影响这个小说,尤其在当代,教文学的老师经常不得不"肃清电影改编的流毒"。

法院初审在做判决时,往往要估计到被告会上诉到上级法院。万一判决给推翻了,法院声誉会受到损失。你如果是球队教练的话,就会估计主客场赛制,如果客场保平,主场就有比较大的把握逆转。

先/后文本实际上是非常普遍的,只不过大家平时不太去想。我们在唱歌时,唱的大部分都是明星唱过的歌;买衣服时,会选看到的时装模特穿过的式样;制定的游戏规则是对其他的游戏规则的模仿,比如手球的规则是模仿足球;新订的法律往往要延续旧的,或者与国际先例接轨;所谓打破纪录就是跟先文本关联。法学当中有案例法,说的是这个案子判了以后,它就形成了一个可以引用的案例。

所有的恶搞、山寨、反串——鲁迅叫它"活剥"——都是后文本有意沿袭或戏仿先文本。可以说所有的文学艺术作品,除非像杜尚的小便池那样横空出世,不然的话它总有前面的作品要模仿。王小波的《红拂夜奔》戏仿的是杜光庭的《虬髯客传》,莫言的《酒国》是对侦探小说的戏仿,叶兆言的《夜泊秦淮》系列模仿的是鸳鸯蝴蝶派小说。戏仿的不一定是一本书,也可以是套用一个情节。《金瓶梅》是从《水浒传》武松杀嫂情节演化出来的;英国戏剧家汤姆·斯托帕德(Tom Stoppard)的名剧《罗森克兰兹与吉尔邓斯坦死了》(*Rosencrantz and Gildenstern Are Dead*),是从《哈姆雷特》当中一个支线情节演化出来的。只有了解了先文本,才能比较好地理解此部作品的意义。

借势营销经常就是借力先文本。雕塑《撒尿小男孩》是布鲁塞尔的幽默一景,有的啤酒公司就把它拿来做广告:店里放个小孩雕像,小孩撒出的尿是啤酒。这创意极佳。为什么这广告本身会吸引人呢?因为大家都知道这是搞笑的模仿,有幽默在焉。必须要先理解了奥威尔的《1984》,才能理解乔布斯的"1984"是在打破 IBM 的垄断,才能理解这个广告为何被称作史上最佳广告之一。

后文本可以是借用先文本,但恶搞则是颠覆性地利用先文本的某些特点。短片《一个馒头引发的血案》,颠覆的是《无极》,讽刺它是一本正经的烂剧大片,虽然拍摄成本有好几个亿。后文本把其中的一个情节扩大,就把整个先文本颠覆了。电影取名很难,有新意更难。所以有的电影片名借的是成功先文本的余荫,比如,《分手大师》跟《分手达人》,《驯龙高手》跟《驯龙骑士》,《汽车总动员》跟《机器人总动员》。恶搞是我推翻你,戏仿则是借势。

后出的文本有个特权,就是经常可以有根有据地添油加醋,因为先文本已经证实在先。邹静之把张爱玲的中篇《倾城之恋》改写成了31集电视剧。把一部长篇小说放进一部电影,会要裁掉好多东西。《倾城之恋》实际上是个稍微长一点的短篇小说,把它拍成一个电影是可以的,拍成电视剧就挺难的。所以邹静之加了很多东西,比如加了白流苏在老家时的许多事。

还有一本著名的小说也是后文本佳例,简·里斯(Jean Rhys)的

《藻海无边》(*Wide Sargosso Sea*),现在成为英国文学中公认的佳作。当代作家要做到这一点很不容易。她的先文本是《简爱》,写的是"阁楼上的疯女人"前面的故事。我们知道《简爱》中罗切斯特先生的妻子的下场,反过来对《简爱》之前的故事就特别好奇。这个作品的写作时间在《简爱》后,是后文本,但情节时间在前,是"前续"(prequel)。

后文本不仅可以续在前面,还可以续在中间。电视剧《荆棘鸟》(*The Thorn Bird*)讲一对男女相爱但无缘,到最后两个人老了,才想到爱情的重要。《荆棘鸟》曾风靡一时,但情节中间有一个时间段是空缺的,这个制片人在拍续集的时候就想了一个主意:就写中间空出的这一段,在想象中可能有的故事。所以称作"中续"。电视剧借势有个困难,原演员不能参演了,制片人觉得没关系的话,可以另用新人,但放出来效果会不太好,因为既然是形象借势,视觉上就必须是延续的。所以拍《英雄》的时候金城武从马上摔下来,导演张艺谋就很紧张,担心如果金城武真的站不起来的话,整个戏就拍不成了。

如果是成功的作品,后面的续作会不请自来。《麦田守望者》就有后续,即《六十年后穿过麦田》(*60 Years Later: Coming Through the Rye*),虽然原作者塞林格坚决不承认这个续作。最后双方打起官司来,欧洲法庭认为续作者没有侵权,因为续作只是借用了原作主人公的名字;在美国法院续作者却被判侵权。先/后文本的关系,就是如此麻烦。

先文本,与本节前面说过的已有文本不同。已有文本是一种广义的文本间性,凡是可以感受到文化影响的,都算在内。先文本是一个有明显直接关联的文本。已有文本是整个文化的压力,没有这种压力,就读不懂一本当代作品,例如如果没有《西厢记》《牡丹亭》以来中国多少世纪爱情作品的传统,《红楼梦》就会很难理解。但这个传统只是背景,是已有文本式的文本间松散连接。乔伊斯的小说《尤利西斯》,明显是借势荷马的英雄史诗《奥德赛》,因此可以说是《奥德赛》的后文本。这个区别想必容易分清。

有的染发店的广告，图片中出现的是金头发，这明显是在模仿克里姆特画作中的金色；有的色样，是头发染成蓝绿间隔，则是以梵高的《星空》为先文本。但是如果说染发样式有已有文本的话，那就是整个人类装饰史。先文本具体而特殊，可以指出是哪一部；已有文本作为一种间文本，则是文化史的压力，不限于具体的个别的作品。此处经再三说明之后，想必二者大家就不容易混淆了。

7. 全套伴随文本、全文本

任何文本，几乎都有全套伴随文本，只是某些文本时过境迁，不容易追溯而已，文化史专家近年来在这些方面着力甚多。为什么我们要把伴随文本当作一个重要课题？因为它们对解释影响太大，许多伴随文本几乎必须进入文本解释，甚至比文本本身还重要。

首先，从理论上说每个文本都可以有全套伴随文本，都可以进入解释环节。比如著名的独立电影《疯狂的石头》，它有作为副文本的标题，是最直接的，一般是必须进入解释的。这个电影的导演的名字也是副文本：这个导演是无名之辈。电影的型文本：警匪片。电影的已有文本：如西方大量惊悚片。评论文本：已经受到网上热捧了。链文本：中国低成本独立电影开始井喷，影星刘德华开始赞助中国低成本独立电影。最后有后文本：在它之后出现了《疯狂的赛车》《疯狂的疯狂》等。没有这些，《疯狂的石头》就无法被充分阐释。

围绕一场足球赛，有场地馆所、观众气氛，有足球这个运动的发展历史，有两支球队过往的恩怨史，有媒体的猜测评论，有同时进行的其他比赛，有先后主场。如果没有以上这些伴随文本，这个足球赛就只不过是22人在玩球而已。哪怕是最简单的文本，一桌菜，也一样有全套伴随文本。到附近的小店里吃一碗面，你说有六套伴随文本被我吃下去了，好像是在小题大做开玩笑，但你说的没错。

杜尚的小便池，现在无人敢说它不是艺术。美国美学学会前主席比尔兹利说它不是艺术，就被人骂老落后老保守。杜尚的小便池为什么会变成艺术巨作呢？因为有全套伴随文本支持着它。它的链文本——放在一个美术展览会上，与其他名正言顺的美术作品放在一道，这是很重要的展示；副文本——上面签了个名，标题仿安格尔名画《泉》；型文本——杜尚是法国人，法国是超现实主义的国家；评论文本——引发了巨大争议，这些评论文本几乎要把艺术史压垮了。杜尚的这个作品，是靠全套伴随文本合力，才成为一个跨时代的巨作。

实际上，现当代艺术史有个逆反规则：没有一个否认某作品是艺术的批评最后能奏效，能把该作品从艺术中清除出去。创新本身成为艺术的标签，可以碾压一切批评，越否认它为艺术，反而越帮助它成为艺术。艺术品当然也会遭遇失败，那就是不卖钱，或被批评界指责为非艺术，但这可能反而让它更吸引人们注意。

需要说清楚的是，伴随文本可以容纳的范围非常大，是特定的解释选择出来的，它们本身与核心文本之间，没有必然的结合关系。在每次解释中，只有一部分伴随文本进入解释，变成全文本的一部分。比如在摇滚乐现场，灯光乱打，扫射观众，我会觉得很难受。但是在摇滚乐录像里，现场的欢呼是必要的伴随文本，摇滚乐的特点就在于这个群体气氛。

解释者如果把核心主文本，加上在解释时认为有用的伴随文本，合在一道解释，解释的丰富性就会大为增加。并不是所有的伴随文本，都需要进入每一次解释，每个解释都只是包括进来一部分伴随文本。但是一旦包括进来，在解释当中顾及的核心文本和伴随文本，就会合成一个文本，这合一的文本一定要形成本讲开始时强调的文本合一意义。它可以称为全文本，胡易容称之为宏文本；注意，它绝对不是"文本加全套伴随文本"，而是"文本加进入本次解释的伴随文本"。

2012年伦敦奥运会上，两个中国羽毛球选手于洋、王晓理消极比赛，因为下下一轮比赛中有一个强手，他们俩的想法是，如果这场输了，下轮就可以躲过强手，这是先/后文本的常见策略。没想到对面的韩国选手也是这个想法,这场比赛最后就变成了比烂:你发过来我就往网里打,最后索性就直接发到网上。裁判大怒,最后把这四个人全部罚出,取消其比赛资格,这是著名的先/后文本作弊的恶例。

英超每赛季最后一轮,都是 20 个队同一时间开打。为什么同时开打?因为怕你知道直接竞争对手的赛况,从而做出相应决策,是全队压上拼胜,还是退守保平。如果把比赛变成一个同时文本,就会出现体育竞赛不能鼓励的投机现象。

第七讲　符号修辞

第一节　符号修辞学的特殊性

1. 修辞的本意

修辞(rhetoric)本是个独立的学科,大学一般把修辞放在语言学里,作为语言学的一个分支。我留学伯克利的时候,叙述学、符号学这些学科,放在修辞学系,著名叙述学家查普曼(Seymour Chapman)就是修辞学系的教授。可以说,修辞跟形式分析结合得很紧。叙述学至今有修辞学派。讲符号学,不得不讲符号修辞,因为许多符号间的关系问题,实际上构成修辞关系。注意,修辞关系与理据性是两个不同的符号性质。理据性是符号与对象之间的关系,而修辞讨论的是符号之间的关系。某些地方,例如象征的形成,二者会有一些可能的重叠,下面将会讨论清楚。

修辞学学科非常古老,无论中西,它的历史都非常悠久。中国从《文心雕龙》开始,就有修辞学的一席之地;西方修辞学则始于古希腊。在一般的语文教学里,修辞很重要。但符号修辞学跟语言修辞学很不一样,不然的话不用在本讲义中特地来讲。它比语言修辞学复杂得多,因为符号修辞经常跨体裁、跨渠道、跨媒介。有些问题,像象征或反讽,只有在符号修辞里才能讲明白。

语言修辞学的研究成果,本讲义还是要用到,符号学不可能不触及语言,我们也不可能不用语言来讲解符号学。语言有"像""是""如"这些最起码的修辞关系标记,非语言符号则没有,因此就必须讲这些修辞标记词语,在符号修辞中是如何被替代的。

修辞的核心是比喻,修辞学就是广义的比喻研究。在符号修辞中也是如此,只是符号修辞中的比喻更复杂一点。关键问题是如何处理双义问题,即一个符号文本有两个意义。如果这样,那如何解释符号文本的意义合一?

文本意义双义,大多是协同关系,即各种比喻合作;可以是选择关系,即悖论和反讽;可以是互相依赖又排斥关系,常称为解释循环;还可以是辩证关系,就是解释旋涡。本讲将一一讨论这几种关系是如何形成的,又如何影响解释。但在讨论这些关系之前,首先要弄清符号修辞格。修辞学直接体现为修辞格,而符号修辞格比语言修辞格复杂得多。

2. 比喻、隐喻、概念比喻

比喻(metaphor)依然是符号修辞的核心,比喻就是把两个有某种关系的符号合到一起解释。从根本上说,比喻是我们认识世界的根本方式。所谓比喻的两造,喻体/喻旨(vehicle/tenor),实际上是可以倒过来的;所谓倒喻,是喻体与喻旨翻过来的。"芙蓉如面柳如眉",应当是"面如芙蓉眉如柳"。但正过来的话,平仄不谐是小事,诗句也就不美了。为什么不是你如世界美,而是世界如你美?因为这样重点就倒了过来。尤其在符号修辞中,二者互相提示,经常无法区分何者比喻何者。

我们对世界的感受本来就是比喻性的。要认识一个东西,首先就得依据现有经验加以延伸,完全没有经验凭靠的话,不太可能认识一个新东西。符号修辞或许更强调比喻,因为它不需要连词,只需要思想上的连接。

但是西文的 metaphor 这个词本身,很容易混淆,它既是比喻,又是隐喻。比喻是覆盖所有各种比喻的伞形术语,隐喻则是比喻的一种;

既然大类与小类都叫 metaphor，所以每次遇到它，都要注意看，它到底说的是广义的比喻，还是作为比喻一种的隐喻。

比喻改变我们对世界的看法，向我们提供关于世界的新信息。任何新词都是旧比喻长出来的新比喻，可称之为珊瑚礁式生长。珊瑚礁就是珊瑚组成的岛，几十万年的珊瑚，代代的骨骼留下成为化石，然后在上面长出新的珊瑚。珊瑚岛就是这样不断地长起来的，语言符号体系的骨架基础就是旧的语言符号上面长出新的语言符号，旧的比喻上面长出新比喻。

例如国内市场上出现 avocado，先前译作"鳄梨"，因为样子像梨子，表皮粗硬如鳄鱼皮；现在叫"牛油果"，因其肉质如牛油般柔软，也类似牛油可作为生菜调料；最近又出现了牛油果凡士林润肤霜。这些都是经验中物的感知品质的延伸，而不仅是语言生成新词。

《说文解字》里，几乎每个字都是一个比喻，是比喻构造出来的。例如"裏"，本义：衣物的内层。如：被裏。衍义：引申指"内部"，与"外"相对，并引申为一定范围以内。我们把"吃瓜"当作新词，但是吃瓜本身一点都不新，瓜在有些方言中是"傻"之意。再比如说，我们这门课，从本讲起已经开始一个新的板块，板块是大陆漂移理论的地理学概念，但我们把它当作"分区"的意思。

比喻学在中国也是一门非常古老的学问。虽然在标志着中国的修辞学成为体系的著作南宋陈骙的《文则》中，才列出约十种不同的比喻，但早在《墨子》中就有关于比喻的讨论，称之为"小取"。"取"就是"辟"（譬喻）的意思："辟也者，举也物而以明之也。"①意思是用其他的东西来说明之。《荀子》把"比喻"这个词说得很清楚："分别以喻之，譬称以明之。"②"分别"就是我们说的这个"分割"，把一个形象分割开了以后，就变成一个二合一的符号。

《文心雕龙》对此的解释更为精彩："诗人比兴，触物圆览。物虽

---

① 《墨子》，方勇译注，北京：中华书局，2011年，第387页。
② 《荀子》，方勇、李波译注，北京：中华书局，2011年，第64页。

胡越,合则肝胆。"①此话点穿了现代比喻研究的一个关键问题,即古人所说的互文参义。"肝胆",肝胆相照,肝和胆结合在一道的。"胡越"是什么意思?胡人在哪儿呢?越人在哪儿呢?在先秦古代他们两家永远连不起来的,这当中隔着一个中原大地。所以"物虽胡越",根本连不起来的两个事物,一旦合起来了以后就是"肝胆"。这叫比喻的远距张力,分割越远,合起来越是有力。

隐喻到底是什么?是在两个东西里,我们找到像的地方。此处出现一个最基本的问题:是两样事物本来就像呢,还是两样事物放在一个比喻中就必须像呢?研究符号比喻的哲学家认为,比喻的像并不是二者有点像,而是放在同一文本中被强迫相像。这是第五讲讨论六因素论时说到的"文本自带元语言"。说它像就必须像,因为文内元语言已经把它们连起来了,哪怕是"胡越"也必须"肝胆"。

因此,比喻的关键是解释"意义合一"产生的关联力量。下面这几句呢,我都是从现代诗里找来的:"我是一天的烟头",为什么说它是隐喻呢?因为用了"我是"。但是像在哪儿呢?既然有个"是",它就是必须像。你可以说这个像不合常理,但诗歌就是要不合常理。可以说它"强词夺理",但为什么"强词"能"夺理"呢?因为两个事物被放在一个比喻中。"我是一天的烟头"就是说抽烟抽到底,精疲力尽了。这是我的猜测,不然的话,这句话就没意思了,但是它又必须有意思,因为它是一个比喻。

"杯子是我心脏的直径",喝酒成瘾,心脏扩大如杯子;"时间的柠檬吝惜它的泪水","我的时间"这颗柠檬,已经挤不出多少泪水了,一辈子已经挤过多少次了;"沙发是房间里的飞行路线",成日躺平在沙发上,只能做梦旅行。如此之类的诗句,到处都能遇到,诗人就是不能好好说话。

利科说:"它不仅是隐喻陈述所建构的东西,而且是指导和产生这

---

① 刘勰:《文心雕龙》,王志彬译注,北京:中华书局,2012年,第417页。

种陈述的东西""应当成为谓词的归属特征而不是名称的替代特征"。① 比喻不仅是两个名词之间的特征,也是谓语结构。比喻的像似,是结果而不是原因。如果拼命要找个"合理合情"的原因,那艺术家就生产不了艺术。正是因为比喻结构的巨大粘合力,才让我们创造出新的东西来。

概念比喻(conceptual metaphor)并不靠语言或其他媒介形式,而是超越媒介之上的。比如"人生如梦",可以说"life is a dream",可以说"la vie est un rêve",用什么语言都能懂。在电影里可以表现吗?完全可以表现。《香草天空》开端就是梦,最后又归结于幻觉。再例如"心冷""心碎"这些比喻,各种语言里都在用,图像表达大家也能懂,表达"心冷""心碎"的表情包在全世界通用。

这也是商家做品牌经营以及广告创新的一个着力点。我们创新地把一个概念用一个新媒介表现出来,比如用多彩的霓虹灯打出"美甲"招牌,这个就是符号修辞的创新之处:实际上没有创造这个概念,而是用另外一种手段来表现这个概念。

比如"怒火",是个概念比喻,发怒如同着火,愤怒如火。这个可以用各种渠道、各种形式来表达。各国人的"怒火"表现不同,但不管在抗议什么,反正抗议就是"起火"。再举个例子,"门槛",为什么叫"高门槛"?原来富贵人家的那个门槛就是高。不知道为什么要垒高,原来可能是为了防水啊。这个说法在英语里也有。另外如"所得税起征门槛"。所以"门槛"是个跨符号系统通用的概念比喻。"牛市""熊市",实际上原先并不是中国的比喻,但是现在变成全世界通用。再如"人生的起点",或"人生的车站",或"人生道路的分岔口",都是把人生比成一个道路;在《阿甘正传》里,阿甘就老是在人生的路上。

在政治的概念比喻中,上下、左右、大小等概念的使用非常清楚。

---

① 保罗·利科:《活的隐喻》,汪堂家译,上海:上海译文出版社,2004年,第267、268页。

如皇帝周围的武士都要高,要人高马大的;但比喻无需现实主义,画画的时候是不写实的,必须把皇帝的形象放大,把武士的形象缩小。中国叫"皇上",西文叫 Your Highness 或者 Your Majesty,全世界都一样。既然是官位高,既然是权力大,那其形象在比喻中就必须大。

高低、上下这种符号关系,我们叫它"根比喻",它比概念比喻更加基本。圆、方、三角形,各种基本图形,都可以是根比喻,圆比喻人生的圆满,比如结婚的戒指必须是圆的。如果你写哲学论文的话,必须要做到"自圆其说"。如果你做生意,就必须把事业弄得"圆满"。

3. 明喻、转喻、提喻

语言明喻(simile)中,有"像""如"等字样来点清楚,返回修辞则没有这样强制性的比喻方式;或许是因为比喻点实在过于明白,或者强制叠合的比喻双方关系,往往类似明喻。风俗习惯上的"像生像"(like produces like)或许是此类,例如传说孕妇不能吃螃蟹,因为胎儿会横起来;也不能吃兔肉,因为婴儿会唇裂。此类说法不需要根据,信不信也由你。某个老太太在北大门口卖串珠,她有营销法,说这珠子叫"情人的眼泪"。电影《巴顿奇事》开始时车站的大钟坏了,预示着整个故事是用时间倒转的方式讲述。

转喻(metonymy)靠的是邻接性,邻接性来自事物本身的连结。比如恋物狂、收集狂,就是用一个邻接符号代替一个对象。比如贾宝玉爱吃胭脂,胭脂有什么味道?贾宝玉爱吃的不是胭脂,爱的是与胭脂贴近的东西。有人给某发言人寄钙片,转喻他有精神上的软骨病要治。

电影《莫扎特传》里有一段,关于他怎么写出著名的《安魂曲》。他的仇人,戴了莫扎特父亲的帽子来催他,使得莫扎特不顾自己重病在身,勉力写出这首曲子,以安慰父亲的在天之灵,因为帽子代表着父亲。人类学家弗雷泽在《金枝》中说人的联想方式,一种是转喻,是移情式的;一种是隐喻,是交感式的。

提喻(synecdoche)是转喻的一种,利用部分和整体的关系引出联想。例如"巾帼不让须眉","须眉"是提喻,它是部分的关系;而"巾帼"是转喻,它是外在装饰,是邻接。提喻靠的是部分与整体的关联。可以说,任何图像再现,都只能是提喻,因为任何图像都只能再现事物的一部分,不可能再现全部;哪怕"全图",也只是朝向观者的部分。提喻在设计上很有用,比如现代的舞台设计,经常是只用一小部分做提示。比如在《哈姆雷特》的演出舞台上,用几块墙壁的移动来表示城堡或者宫内。中国戏曲的舞台也一向是高度提喻的,比如一张桌子就能代表衙门,一张椅子就能代表宫廷。

查理·考夫曼有一部电影叫作《纽约提喻》(Synnecdoche New York),说的是某个戏剧导演快要去世了,他想在去世之前把纽约再现出来。一台戏剧怎么再现纽约全貌呢?其实戏无论怎么演,舞台无论怎么设计,都只能是纽约一角。通过戏剧来表现纽约,从定义上就是用部分代表全体。戏剧名字如果是《纽约全景》或《纽约生活》,则又是另一种表现方法。

要做一张《哥斯拉》的海报,画一个大爪子就行了吗?问题是爪子无论怎么大,哪怕占据整个海报,也依然只是个爪子,无法表现哥斯拉多么巨大。海报设计师很聪明,在爪子下画几辆狂奔的汽车,这些汽车都没有爪子的一个脚趾尖大,这才表现出哥斯拉究竟有多大。这里,与其画出哥斯拉如何大,不如画出提喻:人类多么渺小。

电影《大红灯笼高高挂》中,妻妾成群,全家围绕一个老爷,这个老爷是无上的权威,把一群妻妾都弄疯了。但是电影从不正面显示这位老爷,在电影里他甚至从没露过面孔,没有出现过全身,只有他的声音,以及偶尔闪过的背影。这些都是提喻,用得非常好。因为一旦正面拍出来,再大权势的老爷也是普通人,现在只有他的声音,却反而让人敬畏。

但是提喻与转喻有时不好区分,因为部分也是一种邻接。"六宫粉黛无颜色",是提喻还是转喻?有时界限不清楚,因为文本的边界本来就是模糊的,把"巾帼""粉黛"当作女人"本来就有"的一部分的话,那就是一个部分代整体的提喻;如果当作外加添上的部分的话,就是转喻。不过,每一处都加以区分的话,恐怕并不必要,也不太可能。

4. 潜喻、曲喻

潜喻(submerged metaphor):A 如(B)则如 B1;B 不说,跳进到 B1。据说宋徽宗喜欢给画院的画家出题,看谁的用意巧妙。有个题目叫"踏花归去马蹄香",画院里的好些画家怎么画也画不出来,"马蹄香"怎么画呢?有一个画家就画几个蝴蝶在上下翻飞追那个马蹄,有意离开了原来的"踏花归去",此画只描述后果 B1。

比如一幅关于辣椒的广告:罐子里装的什么?是辣椒,而且非常辣,辣到什么程度呢?必须小心火烛,因为它可能点上就会爆炸。又比如联想公司的广告,说它的笔记本电脑做得如此之薄,走路一不当心,就掉电梯门口的缝里去了。这就是潜喻:薄到(如纸片)要小心电梯缝。

潜喻进一步延长就演进为曲喻(conceit),A 如(B)则如 B1、B2、B3、B4……在西方诗歌中,尤其英国的玄学派诗歌,几乎每首当中都有一个曲喻。最著名的是邓恩告别妻子的一首诗《临别莫伤悲》,大意是我走得再远,也是圆规的一个脚,你永远是圆心;我跑得再远,也是围着你走。这首诗就是一个典型的曲喻。为什么呢?就是我们的关系如圆规,我走得远也没用,因为都是围绕你这圆心在转。

钱锺书考证说,中国诗当中有一个曲喻,出自贾岛的一首诗《戏赠友人》:"一日不作诗,心源如废井。笔砚为辘轳,吟咏作縻绠。朝来重汲引,依旧得清冷。书赠同怀人,词中多苦辛。"停止写诗一天,心就变成枯井。作诗的心不用则废,因此要把笔砚当作辘轳,把吟咏当作吊桶绳索,不断写诗,就会让井水保持清冷。这是把"写作如水"这简单比喻一步步延展开来。

贾岛还有几首诗,其中的曲喻更短。他说"鬓边虽有丝,不堪织寒衣"。鬓边的丝不是真的丝,而是一个比喻,这个丝不能拿来做衣服抵御寒冬。李贺的《天上谣》写天上众星流成银河:"天河夜转漂回星,银浦流云学水声。"既然是条河,那里面就会有水,就会发出声音,所以夜观天象,就会听到水声。"羲和敲日玻璃声"(《秦王饮酒》),太阳就像玻璃一般晶亮,古代的玻璃指的是水晶,既然像玻璃的话,日神羲和就可以敲出声音来。这句里的曲喻比较清楚,可惜没有延长下去。

中国古诗,因为语言上比较紧凑,也因为中国的语法不用连接词绵延,所以绝大部分诗句都在一行二行之内作结。有人认为元稹的这首《离思诗》是连绵的曲喻:"曾经沧海难为水,除却巫山不是云。取次花丛懒回顾,半缘修道半缘君。"其实三个比喻并没有连续,都是在一行内结束,因此是并列比喻而非曲喻。

但是电影当中经常可以有连环镜头。比如在电影里,古埃及的木乃伊复活了,电影叙事可以跳过他复活的过程,先写他复活了要干什么:他首先要做的竟然是打扮自己,把几千年的裹布弄得干净整齐,然后闯到你家里来,用你的电气设备。这就是个有点幽默的曲喻。

我最喜欢的一个广告,是快递公司做的。广告画的意思是,你放心,我送得又快又及时。你刚在煤气灶旁敲碎鸡蛋,要往锅里放,蛋汁还没有掉下来,你买的锅子就送到炉子上了。这广告很动脑筋,曲喻的脑筋。它不直接比喻,只是说我这个快,快到有戏剧性。

反喻(antimetaphor)是一种很奇怪的比喻,就是说完全找不到比喻像似点。开头我举的那些诗句,勉强可以说成有像似点。那现在,有很多抽象画的那个像似点在哪呢?像似点只在标题上。抽象艺术往往只有一个标题,作为符号文本与再现对象的连接点。波洛克的《秋天的韵律》,跟秋天似乎有关系,又似乎没什么关系可言。他另一幅画的标题是《通灵音乐第五号》,怎么知道画面里的音乐通灵不通灵?他既然这么写标题了,观者就只能往这个方向去想,因为这是唯一可用的比喻像似点。

第二节　修辞的符用延伸

1. 象征

象征是只具有特殊意义的符号,无怪乎经常与符号混淆。如今报道上常说的"长城是一个符号",此说法其实不对,正确的说法应当是"长城是一个象征"。符号是普遍的,这些写稿者想说的是"长城成了一个特殊符号:象征"。

任何象征,都是从原先"平凡"的符号发展出来的,经过频繁使用,成为意义比较深远的象征。这点我们在第三讲"符用理据性"一节做了详细讨论。所有的象征,原先都是一种比喻。"胡旋舞是丝绸之路的象征",原是一个转喻;"黑色是闻一多晚期作品忧郁情调的象征",这是个提喻;"蓝波的著名诗句'O 是太阳金色的阳光'",这是个根比喻发展成象征。

象征原先大多已经发展成概念比喻,比如十字架、新月、万字符等,原来就不局限于某种语言,并且可用各种媒介表现。象征,是意义积累的结果,比如华表,华表为什么是民族的象征?因为它历史久远,在时间的长河里不断重复在用。在尧舜时代,它叫"谤木",是老百姓向官府告状用的,可以在上面刻字、写字。在一定的社会文化中,某种事物使用的人多了,使用历史长了,比喻符号的意义就会相应扩大,直到泛指一个抽象的品质,这就是象征。

钱锺书讨论过比喻多边,意思是一语多喻。象征也有可能多边。比如龟在古代是长寿的象征,是祥瑞的承载者;元代后,因为龟是爬行动物,就变成了低贱的象征,如私生子被称为"龟儿子""王八蛋"。龟在中国的命运真是奇怪,你如果骂某人是龟儿子的话,你自然就悬置了龟的崇高地位。

莎士比亚研究专家斯博琼首先提出,每一出莎剧当中都有个"反复使用的形象"(recurrent image),比如《麦克白》中的"赤裸婴孩",需要包起来，需要保护，是脆弱的象征。俄国导演祖亚金瑟夫的电影《归来》，用"爬高"来象征孩子的成长。一个形象被反复用，哪怕只在一个部电影当中反复用，也可以积累出象征意义。所以象征是符用意义丰厚积累的比喻符号，而意义积累的一个最重要方式就是重复使用，尤其是社会性的重复使用。比如，奥运会的五环标记，任何奥运会的有关文本都必然使用，使之成为不言而明的象征。

纳粹的标记，是我们看到的最可怕的一个象征符号，这个符号来自古印度，本身并不邪恶。大独裁者希特勒自以为是一个艺术爱好者，他的水彩画水平很平庸，但他最有辨识度的"艺术"创作就是这个标记。不是说图案本身太刺激了，而是这个图案伴随着纳粹的每一次暴行出现，结果它成为历史上最大的反人类罪行的象征。同样，纳粹式敬礼原先来自古罗马，现在也成为绝对不能允许的罪恶象征。

大公司的logo也是象征。公司在经营自己的品牌时，不会放过任何一个机会亮出这个logo。而且我们可以看到一个现象，就是它从来不改图形，不改颜色，甚至不改字体。所以品牌不仅是一个词，也是一个符号的全部感知，用这个感知来控制、垄断意义。记得上海新开了一家咖啡店，设计的logo是圆形的、绿色的，中间也是一个人形，其余完全不像星巴克的logo。但星巴克立即告到法院，说这是商标侵权，有意模仿其"塞壬女妖"商标图像，最后星巴克赢了官司。可见品牌符号象征对企业的重要性。

2. 反讽

反讽(irony)，是一个非常重要的修辞概念，是我们理解现代文化必须弄清的问题。首先必须指出，反讽不是讽刺，这点我们必须再三强调，因为很容易弄错。虽然有些反讽会有点讽刺意味，但远不是所有反讽都语存讥讽，不讽刺的反讽可能更为机巧，意趣深长。反讽总是有两层意思，也就是表达的意义跟实际的意义是两回事。《史记·滑稽列传》司马贞索隐说："滑，乱也。稽，同也。辩捷之人，言非若是,说是若非,言能乱异同也。"①反讽的关键在这里点出:"乱异同。"表面乱,实际同。这是反讽的最基本的格局,《史记》称之为滑稽。虽然现代汉语中"滑稽"不是反讽的意思,只是可笑的意思。

反讽中第一个常见的亚型,是"低调陈述"(understatement)。一般来说,吸引注意靠夸张手法,但实际上低调"反吹",更为戏剧化,也让人觉得更雅致一些。低调陈述就是有意把话说得轻一点。"如今识得愁滋味,欲说还休。欲说还休,却道天凉好个秋",这个是低调陈述最清楚的一个表现。我们知道低调陈述的例子很多,高调而夸张的写法,在中国诗歌艺术中反而不多见。

在一个电视剧中,主人公的姐姐说:"我这个弟弟从小笨,四岁《论语》还背不全,六岁微积分做得磕磕绊绊。"这种风格现在在中国叫作"凡尔赛",就是假谦虚,真吹嘘。反讽的特点是双义,一个表面义(我弟弟笨),一个实质义(他特别聪明)。反讽与比喻有本质上的不同,比喻是两边靠拢,用各种方式将两边联结,而反讽是将两边推开,推开后让我们自己用脑子找出二者的联系;究竟为何二者(例如在"四岁"与"背《论语》"之间)出现距离?因此,反讽充满了表达和解释之间的张力,它的表达是反,期待的解释是正;表面意义是反,期盼解释成正,目的是让解释者在明白意义后印象更深。

所以反讽是混淆是非的:表面说非,实则说是;或者反过来,表面说是,实际说非。某学校的食堂里挂着一个标语:"排队你都做到了,爱情还会远吗?"这个标语很有幽默的智慧,实际上却是励志:队排好了,你的形象分就提高了,就会有人喜欢你了。但它反过来说也很幽默轻松:排队的品德都没有,还有谁会爱上你呢?再如"人生建议,千万别买别墅,打扫起来太累了""有同学问我怎么才能考99分,很简单啊,少做一道填空题就可以",如此的意义传达都是有趣的反讽。

---

① 司马迁:《史记》,北京:中华书局,1982年,第3197页。

我经常看到一些小摊贩,小摊招牌的名称取得好极了:小猪配齐,饭卖人口,上当美发,等等。我常问,现在的诗人哪里去了?看来全做广告、写招牌去了。越小的店取名越大胆。一个自行车修理铺,竟然叫"拿破仑修理部",用这个世界级名人的名字,开自己店铺的玩笑,很有幽默一把的勇气。

科学的实用的语言不能有反讽,它要求把话说清楚。反讽呢,是艺术的、幽默的符号,它不要求说清楚,而是要让你记住。用了反讽以后,它就能吸引你停下来想想到底什么意思。小店敢大胆用符号修辞,这是商家有个性的表现,是好事。

实用与科学的符号,不宜用反讽。电视台如果一边说明天天气很好,一边打出来的图像是下雨,你绝对会认为搞错了。现代诗学认为诗歌语言永远在反讽,哪怕最浅白的民歌,也不会有一说一。比如《茉莉花》现在是最出名的中国民歌,歌词很好:"看花的人儿要将我骂""又怕来年不发芽"。这些话的实际意义都不太高雅,但为什么能成为好句?因为民歌就是要拐弯抹角,有趣得让人不禁想一想。

当前的广告营销中,走有意低调路线的逐渐增多,因为夸饰路线不容易吸引人。一个凉粉摊主的广告,反话说得比较逗趣:"请你专心吃粉,不要发朋友圈,来的人太多,老板照顾不过来。""世界最差旅馆"在阿姆斯特丹,它的网站首页这样介绍说:"如果你在这里遇见各种各样怪事,对不起,我概不负责,我本来就是世界最差的旅馆。""世界最差旅馆"的设备的确简陋,但是它便宜,而且还能让到阿姆斯特丹旅行的人吹嘘一下:"我住过世界最差旅馆。"

有意低调陈述,比夸张有效得多:"劲酒虽好,可不要贪杯哦",这是反说,就是说酒太好,让人很容易就喝多了。减肥茶的广告说:"建议控制平均月减十斤以下",意思是这个茶减肥效果太好,你喝的时候要当心一点。

3. 悖论

反讽是"口是心非",而悖论(paradox)是"似是而非",二者都是是非异同的混淆,但形式不同。反讽是文本面上显示一个意义,让你猜隐藏的真正意义;悖论是文本上显示两个意义,让你猜哪个是对的。上一节举的例子都是反讽,字面上未出现另一义。

人们在文化活动中经常用悖论。在很多哲学家那里,悖论跟反讽是混用的,只是在符号形式上不同。徐凝《忆扬州》前两句"萧娘脸下难胜泪,桃叶眉头易得愁",这个是悖论,因为矛盾语意并列共现:"桃叶眉头"很漂亮,却是"易得愁"。但后两句是反讽,"天下三分明月夜,二分无赖是扬州"。无赖就是无奈;表面上说扬州抢走了天下三分之二的月光,让人觉得可恨,但实际意思是"扬州的月下美景天下无双"。

岑参《白雪歌》:"忽如一夜春风来,千树万树梨花开",就这个事而言,是一个反讽,因为虽然写的是下雪,但真正的语义不在字面上。如果我们把标题考虑进来的话,这就是个悖论:白雪如春风催开梨花。同样,一个人说"今天天气太好了",但其实正在下雨,这个时候就是反讽,表明他说的话言不由衷;如果我们把因为下雨而雨伞上有水珠滴沥看作全文本的一部分,那就是悖论。

毛不易的一首成名曲《像我这样的人》就充满了悖论。例如,"像我这样优秀的人,本该灿烂过一生",但是"怎么二十多年到头来,还在人海里浮沉";"像我这样聪明的人,早就告别了单纯",不料"怎么还是用了一段情,去换一身伤痕";优秀与蹉跎、聪明与伤痕,两组对比,看似前后冲突,但结合整首歌词来看则可知,这个人正是由于品性优秀,才大器晚成;正是由于心思聪明,才奋不顾身。所以,"像我这样不甘平凡的人,世界上有多少人",命乖运蹇,只能在这里自我解嘲。

德国电影《斯大林格勒战役》的结尾,两个在西伯利亚冰天雪地里冻得发抖的德军俘虏说:"冬天的唯一的好处是让你没有感觉。"快要把人冻死的冬天能有"好处"? 另一个说:"你会讨厌沙漠,在那里你会像牛油一样被烤化。"这是悖论。像这样的结尾,其力量远远超过说"侵略者没好下场"。这里,他们表面上似乎在说"还能混",实际上则是绝望到了极点。这一段把反讽("好处")与悖论("躲过太阳晒")结合,修辞效果极佳。

4. 大局面反讽

大局面反讽,不是语言或符号文本当中的反讽,而是大规模的、社会的甚至历史的结果与意愿相反。大规模反讽,包括戏剧反讽、情景反讽、历史反讽、世界性反讽,规模渐渐扩大。

戏剧反讽(dramatic irony)是最常见的,就是台上的人物对局面的了解跟观众不同:观众知道底细,演员蒙在鼓里,由此形成戏剧张力。最简单的场面是凶手持刀躲在帘后,女主人公刚进来一无所知,而观众知道惨剧即将发生,就在那儿替女主人公着急,女主人公却越发悠闲地梳妆打扮。为什么说这是一个大规模反讽呢?因为它超出单独的符号文本,而是情节延续中的构筑。它也不再是文本本身的表意特征,而是舞台(或屏幕)与解释者的互动关系。

戏剧反讽最典型的例子是《俄狄浦斯王》,这个有点复杂,我们会在本书姊妹篇《叙述学讲义》里细说。最明白的例子或者是《罗密欧与朱丽叶》:朱丽叶服药后暂时昏迷过去,罗密欧以为她死了,就自杀殉情了。朱丽叶醒过来一看,罗密欧死了,她就自杀了。但是观众知道朱丽叶服下的是回魂药,只有罗密欧不知道,所以罗密欧举刀自杀的时候,观众会叫起来(或是心里叫起来)"弄错了!"观众和人物之间有认知差距:我们在戏外是知道的,他在戏内是不知道的,演出(戏剧)和被演出(戏内)意义展开方式不同,形成戏剧反讽。

情景反讽(situational irony)就是"事与愿违",或者叫"命运的捉弄""好心办坏事"。我们日常生活中经常出现这样的情况:你去机场或车站接一个朋友,他以为你不会来了,就在咖啡馆里慢慢看报,最后两人失之交臂。放生也可能是情景反讽:放生的施主出于虔诚,花钱买乌龟之类放生到池子里。等池子里乌龟太多了,又被人抓出来,摆摊出售,结果被救的动物就这样因人们的善心而入锅。最典型的例子是欧·亨利的短篇小说《麦琪的礼物》,故事情节大家都知道。

历史反讽(historical irony)是情境反讽的延伸,是带着比较大的社会性影响。历史反讽,就比如推行什么政策,本自以为是好事,到最后却弄得很糟糕。它影响巨大,使得我们做什么事都必须考虑多种后果。几乎所有人想得出来的聪明点子,到最后都可能走向反面。有抗生素,后来就有了耐抗生素细菌;为了提高粮食产量,人们遇到了转基因;用塑料制品固然方便,但造成了海上塑料污染;人类总是自以为聪明,但常遭反讽。

人若是扮演神,总是要自食其果的,因为人不是神。存在主义创始人克尔凯郭尔说:"恰如哲学起始于疑问,一个真正的、名副其实的人的生活起始于反讽。"①"名副其实的人的生活"就是真正存在的生活,至少在后现代,反讽处于人类文化符号意义活动的支配地位。

5. 四体演进

四体演进(four master tropes)的原理并不是很复杂,但是应用可以非常宏观,此处只能简单地说一下。历史往往沿着主要的修辞格往前推进:隐喻—转喻—提喻—反讽。隐喻是异中之同,比如说"人生如戏";转喻是同中之异,"戏如人生";提喻是分中之合,"人皆演员";反讽是下了台依然恍然若失,"我是否是我?"

一个意义沿着四种主要的修辞格演化:隐喻以合为目的;提喻是部分融入整体;转喻是邻接而合作;反讽瓦解了这个意义,让意义从新的高度开始。这个循环可以用格雷马斯的符号方阵说明。为了课程不至于内容太多,本讲就先跳过方阵的讲解,感兴趣的朋友可以参看《叙述学讲义》第七讲关于情节进程的讨论。

很多哲学家与历史学家都发现历史是沿着修辞四体演进发展的。意大利文艺复兴时期的著名思想家维柯最早提出,历史开始是神性时代,比喻为主,以神造人;然后英雄时代是转喻;文艺复兴是人的时

---

① 索伦·奥碧·克尔凯郭尔:《论反讽概念——以苏格拉底为主线》,汤晨溪译,北京:中国社会科学出版社,2005年,第2页。

期,提喻为主;最后历史退化到颓废时期,反讽为主。从最高的理性,走向人的理性,到最后呢,是无理性、非理性。

甚至我们可以说宇宙都是如此演进的,至少星系可以看得见是如此:从万物合一,到宇宙爆炸;到恒星形成,星雾围绕;到星系形成,行星稳定;生物与智慧,只在中间偷空生成;到太阳坍缩,回归黑洞,收纳一切。这个过程当然太长,但是四体演进不论时间长短,只是顺序如此。

注意,这四体演进,有人认为是隐喻—提喻—转喻—反讽,也有人认为是隐喻—转喻—提喻—反讽。本讲上面说过转喻、提喻是比较容易混淆的,因为二者是按文本边界划分,而文本边界是滑动的,所以这两种顺序都可以。四体演进每个后出的都是对前一个的否定。

四体演进几乎是普遍的,用四体演进分析问题的人很多。希望你们学会,至少获得一个历时的修辞眼光。不过有时候似乎四体演进可以解释任何事物的发展,几乎变成了一个万能公式,所以用的时候要谨慎。

第八讲　符码、元语言、解释旋涡

第一节　符码与元语言

1. 符码

符码(code)，中文里经常被译成各种各样的"码"，如密码、代码、信码，例如 source code 是电脑科学中的"源代码"。就符号学而言，"符码"比较恰当。符码就是解释符号的规则，就是决定符号携带什么意义的规定。解释的规则可以以各种各样的方式出现，如潜伏者可能藏着一个密码本，普通人常使用词典，或者查知乎。但大部分情况下，符码已是人们头脑中的习惯，大家大致上都知道符号的意义，例如某男生送给某女生一束玫瑰，女生不至于要通过查百度才能知道玫瑰代表什么。

注意，理据性是符号与对象的关系方式，修辞是符号之间的关系，而符码与元语言是符号与解释的关系。三者分别处理同一关系的不同方面：根据像似理据性，玫瑰这个符号的意义像似爱情的热烈；根据修辞，玫瑰是爱情的美好之象征；根据文化元语言，玫瑰之献上是爱情的仪式。这个分别不是很绝对，有容易混淆的地方，但大致的分工如此。

有些符号的解释很明确，比如军礼，在部队里，上级碰到下级就等着你敬礼，这是必须做的。但某些符号，例如表情等，意义就不太明确。上一讲说过微笑的"表情包"意义不清,容易搞出误会。一般来说文学艺术编码不太明确,符码不确定,才成为开放文本。大部分实用的、科技的符码意义趋向于确定。

开放文本不确定,不能说是没有意义,是符号就有意义。意义必须用符码来翻译。如果符码关系松弛,会导致误解。举个例子,泰坦尼克号出事时用的求助电码 CQD,这不容易在上下文之中听明白。所以后来求助电码一致改用 SOS,即"哒哒哒-滴滴滴-哒哒哒",比较清楚。泰坦尼克号沉没,救援没及时赶到,重要的原因在此。当时,操作员催促领班赶快打 SOS,这个信号到第二天早上才被收到。SOS 本身没意义,但因为按键声很清楚,所以任何语言的使用者都能识别。本讲义第四讲说过索绪尔的区别性特征这个概念,区别清楚,符号意义就突出了。

用面部十二宫来给人相面的话太简单一点了,但是只有相面先生能掌握这套语言,能说得天花乱坠。只是不同的相面先生,可能说法不一。相术与人脸识别很不一样:人脸识别数据严格,能在无数人当中把你准确找出来,因为各种设备的检测结果一致,实用的/科技的符码必须要清晰准确。

颜色也是这样。冷色调一般显得压抑,暖色调一般显得热闹喜庆,但也不一定。红色也可能表示灾难将近,红色警告。很多符号学学友曾经想做颜色符号学研究,到最后都不成功,为什么?颜色符码过于模糊,每个颜色都有好多不同的解释,找不出规律。

2017 年 6 月,上海上港主帅博阿斯被红牌罚出场,理由是他做了个手势:拇指搓食指。这个手势,都知道是数钱,意思是裁判收了钱吹"黑哨"。裁判马上生气了。哪怕是中超,裁判也很威严的,于是把他红牌罚出场。但博阿斯说他是葡萄牙人,在葡萄牙这手势仅仅是表示愤怒。在这里,符码不清的话就会吃红牌。

所以实用和科技的符码是强编码(strong coding),解释是固定的。数学老师出题,他先编码出考卷,答案自己心里有数。学生只是做考卷,只是还原出老师头脑里的答案,这就是强编码符号过程。而我们这符号学课是文化分析,是弱编码,各位可以跟我争论,我本人也欢迎争论,因为既然不是强编码,我也只能承认有争论余地。

不足解码,是一种试探性的编码(under decoding),对艺术作品的理解本身就是一种艺术,因此是弱编码的,解读艺术经常是不足解码。什么叫作不足解码?就是没有足够的符码储备来给它解码,所以只能试探性地给一个解码。实际上就是用溯因试错法(abduction),从结果尝试寻找假定的原因,解释不通了,可以再来一次。

规模大到一个文化,也有强弱编码。一个北欧符号学家告诉我,北欧人还是比较守纪律的,他们在德国开车的时候,德国的高速公路没有速度限制,所以你随便开多快都不违法,但是大家都遵守规则,不开太快。据他说,到意大利开车,如果看到一个路标警告不准超过50公里,司机就要加速,因为路标实际上是说"不必减速";如果路标警告不准超过80公里,就可以随便开多快;这就是意大利作风。

他或许是拿意大利作风来开玩笑,就像丘吉尔说意大利人打仗像踢足球,踢足球像打仗。但意大利式的闲散,现在被公认为是吸引世人的生活方式。"艺术式的生活",可以给强编码的规定以弱编码的解释。成都号称"耍都""闲适之城",我看四川人很勤劳,也很守纪律,不知弱编码何在?我觉得这是吸引旅游者的一个策略性口号,大概是想做中国的意大利。只是说的时间久了,自己就真当有这么一回事了。

2. 元语言

元语言(metalanguage),meta-这前缀,中译"元",就是关于某个课题的高一层的研究,升一级的知识。例如元批评就是批评方法理论,元数学就是理论数学。

元语言是符码集合成的整体。我们经常必须分析一个符码群,一个符码组合,此种系列的符码就是符号的元语言,元语言就是符码的集合。那么为什么不叫它元符码?因为元语言这个课题讨论历史久长,积累了太多的成果,学界的叫法就是"元语言"。因此,元语言就是符码的符码,符码的集合规则。讨论符码的课题,就是元语言问题。

元语言本是关于语言的理论,只是符号学界用惯了这个词,泛指符号意义解读的规则,所以依然用这个词在符码集合的研究领域。"元符号"另有意义,下面会提到。

元语言使整个符号体系成为可翻译的。所谓可翻译就是可解释的,就是上一节讨论过的语内翻译、语际翻译、符际翻译。整本词典,加上整套语法,给我们一个全域的翻译可能,因此词典+语法,可以被视为元语言规则集合。

朱熹有句话说得比较好,他说,空的物事才有普遍性,"如他经,先因其事,方有其文。如《书》言尧舜禹成汤伊尹武王周公之事。因有许多事业,方说到那里;若无那事,亦不说到那里。《易》则是个空底物事……"①其他经书讲的是事物的某个范畴,《易经》这样的文化元语言,自身并不指向特定对象,而是对其他各种解释的规定。"未有其事",这就是元语言的一个最大的特点。

符号用来表达和解释意义,元语言不直接表达意义,而是研究符号意义如何得到解释。朱熹这句话很敏感。由于不在一件事上求解释,而在一类符号上求通则,《易经》包含的许多规律,才可以解释世间任何事。

辛弃疾的诗句:"欲说还休。欲说还休,却道天凉好个秋。"愁绪太复杂了,解释不出,解释不出怎么办?"却道天凉好个秋",因为愁上面有个秋字,所以反过来用字的组成来回答到底什么是愁。什么是愁?就是心上的秋,用字的写法来解释愁,是一种元语言式的反讽,不说愁,更说愁。

平时经常听到骂人的话,"你还知道羞耻两个字怎么个写法吗?"本意是要骂你不知羞耻,拐弯的说法就是说你不认识羞耻两个字。下

---

① 黎靖德编:《朱子语类》,北京:中华书局,1986年,第885页。

面我举几个拿老师耍开心的课堂笑话做例子,来说明如何拿元语言开玩笑。因为老师经常用元语言难倒学生,学生就反击了。老师说,"请举出两个代词"。被叫得愣神的学生回答:"谁?我?"老师只能说回答得好极了。老师问:"回答不出问题有什么反应?"学生脸红了,老师说对呀。又一位老师问:"哲学家说的最多的话是什么?"学生说:"我不知道。"老师气馁地说:"这就对了。"

这几个玩笑都是元语言跟对象的错位。老师问的是元语言层次的问题、规律问题,学生回答的不是元语言,而是在实际地使用对象语言,这是两个完全不同的层次。但是对象语言跟元语言混在一道的话,老师也不能说错,这就是你们学生愚弄老师的办法。

3. 元语言的层次

元语言的问题引出很多逻辑上的很麻烦但很有趣的问题。

首先是元语言的层次问题,这是罗素首先提出来的。维特根斯坦在剑桥读博士还没毕业,第一次世界大战爆发,他就去打仗了。战后他要出版一本书,即他的成名作《逻辑哲学论》。他当时的职业是个小学教师,出版社就说,你导师不是大哲学家罗素吗?你请罗素写个序我们就出版。所以罗素就给他写了个序言。罗素在序言中提出来一个非常基本的原则:"每种语言对自身的结构都不可言说,但是可以有一种语言处理前一种语言的结构,自身也有一种新的结构。"①这什么意思?就是说元语言处理对象语言的结构,但是无法处理自己的结构,元语言的结构要再上一层的元语言来解决。

一种语言不能解释自己的结构,因为它本身就在这个结构里。塔斯基是波兰最著名的语言学家,他说:"每一层元语言比下一层的对象语言本质上都更丰富。"②本质上更丰富,意思是解释能力更强,因为

---

① Bertrand Russell, "Introduction", in Ludwig Wittgenstein, *Tractatus Logico-Philosophicus*, London: Routledge&Kegan Paul, 1961, p. xxii.
② Alfred Tarski, "The Semantical Concept of Truth and the Foundations of Semantics", *Philosophy and Phenomenological Research*, 1944, p. 350.

居于更高一个层次。

按罗素与塔斯基的说法,元语言之间不会有冲突,因为每一层的规律是由上一层控制的。可以看到元语言问题非常复杂,尤其是层次问题,是会有很大争议的。上面说的课堂笑话,老师为什么被调皮的学生弄得无话可说?就是因为学生在有意搅乱层次,用对象语言来对付元语言。

元意识(meta-sensibility)就是跳出这个层次,从更高层次看问题,这是所谓现代性意识的一个重要部分。最近又有"元宇宙"概念出现,意思大致是数字世界超越实在世界。没有元意识的话你就完全不理解元宇宙,既处理不了我们面对的数字世界,也难以面对意义世界解释的多元性。

首先,层次控制问题是对世界的一种看法。《酉阳杂俎》提到佛教《譬喻经》中的一个故事:"昔梵志作术,吐出一壶,中有女,与屏处作家室。梵志少息,女复作术,吐出一壶,中有男子,复与共卧。梵志觉,次第互吞之,拄杖而去。"①这是个挺幽默的印度故事。《譬喻经》出来了以后,对唐代传奇的奇谈怪语有所刺激。鲁迅在《中国小说史略》中认为,层次观念来自《观佛三昧海经》。

可以看到,华严宗名篇《金狮子章》中已经有此说:法藏大师应武则天召,为说佛法,法藏举殿前金狮子:"狮子眼、耳、支节,一一毛处,各有金狮子。一一毛处狮子,同时顿入一毛中。一一毛中,皆有无边狮子,又复一一毛,带此无边狮子,还入一毛中。如此重重无尽,犹天帝网珠,名因陀罗网境界门。"②他的意思是狮子的一根毛里有好多狮子,每一个狮子里面又有好多毛发,毛发里面又有好多狮子,所以一个狮子是由无尽的狮子组成的。这个说法把认为世界实在的人吓了一跳。武则天信佛,或许跟这个吓一跳有关系。法藏说的因陀罗网

---

① 段成式著,许逸民校笺:《酉阳杂俎校笺》,北京:中华书局,2015年,第1673页。
② 石峻、楼宇烈、方立天、许抗生、乐寿明编:《中国佛教思想资料选编》(隋唐五代卷),北京:中华书局,2014年,第202页。

(Indra's Net),据说是现在互联网概念的先驱。

对同一个问题,你我有不同的看法,如果连接时都不能接受,那就是你的元语言跟我的元语言不同。如果对同一个问题,我经过深思,前后有不同的看法,那肯定是我的元语言变了。元语言就是解释的指南,我说我的意义解释变化了,如果没有什么元语言的变化在支撑,那就是不可能的,因为我的解释总有某种元语言在指导。除非我的解释没有经过深思熟虑,解释变化的原因可能就只是对事实多了解了一些。

所以元语言控制范围有一个悖论,这个悖论来自著名的数学家哥德尔,可以非常简略地总结如下:一个意义系统是自洽的,那它就是不完备的;一个意义系统是完备的,那它就不会是自洽的。也就是说,一个被同一符码控制的系统,不可能处处完美,一旦处处完美,则必定有漏洞,使它不能完全自恰。

这概念最早来自希腊哲学中的"克里特人故事"。都说克里特人全是撒谎的人,这当然是地域偏见。假如有个克里特人说:"克里特人说的话都是谎言。"这话如果是假的话,那克里特人并不全都撒谎;如果是真的话,这个克里特人说的也就并非撒谎;所以这句话既不可能假也不可能真。

甚至可以变通一下,把这个悖论表达得更简单一些:"我撒谎",这句话不能成立,为什么?因为如果我是一直撒谎的话,我这句话就没在撒谎;我这句话如果不是撒谎的话,我就是没有一直在撒谎。也就是说,这句话如果是撒谎的话,那么我这句话本身也不成立了。

《堂吉诃德》里的矮胖仆人桑丘,在某地当了官,他制定了一条法律,规定来此地的游客,必须回答为什么来这里,答对了可以继续留在这里,不然的话就绞刑处死。有一个游客承认说,我来就是要来接受绞刑的。这话就不好处理了:如果他是对的,就应该绞死他;如果绞死这名游客,就说明他说对了,就不该绞死他。所以这时候桑丘说:哎呀我不干了,这个官太难做了,发的命令都没发遵守。塞万提斯的确很聪明,我们下面会说到几个塞万提斯的悖论。

罗素就把这个问题说得更清楚,他称作"理发师悖论":某个城市的理发师说,他给城里所有不给自己刮胡子的人刮胡子。他的元语言规则很完美地覆盖了所有对象,但是元语言一旦完美就会有麻烦:如果这位理发师不给自己刮胡子,他就得给自己刮胡子;如果他给自己刮胡子,他就不能给自己刮胡子。那么这位理发师怎么办呢?罗素的回答是,理发师是规则制定者,不属于这个规则的范围。这是哥德尔关于"完美系统不能自洽"定律的实例。

儿童电影《虫虫危机》(*A Bug's Life*)里,蝗虫霸王说:"我不想听到你开口,清楚没有?"小虫兄弟就不说话了,霸王更生气:"你听清楚没有?"小虫兄弟说:"你不准我开口叫我怎么回答你?我回答你是违反你的指令,我不回答又让你不高兴。"

电影《恋恋书中人》(*Ruby Sparks*)中,主人公是个书呆子宅男,他没有女朋友,就写了一本书,把他想象中的恋人写出来。他写什么,恋人就必须是怎么样,因为她是他的创造物。所以他写了"露比法语说得很流利"。电影中的情节是,露比抗议说:"我不是你的创造物",但是她必须用法文说:Je ne parle par Francais,"我不会说法语",这句话必须用法语说,因为她被上一层元语言控制了。元语言能够解决下一层次的矛盾,却不能解决自身的矛盾。

在叙述学当中,这个悖论变得非常实际:叙述者可以讲任何故事,但是无法讲他是如何叙述的。要讲这故事是如何讲出来的,必须要另外一个人,委托一个叙述者来讲。叙述文本的形成点,不可能包裹于叙述内容之中。这听起来有点玄,感兴趣的话可以参看《叙述学讲义》第十讲"叙述分层与跨层"。

文本这个集合不可能包括文本之成形,因为文本成形不是任何文本自身能触及之处。就像一个再伟大的天才,也不可能记得他的婴儿意识起始点及之前的事情:不可能记得某个护士把他倒拎起来,对他的屁股的第一拍击,让他得到第一口呼吸。不管他以后有多大能耐,他的记忆必须在这一拍击之后才能开始。

4. 元语言冲突

只要有元语言,任何符号都可以解释出意义来。托多罗夫这句话很对:"自创词语者的新词或者是语言的,或者是反语言的,但永远也不会是非语言的。"①它是语言,因此有意义;它是反语言,因为意义很难解释;但是不可能是非语言,非语言的话就是绝对无解。而根据第一讲中说到的"符号三悖论"之三,任何解释都是一个解释。既然作为符号出现,就是有意义的,它就必须有意义。

前面第四讲提到,乔姆斯基为考验语义学而造的怪句"无色的绿色思想狂暴地沉睡",字面意义绝对不通,放在诗歌里面就通了。《四溟诗话》当中说:"诗有可解、不可解、不必解,若水月镜花,勿泥其迹可也。"②何文焕在《历代诗话索考》一文中评注说,"解诗不可泥",这是对的,但是"断无不可解之理"。③ 这句话更是真知灼见。我有一本诗论书,就用了这句话做标题,因为的确在诗歌里,不会有不可解的语句。

卡勒说:"只要有一个合适的语境,我们总是可以把无意义变成有意义。"④这话是对的,只要有足够的元语言压力,任何东西都可以有一个解释。徐冰的全"错字"《天书》,有趣之处就在于它貌似不可解,又貌似可解。徐冰自己解释说,当创作者认真地假戏真做到了一定程度时,当那书做得很漂亮就像圣书那样,这么郑重其事的书怎么可能读不出内容?观者一进展厅,以为这些字都是错的,但当他发现到处都是错字的时候,他只对自己有所怀疑。《天书》是不可解的可解,可解的不可解,这悖论的源头是艺术的超越性,本讲义第十讲会细说。

这是同层次元语言冲突的典型例子。语言学家与符号学家都认为不同的元语言分布在不同的层次上,互相之间是不会冲突的。上一

---

① 茨维坦·托多罗夫:《象征理论》,王国卿译,北京:商务印书馆,2004 年,第 365 页。
② 谢榛:《谢榛全集》,济南:齐鲁书社,2000 年,第 703 页。
③ 何文焕编:《历代诗话》,北京:中华书局,2004 年,第 823 页。
④ Jonathan Culler, *Literary Theory: A Very Short Introduction*, Oxford: New York Oxford University Press, 1997, p. 67.

小节已经引罗素与塔斯基的话说明:元语言说明语言,元元语言说明元语言,异层次元语言分布,元语言内部就不可能有冲突。

但是如果不同元语言同层次分布,它就可能互相冲突,因为两套不同元语言可能同时起作用。同层次元语言可以有不同的来源:

- 第一种社会文化的语境元语言;
- 第二种解释主体的能力元语言;
- 第三种符号文本自携的元语言。

语境元语言是社会培养所得,我们的解释往往必须尊重社会规范,尊重文化习惯习俗。

解释主体的能力元语言,可以是先天成长所得,例如孟子说的"恻隐之心人皆有之",康德说的人的先验范畴,弗洛伊德说的潜意识,拉康强调的幼儿成长经验。元语言也可以是后天学习与经验所得,例如一个世纪前的中国观众看见火车从电影屏幕上开过来会吓得奔跑,现在的我们则不会。

符号文本自携元语言,在第五讲讨论"文本六因素主导"时已经谈过了,雅克布森提出文本里面有不少常见成分,是在说明应当怎么解释文本自身,这是雅克布森的一个重要创见。

我们平时用的元语言,经常是三者的选择或混合。只要不发生冲突,这三者不会提供不一样的解释,它们并列、单独或协同起作用。一旦发生冲突,则一个层次的元语言只能服从上一层次,但是如果同一层次的元语言解释方式(提供的符码)互相冲突,就会出现下一节所说的复杂情况。

第二节　解释旋涡

1. 形义冲突

解释旋涡(vortex of interpretations)是我提出来的概念,是要说明一个很常见的情况,就是解释中用了两套同样有效的元语言,此时产生相反的,但是都对的意义,解释就陷入旋涡状态。两个不同解释都对,但是一个无法取代或取消另一个。

要发生冲突,两个或多个元语言必须处在同一层次,互相之间没有高低层次的控制关系。本讲上面说到过的同一层次的文本元语言,经常会发生冲突。比如在十字路口,红灯和绿灯同时亮了,就让行人车辆不知道该怎么走了。这种事报纸登过,我自己也遇到过。那时候应当过去,还是不过去？这就是个简单的解释旋涡,一个意义无法取消另一个意义。

假定我是你的老板,我说,"你放心,我这个人不容易生气",你觉得我是生你气了,还是没生你气？你如果了解我,知道我这个人不宽容,那你就会倾向于第一个解释。如果知道我一贯宽以待人,就倾向于另一个解释。如果对我不太了解的话,就只能凭表情、语气,或此事发生的具体语境判断。总之,威胁与安慰两者不可并存。如果无法达成一个解释,那今夜你可能就睡不着了。你会陷入解释旋涡无法自拔。

荷兰版画家艾歇的许多作品,都是在解释旋涡上做文章,他的作品大家都熟悉,我就不举例了。比利时超现实主义画家雷内·马格立特的名画《无签名》,画面有三层次:背后的树丛、几棵树、一个骑马的女士。问题是何者是前景,何者是背景？画上三者都有部分是前景,互相遮蔽三者部分的后景,三层景色互相切碎,使得前景遮蔽后景,最起码的视觉元语言因此遭到破坏。

在图像设计中极其重要的"斯特鲁普效应"(Stroop Effect)是经常遇到的解释旋涡,就是形态与语义的冲突:字的形状用符形元语言解读,字的意义用符义元语言解读。一般来说解释形状的元语言优先,解释意义的元语言需要经过思想的过滤、符码的选择。例如很多中国人穿的T恤衫上,印着英文单词,意思很荒谬或者很不合适。有的T恤上印着一行字"Think Less Stupid More"(大概这四个单词放在一起是想表达"难得糊涂"?),穿的人只是取其符形"洋气",也不管它是什么意思,这时候,符义不起作用。话说回来,中文字被西方人纹在身上的,不通的也很多。

还有这条物业公司的广告:"我们为你十分努力,你给我们5分赞誉。"为什么这个"十"字写的是中文,这个"5"分写着阿拉伯数字?"十分努力"是个中文常用词语,这里不能把"十"改成"10",但是给物业公司打分的话,打"5"分,表示的是对物业公司的最高评价。这里就是形和义都起作用。林语堂曾说:"欣赏中国书法,是全然不顾其字面含义的,人们仅仅欣赏它的线条和构造"①,意思是说书法只表示符形,无关符义。显然并非如此,书法的文字语义,还是要配合具体的场合,需要得体甚至是精彩表达的。

书法固然是一种字形艺术,但与字义不可能完全无关,二者都会进入我们的感知。书法家曾翔写的《东汉刑徒砖文》,模仿砖刻,因为是判决文书,刻在砖里有刑法的威慑感;曾翔抄的禅宗佛教的语录集《五灯会元》,狂禅墨趣,故意写得像禅宗和尚那样不拘一格。

"汉仪尚巍体"是现在最时髦的书体,甚至最严肃的场合,例如大运会的广告都用这个字体。这种时尚书体是几年前一个叫尚巍的年轻人发明的,他用一个月时间写了几万个字做样子,然后这个书体他就有专利权了,现在成了当代汉字的本色字体。我觉得特别难看,对不起我对当代青年没有不敬之心啊,只是这里的形义对抗,我请大家裁决,可惜至今书法界没人讨论这个天天看到的问题。

2. 生活中解释旋涡之普遍

对于不同的事情,不同人出现不同意见,是很正常的,同一人前后有两种不同意见,也很正常,因为用的元语言不同。注意,只有当同一个主体,对同一个符号文本,在同一次解释中,出现两个针锋相对的、无法调和的思考意见,这才形成解释旋涡。这条件似乎苛刻,但实际上生活中经常碰到两难之境,在思考如何取舍时,就可能落入解释旋涡。

---

① 林语堂:《中国人》(全译本),上海:学林出版社,1994年,第286页。

第八讲 符码、元语言、解释旋涡

最容易懂的例子，是一首大家耳熟能详的唐诗，白居易的《卖炭翁》："可怜身上衣正单，心忧炭贱愿天寒。"卖炭翁到底是希望天冷，还是希望天暖和？他在两个解释中无法舍弃其中的任何一个。

电视剧《咱们结婚吧》中，母亲非常着急，想让女儿找一个高富帅，现在女儿的追求者穷，不够帅，但人不错，心很善——丈母娘对未来女婿的评判似乎永远落在解释旋涡中，既肯定又否定。这样的情况太普遍了吧？你们中间有谁从来不会陷入解释旋涡的？还有一个日常生活中的例子，如母亲对孩子说："快点快点要迟到了"，孩子马上飞奔而来，母亲却又说，"慢点慢点别摔倒了"。孩子就搞不清到底是该快点还是慢点。

莫言曾说他小时候很会讲故事给母亲听，虽然故事本身使母亲得到愉悦，但母亲却经常忧心忡忡："你长大后会成为一个什么人？难道要靠耍贫嘴吃饭吗？"所以母亲对儿子前途的期待是一个解释旋涡。我们班上的女博士，今后会成为职业女性，可能在生育问题上就会很犹豫，因为生育明显会耽误前途。大家虽然对此都很同情，但无人能提供答案。这个解释旋涡预支给你们了。

忒修斯之船，是希腊传说中的著名大船。普鲁塔克曾提出一个问题：如果忒修斯之船上的木头被逐渐替换，直到所有的木头都不是原来的木头，那船还是原来的船吗？霍布斯更进一步问道：如果有人用忒修斯之船上取下来的老部件重建一艘船，那么两艘船哪一艘才是真正的忒修斯之船？实际上这个问题是所有的机构、公司、足球俱乐部、大学都可能有的问题，这就是两套元语言。大学是大楼之谓也，还是大学是大师之谓也？这是两套不同的元语言，梅贻琦在 1931 年提出这个问题时，就是给了答案的，但是现在的大学花功夫做的多是大楼。

再例如一则著名的禅宗公案：丹霞禅师"于慧林寺，遇天大寒，取木佛烧火向，院主诃曰：'何得烧我木佛？'师以杖子拨灰曰：'吾烧取舍利。'主曰："木佛何有舍利？"师曰：'既无舍利，更取两尊烧。'主自后眉须堕落。"①佛像名义上是代表佛的遗骨舍利子的。这和尚也挺坏的,他说,既然你承认佛像与舍利子无关,那么再烧两尊也没关系。这就是一个"常识否认":再现符号文本不是对象,对象并不在场。这个"常识否认",跟下文中的"这不是烟斗"是同一个道理。寺院住持始终想不通这个解释旋涡问题,"自后眉须堕落",弄不清佛法真谛,竟然有此惩罚。

雷内·马格立特的另一幅名画《这不是烟斗》(*Ceci n'est pas une pipe*),画面很简单,标题更简单,却吸引许多学者纷纷参与讨论。一般来说,这样的画标题应当叫《烟斗》。马格立特说这不是烟斗,当然是对的,因为这只是图像。现在标题叫作《这不是烟斗》,否定的是什么?如果否定的是形式,那不对,这个形式是烟斗,只不过是用画再现;如果它否定的是内容,那更不对,此画再现的对象当然是烟斗。它是再现形式的解释(画非实物)与再现对象(画的是实物)两种元语言绞在一起,互相挑战,这就成了挑战解释的解释旋涡:没有一个解释能立足。

3. 演示与被演示

我们看电影电视剧的时候,同时在填补两个本书第二讲讨论过的认知差:这个演员是谁?这个人物是谁?屏幕上到底是武则天还是某演员?两个都是。解释旋涡,理论上好像是一个非常复杂的问题,实际上是我们随时随地都会碰到的。

看所有的戏剧或电影都会出现解释旋涡:到底为什么孝庄皇后长得像斯琴高娃?我们同时见到演员与角色这两个人物,为什么我们头不晕?说起来似乎烧脑,实际上解释旋涡并不对戏剧的解释起干扰破坏作用,因为解释表现与被表现含混,正是所有表演性艺术的魅力所在。

所有的符号再现,都有再现与被再现的含混,只是在戏剧表演中

---

① 普济:《五灯会元》卷五,北京:中华书局,1984年,第262页。

更戏剧化。只看到孝庄皇后的话,那你就只看到历史;只看到斯琴高娃的话,那你就只看到幕后八卦。据说女性看到的斯琴高娃多,男性看到的孝庄皇后多。我觉得这当中有点儿性别差异,不过关键问题是,识别需要一个能力元语言,而这个能力元语言是从文化修养得来的。你对演员的了解比较多,你就会更多地看到斯琴高娃;我根本就不认识斯琴高娃,比如我刚从国外回来的时候,曾因为不认识斯琴高娃而被人嘲笑过,那个时候我看到的只是孝庄皇后这个被再现的历史人物。

被演世界与演剧世界规则是不一样的。《红楼梦》里贾府过年,请戏班子过来唱戏,演出过程中,舞台上的人物说:"我不干了,荣国府中老祖宗家宴,我骑了这马去讨些果子吃。"这就是故意跳出被演出世界来逗观众喜欢。在伦敦奥运会的开幕式上,丹尼尔·克雷格,演007的著名演员,保护女王出席奥运会开幕式,那么女王是人物还是角色?在这短片里,女王演的是她自己,丹尼尔·克雷格演的是007,短片把演出身份与被演出身份故意混了起来。

喜剧片《十二罗汉》(*Ocean's Twelve*)中,茱莉亚·罗伯茨出演大盗头目的妻子苔丝,正好茱莉亚·罗伯茨当时怀着孕,导演就让她演大盗怀孕的妻子。片中有一段情节是,大盗们要偷大英博物馆里最宝贵的那颗钻石。讨论计划时伙伴们对大盗说:"你妻子苔丝长得太像茱莉亚·罗伯茨,而且粉丝们都知道罗伯茨怀孕了。我们就让她到博物馆门前现身,引起群众轰动,我们就趁机动手。"这是个俗套的"神偷"情节,问题是当茱莉亚·罗伯茨出现在博物馆门前的时候,她是罗伯茨还是苔丝?是剧中人物苔丝扮演的罗伯茨,还是罗伯茨本人?在这里,元语言冲突造成混乱。

片中更让人意外的情节是,著名演员布鲁斯·威利斯忽然出现在博物馆门前,他是现实中演员罗伯茨的朋友,在这里见到老朋友了,跑来跟她拥抱说话。这就更引起观众轰动了,因为"双名人同框"。布鲁斯·威利斯客串演的是他自己。他是真人,罗伯茨是不是呢?再现与被再现世界在这里叠合。这也是元语言冲突。

中国电影也会使用这种银幕内外互相映射的手法,例如《建党伟业》请冯巩扮演民国大军阀冯国璋。都知道冯巩是冯国璋的玄孙,这种角色安排,据说让观众大叹"太像了"。其实大家都不太清楚冯国璋的长相仪态,只是觉得这必然像。演与被演的解释旋涡,这里起了反向的肯定作用。

4. 元元语言与评价旋涡

能解释元语言的是元元语言,元元语言实际上是解释性元语言的评价语言。评价要比解释高一个层次。文化元语言的元元语言,是对文化元语言的评价,接近意识形态。解释是尽可能客观,评价元语言则更宜客观,元元语言如果出现矛盾,就是在更高层次上出现了评价冲突。元元语言的不一致,也可以用合一、协同、反讽等方式解决,如果无法解决冲突,则会形成评价旋涡。

汉代在确立儒家思想为占主导地位的伦理思想时,就发生了关于汤武革命的争议。辕固生与黄生在汉景帝面前争论"汤武非受命",讨论的是,汤武推翻前朝,是合法的还是不合法的?汉景帝比较聪明,他评断说:"食肉毋食马肝,未为不知味也;言学者毋言汤武受命,不为愚。"①他的意思是,据说马肝非常好吃,但是不能吃,因为可能有毒,同理,儒家学者最好不要谈汤武革命的事情。关于李世民的玄武门之变永远说不清楚,因为这是个评价旋涡。按照儒家的伦理观念,弑父杀兄,这是不允许的,比汤武革命的以下犯上更进一步,这会形成一个足以解构儒家意识形态的评价旋涡。

哈姆雷特的犹豫也是出于评价旋涡。按中世纪的元语言,对杀父之仇,子女是必须报的,按照文艺复兴时代的人文主义精神理念,则要看到人性的复杂,所以哈姆雷特就遇到了两难之境。另一例子来自南非摄影记者卡特,他拍下了秃鹰虎视眈眈地看着非洲幼童饿倒的照

---

① 班固:《汉书》卷八八,北京:中华书局,1962年,第3612页。

片,因此获得了普利策奖。但照片的拍摄引起了很大争议,有的人说他见死不救,这种时候不应当拍照片,而是应该救孩子。新闻记者经常碰到这种情况,他们的职责是抢新闻;而从伦理角度看,也可以说他为了抢新闻而忽视生命,作为记者,做人太冷酷了。这是一个苦恼的评价旋涡,最后摄影记者卡特无法摆脱这个评价旋涡,在自家车库用一氧化碳自杀了。

如果评价旋涡不是发生于同一个主体,例如凡是敌人反对的我们就要拥护,凡是敌人拥护的我们就要反对,这就是把对象分开了,适用于两个不同的评价体系,就不会出现评价旋涡。比如,关于美国南北战争的起因的争论就不会陷入评价旋涡,因为南方北方泾渭分明是两个不同的主体,对同一个问题有不同的解释或评价,是正常的。只有在同一个主体对同一个元语言的应用时,出现了两个不同的评价,这个时候才会出现评价旋涡。

第九讲 标出性

第一节 语言学与文化符号学中的标出性

1. 标出性的定义

标出性(markedness)是一个很有用的文化意义规律,是符号学中的重要问题。但它一直被认为是个语言学课题。我在符号学中转用这个理论,在文化研究中找到一套完全不同于语言学的标出性规律,想听听各位的批评。

标出性问题,至今在中国语言学界译为"标记性"。无论是中文"标记"还是英文marking,生活中都过于常用,容易弄混。因此乔姆斯基特地建议生造一个特殊术语,用一个被动词加上一个性质尾缀,叫做markedness,词典上是查不到的,因为这个词是语言学/符号学专用的。① 为什么叫作markedness呢?因为这里有个被动概念,应当译为"被标记性",幸好中文"标出"有被动意味,用"标出性"一词,或许比较达意。

本书讨论的是一个符号学课题,与语言学重合的地方已经很少,只是双方的讨论有同一个源头。20世纪30年代,布拉格学派的特

---

① Noam Chonsky and Morris Halle, *The Sound Pattern of English*, New York: Harper & Row. 1968.

鲁别茨柯依,在给雅克布森的一封信中提出这个概念。① 他发现了一个日常生活中经常碰到的情况,就是语言中的清辅音跟浊辅音,虽然成对出现,但是浊辅音都比较少用一点。他提出,这里必定有一个理由,使浊辅音少用。他认为在这个对比中,浊辅音是被标出的。

因此,标出性就是两个对立项中比较不常用的一项具有的特别品质。这个定义有点长是吧?A 和 B 是相对的,但如果 A 较常用,B 肯定有个特殊的性质,它比较少用必然有一个比较少用的道理,这个比较少用的理由就是标出性。

特鲁别茨柯依是最早发现浊辅音比起清辅音来较不常用这个现象的人,我自己用谷歌做了一个调查,发现世界上所有语言,基本上都是如此,连偶然用拼音的中文也是如此:k 比 g 常用;t 比 d 常用;s 比 z 常用。中文不仅有清辅音比浊辅音常用这一特征,而且它们使用差别的比例,也大致恒定。这个对比统计,让我自己也吃了一惊。

特鲁别茨柯依认为这浊辅音标出,原因是浊辅音的发音比较困难,多了一个声带振动。既然标出性是两项对立当中比较少用的一项所具有的特殊品质,在清浊辅音对比上,声带振动就是标出性的来源。浊辅音是标出项,清辅音是非标出项,非标出项在使用频率上占优。当然中文拼音中的浊辅音字母,代表的不是真正的浊辅音,而是有声门阻塞而不送气,但依然符合上面说的标出原则,即"多一个元素"。

语言中有大量对立项,而且每种对立都被学者找到了标出性所在。例如被动态比主动态用得少;派生词中,较长的那个词用得少;结构复杂的词肯定用得少。语言学基本上是从形态复杂程度来寻找标出性。据说这符合著名的统计学家公理"齐普夫(Zipf)原则",即"少用力即会多用"原则。这原则可以解释许多语言现象,但是有些就不能,比如汉语两个字经常是一样长,难以度量"用力"。

---

① Nikolaus S. Trubetzkoy, Roman Jakobson, H. Baran, O. Ronen, Martha Taylor: *N. S. Trubetzkoy's Letters and Notes*, De Gruyter Mouton, 1985, p. xii.

针对此中的复杂原因，语言学家吉冯提出了三个原则：在认知的复杂程度上，标出项更明显；在分布频率上，标出项指数最少；在结构复杂性上，标出项结构较长。① 这三点究竟何者为主呢？不确定，因此在语言学中，标出性实际上无规律可循。

实际上所有的二元对立，何者是标出的，何者是非标出的，无法用书写或发音形态来处理。至今语言学研究了快 100 年了，没有得出一个统一的标出性理论。我们想从符号学角度思考一下，由此出现了"文化标出性"这个课题。比如在虚构文体和纪事文体当中，何者是标出的？肯定虚构是标出的，因为追求真是符号意义活动最大的必要。

意义世界的二项对立太多，从根本上说，标出性是个文化现象，不是一个语言现象，哪怕它是用语言表现出来的。比如 man/woman 哪个是标出项？woman 是标出项，为什么呢？它长了一点，多了一个音节。因此 man 用得多，woman 用得少。比如人类叫作 mankind，现在女权主义者提出用 womankind，因为 mankind 不能涵盖女性。但是 womankind，也无法包括男性，那么"人类"应当用什么词？而且，一门语言中，如果男女二词的长度无区别，就无法用形态解释，比如法语中，男人 homme，女人 femme，二者都是两个音节。汉语中男/女长度相同，"男"笔画多，又如何说？

我思索了几年，认为唯一可行的标出项确定方式，是"中项偏边"，即看"非此非彼，亦此亦彼"的意义群是如何处理的。这个班上有男有女，第三人称合称只能用"他们"。为什么合称要用男的？再或者说"有同学来了"，我还没看清楚的时候，我说"他是谁"，不用"她"，为什么？也就是说兼男兼女、非男非女的时候，我们用男性称谓。分析语言词汇形态，怎么也解释不了，为什么任何语言都如此。

2. 从语言二项对立，到文化三项关系

如果标出项的检查法是寻找"非此非彼，亦此亦彼"如何处理，就

---

① Talmy Givón, "Isomorphism in the Grammatical Code: Cognitive and Biological Considerations," *Studies in Language*, 15(1), pp. 85–114.

出现了超出二项对立的三项关系,即"此/非此非彼/彼"三元间的关系,看中间项如何站位。这是我研究这个问题的结论:非此非彼,形成了中项。中项符号的意义特点,是它无法自我界定,它依凭一个方面取得意义,两者合起来组成文化三元中的"非标出集团";它背离的那个方面呢,就是标出项。用下图画出来,非常清楚:

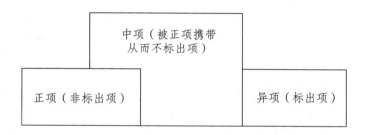

这是一个三元基本式,非标出项是正项。中间的中项依靠正项来定位自己的意义,中项对异项是排斥的。正项与中项是提喻关系(部分与整体),中项对异项是个转喻关系(邻接),合起来组成了一个三联意义全域。

三联之中,决定标出关系的关键,就是"中项偏边",就是"非此非彼又此又彼"的符号活动,意义定位靠哪一边,决定了非标出集团,把标出项推开。应当说,"中项偏边"在文化符号活动中普遍可行,在语言学上不太容易说明问题。语言学中清辅音跟浊辅音明确分开,没有"既清又浊"的辅音,语言学中项因此消失了。man/woman 关系之间,一定有一个标出项。一般来说标出谁呢?在当今社会是标出女性。那是用词长短问题吗?不是,是文化问题。那文化意义的压力表现在哪呢?表现在中项意义定位上,即"非男非女,既男又女"的站位,此时以男代女。女性成为标出项,就是异项。

可以说,所有的文化二元都是三元:我方/对方、正确/错误、健康/病态、主流/边缘、开化/化外、左倾/右倾、激进/保守等等。所有的文化的二元实际上都处于三元的动力之中,都有个中项,这个中项不认同的就是异项,中项认同的就是正项。中项和正项组成非标出集团。关键的问题是这三项覆盖的全域范围要搞清楚。

举个例子,错币,印错的人民币。错币100块钱,你可以卖到1000元或者2000元。问题是一旦错币可卖高价,就有人有意去做错币。印假钞,那是犯罪的,印假错币,那好像不犯法。在纸钞这个范围当中,有错币和非错币之分。但是如果特地印制假钞的话,超出了纸钞的全域范围之外了,就不再是钱币的标出项。真的错币才是错币,假的错币非错币,那是破坏人民币。结论就是,只有在一个意义全域当中,才有正常与非正常之分。

例如《红楼梦》里,贾宝玉主张爱情第一,他不服从社会要求,不想考科举。但是后来他妥协了,知道自己如果不考科举,既不容于国,也不容于家,他只好两边应付,以致丢了自我,最后出家为僧,四大皆空,到了全域之外,超出世间评判。

3. 标出性与性别

男尊女卑,女性打扮自己从而标出,这是永恒的吗?绝对不是,任何文化问题,它的解释都不是永远不变的。首先,在哺乳动物界,我们看雌性的都是不太花哨的正常项,雄性才弄出各种花样吸引雌性。雄鹿长这个大角,不是因为达尔文的适者生存原则才长出来的,而是为了吸引雌性。大角鹿在森林里奔跑时它的角经常被挂住,因此容易被猛兽吃掉,这违反了"用进废退,适者生存"的进化原则,它是雄性的标出演化,用来与别的雄鹿竞争,因为生殖繁衍是一个动物种族最重视的东西,物种内生殖机会的竞争,可能比物种间的竞争更为重要。

与雄鹿例子类似,雄性的人有胡子。毛发是装饰物,是标出物。所以早期的人类,男性是标出项。从猿到人的进化过程,很难解释胡子之类男性标出项的出现。在前文明时代,在人尚未完全脱离动物界时,男人依然是标出的,那时候人刚从动物界分离出来,雄性依然要标出以参与生殖竞争,标出特点包括毛发。标出的是异相,是非正常项。

到了人类文明高度成熟的时代,动物界的雄性标出,变成了人类文化界的女性标出。文明人之所以为文明人，女性代替男性成为标出项是个重大特点。现代大多数民族，都是女的头发长，女性往自己身上加的东西也多起来：化妆、发式、首饰、衣饰等等。

女性标出，在有些文明中，的确做得非常过头。缅甸克扬族女人，要在脖子上每年加一个铜套。越套越多，脖子越来越长，越被认为是大美人。在埃塞俄比亚某些部落中，女人会被摘除下颚，在下颚位置上装一个盘，以此为美。美和不美各有标准，每个文明标准不一样。如果说这样的女性美有点畸形，那中国的小脚崇拜，恐怕也不遑多让。裹小脚的历史在中国能够维持近千年，从宋代开始到民国时期能够延续近千年，总被认为美是吧？小脚实际上是富贵人家小姐的事，穷苦人家女孩是不裹小脚的，因为家里已经放弃在社会地位上向上攀爬的努力。女人裹小脚，男人考科举，是同一个意识形态下的男强女美元语言。不考科举不能出人头地，不裹小脚嫁不得好人家，都是想要社会地位上升的努力。

到现在我们也没有弄清《红楼梦》里的贵妇名媛，是大脚还是小脚？贾宝玉必须梳辫子，他穿衣服要靠丫头，曹雪芹对他梳辫子一事却落笔不多，难道曹雪芹提前两百年嗅到了标出项将变化？希望有研究《红楼梦》的同学帮助弄清这个重大问题。

人类文明的一大特色就是女性标出，男性开始以本色示人，成为非标出正项。女性开始多化妆，男性开始不化妆或少化妆，这是人彻底脱离动物界，成为文明人的最明显的路标。为什么男性变成主项呢？我个人认为所谓文明，实际上是武明。各个部族之间，哪个能够存活，哪个能够繁荣，靠的是打斗。经过部族之间的不断打斗，有的部族发达了，兼并了其他部族，然后有规模的民族国家开始出现。这个阶段，战争代替生产成为部族存活的最主要动力，而男性在打斗方面比女性在行。

一旦女性标出，凡是"女用的"就会被特别标明，如闺房、闺阁、闺密之类。1902年中国产生了第一首现代歌，叫作《体操歌》，后来又出现了《女子体操歌》。《体操歌》不需要说性别,《女子体操歌》就要说明性别。到现代社会呢,不在装扮上下功夫的女人被认为"不像女人",刻意打扮的男人呢,是边缘人,处在亚文化当中,自愿变成标出项了。

在人的这个全域当中,女性是标出项。司马迁在两千年前,已经说得惊人地明白:"男为知己者用,女为悦己者容",无论是权力关系,还是性关系,都是尊崇主项意义方式,讨有主导权的一方的喜欢。据说女人爱美是天性,男人不爱美吗?女人爱美并不是天性,是文化演变的产物。女性自觉自愿的打扮,是文明社会最明确的标准。

关于这个问题,列维-斯特劳斯说得很漂亮:她们面部的图案是"难以辨认的象形文字,讲述的是一个我们无法知晓的黄金年代,她们只能用装饰图案来颂扬这个年代,因为她们还没有其他的文字来表述它"①。在文字发明之前,符号刚出现的时候,女性用打扮自己来颂扬这个黄金年代,那么女性现在还在打扮呢,就是对这个黄金年代的记忆?大学者列维-斯特劳斯这是在写诗吧?他不知道上古"黄金年代"往脸上涂颜色的是男性吗?

4. 异文化与亚文化

从标出性,我们能明显地看出所谓风格问题。比如用左手吃饭被称为"左撇子",为什么没有"右撇子"之说呢?因为大部分人用右手。用左手的人的确是标出项,因为是少数。而且左右手通用的人,在公众场合(例如与陌生人握手时)也会尽量用右手,不想让自己显得特别。

标出性的符号风格,因为比较特殊一点,容易被看出。正常的、非标出的,让人感觉不到风格,相反的例子如,我们会觉得异乡人、异族人说话、行为、衣着都有点怪怪的。实际上风格是一个符号感觉问

---

① 转引自丹尼尔·麦克尼尔:《面孔》,王积超、刘珩、石毅译,北京:中国友谊出版公司,2000年,第317页。

题,你在这个环境里习惯了,也就不觉得特别了。《后汉书》记载,北方被游牧民族占领十多年后,汉光武帝收复了燕赵失地,原先留在当地的老吏就哭了:"不意今日复睹汉官威仪。"他已经看惯了胡人打扮,今天重新感到过去可能没有特别感觉到的"正项美"。

好像标出项是可以从风格上解释的,其实并非如此,风格之有无更多的是一个习惯问题。符号再现方式,属于文化中大多数人认可的形态,就是非标出的,正常的。我看到一条标语,觉得很有意思,这条标语是公安局挂的:"有黑打黑,无黑打恶,无恶治乱。"公安局的任务就是专门整治标出项,标出项如果是黑,就打黑,如果没有黑,就打恶,如果没有恶,就治乱。标出项的范围,实际上是变化的。这标语真是太符合符号学了:公安局当然要处理标出项,以维护社会的非标出正常,但标出项究竟是什么,要根据情况来定,并且处理方式也是变化的。

人类学关注异项文化,社会学关注非主流活动,新闻媒体经常报道异项事件,所以我们的文化秩序始终注意着标出项。人咬狗才是新闻,因为那才是标出。有时候我们经常批评新闻部门,你怎么老收集一些奇闻怪事?消息的新闻价值,真的需要标出性支持。

文化特点就是要处理异项的文化标出,文化的异项可以是异文化、亚文化、反文化。

异文化方面的例子,如中国把四夷叫作四方。方言原先就是指各方外族的语言,实际上是异语言。当时四方的民族跟中原不一样,他们各有特点,而且非常奇异。据《风俗通义》的描写:"东方曰夷者,东方仁,好生,万物抵触地而出。夷者,抵也"[1],这两个字以前可能读音有点相同。"南方曰蛮者,君臣同川而浴,极为简慢"[2],注意这个"慢"字是简慢无礼的意思,注意是"君臣"不能"同川而浴"。"西方曰戎者,斩伐杀生,不得其中。戎者,凶也"[3]。西方是畜牧民族,当然多

---

[1] 应劭著,王利器校注:《风俗通义校注》,北京:中华书局,1981年,第487页。
[2] 同上。
[3] 同上。

宰杀动物。"北方曰狄者,父子叔嫂,同穴无别。狄者,辟也,其行邪辟。"①就是北方民族一家子同住一个窑洞,同住一个窑洞才好取暖,好像20世纪前期依然如此。四方异民族,名称标出,风俗习惯也是中原人绝对不能认同的。《风俗通义》的写作方法是抓住一个片面来证明如此命名有道理。中国居于中,异文化居四方之边。"中"字本身是非标出性,很多地理政治的道理,就在名称意义之中。

亚文化(subculture)方面例子更多。每个社会主流之外,总有亚文化群体,这个群体可能衣着装饰风格比较怪异,可能是移民社群、同性恋社群、流氓帮派等。亚文化成员有个特点,他们往往很骄傲:"我就是一个字'酷'。"十多年前,以打扮怪异、奇装异服来挑衅社会主流的"时尚少年",称作"杀马特",或许模仿的是日本视觉系摇滚乐队。欧洲的痞子则喜欢理个"莫西干头",招摇过市。不过几年后,又有新的时尚衣饰风格代替。这些亚文化群体,其实他们的行为未必不文明。外表风格怪异,目的是有意"自外"于社会主流。19世纪欧洲的唯美主义者,称为"波西米亚人"(Bohemians),他们大多是流浪汉,生活作风也有意浪漫,让"布尔乔亚"(市民阶层)皱眉。

1990年代后期中国出现的网络作家,是作家中的标出群体,他们的笔名都是标出的。安妮宝贝那一代,笔名还正常一点;像宁财神、俞白眉,笔名只是稍微有点怪;到后来出现天山土豆、唐家三少、南派三叔、我吃西红柿等,笔名越来越怪,似乎在有意标榜"我就是这样奇特"。他们很多人其实很有才气,取这么些怪异名字,应该是为了"自外"于主流作家,现在他们中有不少人已经被吸收为主流。例如唐家三少得了茅盾文学奖新人奖,还被选为北京市作协副主席;宁财神成为中国最著名的影视改编作家之一。

所以伯明翰学派里首先研究亚文化的学者杜布里奇,认为亚文化群体的叛逆主要体现在能指上,也就是在符号形式上,而不是在元语

---

① 应劭著,王利器校注:《风俗通义校注》,北京:中华书局,1981年,第488页。

言上,不在根本的意识形态上。这个看法有道理。他还认为亚文化的元素很容易被主流吸收,其代表人物会被吸引入主流,一般的"反叛青年"也会被岁月磨平锐气,所以亚文化是不稳定的。

第二节　名称决定的标出性

1. 名称标出

因此就有了两类标出性:一类是名称标出;另一类是功能或社会表现标出。名称标出往往比功能标出更明显,因为名称是个社会现象,包含了社会评价,也包含了与主流的二元对立。就像我们上一节说的异项,已经说明是"非正常"的标出项。

名称对标出项起很大作用。《周易》中记载了中文里的很多凶词:咎、灾、厉、凶、祸。后来又有新的标出项的词,所谓"何患无辞"。直接命名标出项,是文明的必要机制,是语言本身对文化秩序的保护。

最典型的名称化二元对立,是善和恶,被称为恶的一方面永远是标出项。如果能让大家乐意被称作恶,标出性就翻转了。所以梁山好汉投诚后攻打方腊,旗号就改了。标出的命名是高度政治化的,因为谁都不愿意被称为恶。因为恶本身就是标出,谁叫作恶,谁被安上恶的名字,那么就谁就已经被标出了,至于具体内容等等,反而是可以因社会、语境而异的。社会大多数人因为害怕被标出,所以趋向于善。

可能在我们还没理解什么叫恶、什么叫善之前,就已经先决定了趋向善。我们不愿意变成标出项,因为我们本来就是"非善非恶,既善又恶"的中不溜儿的大多数,文化中的称呼本身,就让我们逃避恶,所以我们生来趋向的,是语言范畴的社会公认的善、无须争议的善。

如此就明白了,一个文化的关键的问题是什么呢?是处理小善小恶。做一点善事就被叫作善人,我们经常表扬的,有时只是小善而已。大善留给圣人做,我们能做点小善就不错了。同时,小恶也要原谅,这点很重要,不然被归为恶的人数过多,非标出性反而不稳固。消灭恶是不可能的（那样就没有善了），只能尽量阻遏中项大多数人去认同恶。这样的社会就会趋向于善。

2. 命名标出的机制

郦道元《水经注·洙水》当中有一句："孔子至于胜母，暮而不宿，于盗泉渴矣而不饮，恶其名也。"这个地方有泉水，名字叫盗泉。孔子夜里到达胜母这个地方，但是他渴而不饮。这是后世传说的关于孔子的一则轶事，很准确地说明了儒家的"必也正名乎"思想。

命名机制很重要。法庭宣布罪名，就是给予标出名称。文明社会里存在的一些惩戒部门，如鸿胪寺或者大理寺；甚至学术研究领域，也在不断处理这个标出的名称问题。

关于小恶小善的问题，我可以跟大家随便说点故事。北师大在1970年代末有个外籍英语老师，看来是个混血华裔，自称美国红卫兵。他把中国看成是共产主义的圣地，来中国参加"文革"，留了下来教英语。那个时候食堂打饭要排长队，大家都插队，越插越长，后面的人也不以为奇，因为他有机会的话可能也会插队。这位美国红卫兵看着就激动起来："共产主义的天堂怎么可以是这样的道德？"他就一个一个拉拽男生出列。他的做法经常引起众怒，大家一道揍他，经常把他打得头破血流。我因为研究符号学，对中项偏边认同问题感兴趣，有一次，我在旁边对他说了一句"I'm on your side"，把他搀了起来。他挺感激，觉得总算有一个人在支持正义。

后来有一次，我很晚才回校，赶快抢在食堂窗口关起来前，打到最后一份饭菜。但是后面又来了一个人，是谁呢？是这位洋红卫兵。他比我晚了一步，最后一份给我打了，食堂窗子就关下来了。

他非常愤怒，超比例地愤怒："I hate you, traitor!"马上就写了好多张英文大字报，贴在食堂里。比起打他的人，他对我的"背叛"更为愤怒，只是他的英文大字报语无伦次，连我的名字都写不清楚。我承认我作了点恶，我感觉到后面有个人，但抢先了一步打到饭。那是1970年代，食堂之外没饭店，街上也没有面摊。但是我不承认这小恶是恶,只是我无法自辩。幸好学校当局把他的英文大字报撤掉了,理由是有碍观瞻。

此事使我很惭愧。我只是个小善也做、小恶也做的中项。这位外国红卫兵,是我遇到的最需要学点文化符号学的人。后来他回国了。反正我有点羞愧,也不愿意再见到他。我挺同情他的,但他不明白小恶非恶,是能把中项保留在非标出边的关键。不仅是食堂插队(这不是什么光荣的事),所有的问题都是如此。所以公安机关对大部分此类纠纷,处理起来都是以息事宁人为主。

如果我的故事不好笑,下次我讲个更好笑的故事。不过这是我亲身经历的事情,而且挺符号学的。

3. 如何处理标出项

英国作家伯吉斯的名著《发条橙》(*Clockwork Orange*),主人公兼叙述者亚历克斯一开头就宣称,"弟兄们哪,他们不厌其烦咬着脚趾甲去追究不良行为的"根源",这实在令我捧腹大笑。……如果人们善良,那是因为喜欢这样,我是绝不去干涉他们享受快乐的,而其对立面也该享受同等待遇才是。我是在光顾这个对立面"①。

整篇小说讲的是,"我"是恶人,"我"怎么样做个恶人。大部分小说的叙述者都是自认为善的人,在遇到预料不到的情景后,不得不向恶屈服。这本小说,让一个认同恶的叙述者自愿标出,它的叙述就非常有戏剧性。小说的结尾是亚历克斯人到中年,娶妻生子,在工厂打工,循规蹈矩地活着,成为正常"庸人"。这是符合规律的:亚文化人群到最后大多加入中项,开始正常过日子。库布里克把此小说改编成同名电影,在电影里他让主人公更为猖狂,引起了原作者伯吉斯的愤怒抗议,这成为一桩著名的艺坛官司。

道德天堂本身就必须是容忍中项的,必须是鼓励小善、容忍小恶的。我们中国人把三皇尧舜禹所处的古代,看作黄金时代。《战国策》

---

① 安东尼·伯吉斯:《发条橙》,王之光译,江苏:译林出版社,2011年,第42页。

里有一段:"昔舜舞有苗,而禹袒入裸国。"有苗就是苗族,一旦跟苗族人在一起,舜就跳起舞来,看来中原人当时就不太会跳舞,哪怕是中原的大圣人也不太会跳。以前西南一带有个裸国,禹到了裸国怎么办呢?就自己也把衣服脱了。

这就是中国古代圣人对待标出项的办法。人类文化从一开始就充满了关于标出性的意义政治,处理异项的办法很智慧:容忍异项的存在,但是努力划出标出项。有了异项才有正常项,有标出项才有非标出项;同时,社会把异项保存在标出性中,不变成主流。各种机构、各种研究,都在保证这个复杂的意义操作正常进行。没有异项,就没有他者,那样非此非彼的中项,就无法做到以正项为意义凭靠。

所以我们刚才说了,小恶小善,留在中项,不能成为圣人。福柯有著作专门讨论疯狂与正常,认为对疯狂的界定不只是医学问题,也是社会学问题,因为每个人都有一点疯。但是线划在哪呢?标准必须"科学化",由现代医学来提供理性的标准。于是福柯说:"人们在监禁他们邻人的至高理性的活动中,通过非疯狂的无情的语言相互交流,相互确认"[①],这话说得有点拗,有点激愤,意思就是我们大家都非标出,都是不疯狂的,你好我好大家好;落到线外的就是疯狂的,对不起,标出后把你监视起来。

福柯认为,在历史上,在人类文明开始之前,有个疯狂零度,那个时候没有疯狂标出。对此我怀疑,疯狂这个标出项恐怕一直是有的,只是处理方式不太一样。福柯不喜欢疯人院这样的机构,认为这是现代文明处理疯狂的一个特殊机构,但是先前没有疯人院也有其他对付疯子的办法,不然文明本身就消失了。

---

① 米歇尔·福柯:《〈疯狂与非理性:古典时代的疯狂史〉前言》,《福柯集》,杜小真编,上海:远东出版社,1998年,第1页。

第三节　功能决定的标出性

1. 功能式标出

伦理哲学给出了一系列的对立：乾坤、阴阳、天地、君臣、父子、夫妇、长幼等等，这些对立关系名称上没有标出，伦理哲学给它们以功能性的标出，也就是以实际社会评价为标准的标出。

穷/富哪个是标出的？与善/恶的命名性标出不同，这是功能性的标出问题，穷/富名称本身没有说清哪个是标出。权力行为的一个核心，就是为中项代言，就是为大多数人代言。当一个社会的中项认同贫穷的时候，就到了革命的时代，因为贫穷是具有革命性的。如果社会中项认同富裕呢，那就是"共同奔小康"，你哪怕做不了大富，但是你可以尽量使自己富起来。

宋江替天行道，他为什么要替天行道呢？替天行杀富济贫之道。所以他三打祝家庄，因为祝家庄庄主是当地的大户。当然，祝家庄庄主做了好多坏事，坏事标出，"为富不仁"。

霍尔说："'差异'是自相矛盾。它可以既消极又积极。它可以既为意义的生产和语言与文化的形成所必需，又为各种社会身份和作为性的主体的自我主观感觉所必需——而同时，它令人害怕，它是危险的场所，是各种消极情感、分裂，对'他者'的敌意和侵犯的场所。"①这就是我们对标出项的处理的难处所在。标出项是他者，它是危险的，但各种主流机制都要靠与标出项对比来形成，有异项才能形成社会正常秩序。而功能性异项，必须用更复杂的方法才能找出，必须在具体的社会意义功能中予以规定。

比如本章开头就说过，中原/狄夷，四方狄夷标出。一旦有少数民

---

① 斯图尔特·霍尔：《表征：文化表征与意指实践》，徐亮、陆兴华译，北京：商务印书馆，2013年，第353页。

族入主中原,建立王朝,这个时候他们最需要的就是树立自己为正项,建立新的标出关系。满人入主中原之后,做的很多事情,就是找到变成正项的办法,但是同时又保留满人的特点,不至于被完全同化。清朝两百多年的法统,大多靠康熙奠定。他在标出项问题上处理得非常出色,争取到了汉族中项的认同。

2. 命名式与功能式标出之互证

功能性的标出是根据所作所为确定的,而命名性的标出靠的是标签。这两者要互证,但也是互争的。比如医学上说的病态与健康,原说应当是功能性的,病态就是缺乏完全的健康能力,但是实际上对"生病"异项的确定,一直是游移不定的,而且最终靠命名(诊断)才能定下。

大概是因为我的年龄大了,经常收到各种养生信息,有时我对推销骚扰感到恼怒,一个人从早到晚养生,哪怕永不衰老又有何乐趣?这就是命名标出:你已经老了就得养生,哪怕体能并没有衰老也不行。健康不健康,应当是功能性的,但是命名式标出似乎也比较有效。

如果命名式标出与功能式标出相冲突——标出本是一个意义行为——就形成了评价旋涡。这种戏剧性的标出冲突,在很多作品中出现过。例如歌德的《浮士德》:浮士德取得了很大的智慧,别人不懂的东西他全能弄懂,因为他把人性的灵魂卖给魔鬼,变成了一个很有能力的人。所谓"浮士德精神",很多人说这是欧洲渴求知识的精神的象征。但在《浮士德》中,知识与恶混合在一道,无节制的欲望使人困惑。一旦要必须把恶标出,求知(标出无知)与节制(标出无节制)轮流起功能作用,人生就会很混乱。

一种文化中的大多数人必须认可的符号形态,那就是非标出正常。处理三项关系的目的,就是保持大部分人的"正常性",从而保持社会文化的正常运作。雅克布森在给特鲁别茨柯依的信中,评价了苏联当时正在出现的口号转换:"过去他们经常说,所有不反对我们的人都是与我们站在一起的;现在说,所有不跟我们站在一起的人都是反对我们的。"①也就是说,你不跟我们站在一起你就是反动派。后来在苏联发生的肃反扩大化,就是源于对中项态度"从友军到敌人"的转变。

符号政治学的核心是团结大多数。1957年,中央曾规定各单位的右派分子比例是百分之五,像现在我们这样的一个班级里总要抓上三个人。但同时积极分子也是少数,大部分人是革命群众。到了"文革",大部分干部都被打成了走资派,大多数教师变成了资产阶级知识分子。"文革"时期,在文化标出性问题上,在中项的处理上,是有问题的。如果大部分干部是走资派,大部分教师是资产阶级知识分子的话,打击面就太大了,中项对正项的认同感就会有危机。

3. 标出项翻转

由此就出现一个标出项翻转的问题。既然文化标出性是以中项偏边方向为准,一旦中项转而朝另一方向偏边,标出项就有可能翻转。在语言学的讨论中,二项对立就行了,语言中没有"非此非彼"的中项,语言中的对立是比较稳定的。我找不出例子,证明语言学中的标出项有翻转的可能。但文化中的中项它可能偏过来倒过去的。如果中项偏向另一边,整个局面就会翻转。

标出项的翻转,不是个别人能决定的事,社会趋势才能决定它最后能不能变成正常项。但是我们可以看到,在标出项没有完全翻转之前,会出现某些变化趋势,这些趋势可以把文化变成多元。所谓多元,就是对标出性采取比较容忍的态度。

比如先前人类是以适应自然为主的,改造自然是标出性活动,因为自然太难改造了。但是现代人类已经全力改造了自然,适应自然倒是变成了一个标出性的活动。当代生态主义理论把顺应自然重新变成主流,反对用炸药、水泥过多地改造自然,甚至主张现有的水坝也陆

---

① Nikolaus S. Trubetzkoy, Roman Jakobson, H. Baran, O. Ronen, Martha Taylor: *N. S. Trubetzkoy's Letters and Notes*, De Gruyter Mouton, 1985, p.231.

续拆除。改造自然开始带上标出性,至少我们看到有如此一个转变的趋势。

关于文字和身体,我们看到在前文化当中,公众性表达主要是身体,很多西南少数民族没有文字,但有一个文化传统在始终保持着,就是歌舞。他们的身体表达比文字、语言表达更重要。在成熟的中原文化当中,身体的公众性表达逐渐淡出了。在项羽为刘邦摆的鸿门宴中,项庄起舞,大家认为他必有特定的目的:意在沛公。

但在当代文化中身体的公众性表达开始重新发达。在中国历史上,跳舞唱歌出名的,在汉代有一两个。在歌舞最盛的唐朝,就留下一个公孙大娘有舞剑之名,这表明了歌舞在中国文化中逐渐边缘化。而在当代,舞星歌星容易变成大明星,变成文化活动的中坚。歌舞因此从前文化的正项,变成文化的异项,又变成后现代文化的时尚。

假定我们班上有谁做了一个纹身,他可能会尽量把它遮起来,或者告诉人家这是贴上去的,因为纹身至今是标出项。但是时代发展太快了,我们不能保证到我们的孙子辈那时,纹身会不会变成非标出项,我们无纹身者反而变成标出项。我们只能预判,多年后你跟你孙子可能会为此吵架。

近半个世纪前,1980年代,中国内地第一波游戏浪潮兴起。游戏和打游戏长期以来是被标出的。青少年的打游戏行为,被抨击为"沉迷上瘾",游戏被视作"电子海洛因",被大多数人所排斥。强烈反对和否定游戏的正项,和大量不打游戏、有能力控制自己的中项,共同构成非标出集团,排斥那些打游戏的人。我们作为"非此非彼-亦此亦彼"的中项,认同游戏会带来很多负面影响的正项看法,哪怕有时觉得一些游戏很好玩,也会时刻提醒自己不能多玩。我们会通过"不打游戏""不沉迷游戏"来证明我们自己是好学生。

前些年,以打游戏为生的电竞职业玩家、游戏主播刚出现时,社会上大多数人都觉得这些人不务正业。但是,随着近年来中国电子游戏玩家越来越多,电子游戏的产业链不断加长,市场蛋糕越做越大,社会对电子游戏的态度也发生了较大变化。把游戏当作职业，已不再显得那么异常，游戏的社会地位正在翻转。

再举个随处可见的例子。欧美街头的涂鸦(graffiti)，以前很招人恨，警察局会抓涂鸦者，还会花很大力气清洗，把整堵墙重新粉刷。后来他们渐渐采取另外一种办法，组织 graffiti 的艺术展览，把它主流化。这至少是一个去标出项的办法，我不能断定街头涂鸦最终会不会翻转成为主流时尚。

时装模特的衣服破烂到什么程度，也超出我们的预料。破洞牛仔裤刚出现的时候，大家很惊奇，觉得它过于标出，破破烂烂的太不像话。但是如今好像破洞牛仔裤已经翻转成为主流。据说印度有服装加工厂，专门给牛仔裤磨破洞，利润很高。

甚至符号本身也在翻转。早期文明中的符号比较稀有，只有巫师与酋长才能掌握，符号大多是权力的象征。在百姓的生活中，除了节日，符号活动一般比较单调。随着文化发展，符号活动越来越多，到了工业革命以后，机械复制使文化符号更加普及。到了我们当代，文化符号简直泛滥。以前一个商品没有多少式样可选，现在则广告如潮，符号竞争，品牌争奇斗艳。本书第一讲就说过，符号的出现，表明解释意义未能充分在场，广告太多则只能证明供应超出需求。

民国时期，北洋政府的控制范围也就只有河北一带，但政府颁布的一个法令立即得到了全国的执行，那就是禁裹小脚令。先前近千年的时间里，稍微有点身份地位的家庭，女童全部要裹小脚。但北洋政府这一条禁令几乎立即就得到了全社会的支持，相当重要的原因是，这是现代性压力的一个敏感点，一个触动就造成了革命性的翻转。甚至那个时候在消息极不灵通的山区，文化最落后的村子，都逐渐放弃了这个持续了近千年之久的传统，开始赞扬"大脚婆"。我记得小时候看到过小脚女人用报纸、棉花等撑起来穿比较正常的鞋子，叫"解放脚"。虽然走起路来很别扭，但她们还是愿意伪装成大脚。这时小脚女人的社会地位已经翻转。这个标出性的突然翻转，虽然是行政处理,但有一个基础,这个基础就是小脚不再符合现代性潮流。

关于缅甸女人套颈圈的说法,我曾把一张相关的照片给缅甸同事看,他非常生气,说怎么能这么污蔑我们国家呢?哪怕有,也是某些地方故意留几个人,给旅客看的。我想他说得有道理,此类历史悠久的正项,已经被时代推成极端标出了。

4. 标出项的吸引力

文化中总有一个奇特的现象,就是时尚的吸引力。时尚总是先表现为特定的一部分人采用的外表装饰风格,是标出项。"迷你裙""中空装""大露背""吊带衫",一开始会让大多数人觉得惊诧或羡慕,因为刚出来时难免显得惊世骇俗。社会习俗是让人不得不尊重的正项,但是大部分人心里都会羡慕作为异项的时尚,这才是时尚的成因。一旦时尚被广泛接受,就不能再叫时尚,因为已经转变成社会的普遍风气。因此,时尚的发展,是自己消灭自己。这是一个奇怪的文化悖论,但却是标出性的运作规律。

艺术上的新潮流,也是如此。美术作品故意画得怪异不协调,舞蹈姿势有意不得体,唱歌如 Rap 故意吐字不清晰,写的小说有意缺少可读性,这些新风格刚出来时,都让人怀疑于心。一旦大家都这样做了,整个艺术界的风气也就变了。此类风格的标出性,能比较快地转换成主流。

记忆和遗忘,遗忘是非标出的,因为记忆只能存留一部分东西,也只应该保存少许精华,不然的话,脑子就胀破了。只有对社会文化与个人生命有价值的信息才保留了下来,因此是标出项。在数字时代,记忆这标出项翻转了,因为大数据技术把什么东西都记住了。你以前说过什么做过什么,不管真假,随时都可以被翻出来,哪怕已经删除了,也能被找到。所以这是一个没有遗忘的时代。数字时代没有忘记。而人类之所以生存,就在于我们会忘记应当忘记的事。这问题听起来是杞人忧天,记住有什么大碍呢?但实际上这会对人类文明的基本方式起到破坏作用。尤其是所谓网络记忆,真假不辨,当它们一律成为历史文件,年代越久,就越是难以说清。"网络是有记忆的"现在几乎变成了"网络是不分是非的"。

再例如,女性主义的理论与实践,明显是为女性权利而斗争,就是强调女性相对于男性的平等权利,所以又称女权主义。但这样的研究,是在不断提醒女性是标出项,所以反而巩固了"女性是弱者"的标出项地位。因此女性主义理论研究现在称作性别研究,内容包括研究男性与女性的文化地位差异的形成方式,这是比较好的策略。

这是个极其复杂的社会文化心理问题,至今没有得到很好的研究。作为社会中项的大多数人在价值观上认同正项,但并没有在趣味上完全认同正项。谁都不是圣人,所以武侠小说里来个侠女,我们会觉得很高兴,但其实真正的侠女可能就是街上的乞丐、流浪汉、小偷,不然她们怎么活?不可能从影视公司拿工资吧。

标出项本身,往往有吸引力,也往往在很多地方可以见到。电视剧《人民的名义》中,贪官挺可恨的,但有个贪官还挺有人性的;还有一个贪官很讲义气,最后死得颇有江湖英雄气概。另外一个电视剧《蜗居》中,贪官人也不错,还有点令人同情。此种对标出项的美化,所谓"坏人的魅力",给影视剧添加了不少意想不到的吸引力,这是中外皆然。

在欧美国家,普通人上的公立学校里,有一个怪现象,就是班上有一部分"风头人物",他们一般会跳舞唱歌,敢说脏话痞话,通常他们会组成一个小圈子,大部分学生会服从他们,一起排斥那些比较守纪律、爱读书的学生,甚至对他们进行霸凌。在这样的学校里,守纪律、爱读书的学生会被看成是标出项。

现在连电影中的英语也脏得实在难听,以至作为标出项的顽劣学生讲的英文,似乎变成了正常的英文。现在有些年轻人提出一个"反标出运动":既然我们这些讲标准英语的人是标出的,我们的明智被嘲笑,那么我们就要追求"超标准"(superstandard)英语,就是比标准英语更标准,用最好的、最漂亮的、最文雅的英语,来抵制"小混混英语"。青少年文化,有时候比成人文化都残酷,要不怕被标出被嘲笑,不是容易做到的事儿。

5. 狂欢理论

大众对标出项的同情,还表现在一个非常奇特的问题上:几乎所有的节庆都是为标出项准备的。为什么呢?因为我们平时排斥他们?因为他们是非主流?这问题至今没有得到充分的讨论。比如:

- 有妇女节没有男人节;
- 有儿童节没有大人节;
- 有教师节没有学生节;
- 有劳工节没有老板节;
- 有残疾人节没有正常人节;
- 有光棍节没有家庭节;
- 有诗歌节没有散文节;
- 有情人节没有夫妻节;
- 有愚人节没有聪明人节——愚人节的原意应该是聪明人在那天必须装笨,但现在愚人节变成愚弄人之节;
- 有鬼节没有活人节。

万圣节,实际上就是西方的鬼节;中国有盂兰盆会,盂兰盆会也是鬼节。

标出项引出的节日,符合巴赫金的狂欢节理论。作为社会中项的百姓的日常生活太正常了,太窒息了。欧洲中世纪的市民就有各种节,后来又出现了一年一度的狂欢节。狂欢节就是对日常生活正项化的颠倒。第一,生活是正常而且艰苦的,这点要确定,天天狂欢的话,文明也就完了;第二,狂欢广场上平民大众的世界,是官方世界在彼岸的完全颠倒,要选一个最胖最丑最难看的人做国王,反正最不像国王的人要做国王——所以好像我本人很有资格。

中世纪的狂欢节重在颠倒社会秩序,但这只是一个"暂时的乌托邦",不是革命。革命的话就是"持之以恒"地翻过来,把颠倒变成非标出正常项。刚才我说的每年的节庆问题，就是类似一个个小规模的"颠倒秩序"的狂欢节，让标出项暂时反转一下。

狂欢节，或各种节庆，是谁在狂欢？是标出项，但更是社会中项。在正常社会秩序中，中项认同正项，二者合成社会的非标出集团。在狂欢节上，中项认同异项，人们暂时从社会秩序中解放出来，大家都心照不宣这只是个暂时行为，比如用选举"丑王"的方式来脱离正项。

原因呢？我的看法是，中项偏边从而参与边缘化异项，对异项心怀歉疚，因为狂欢节上的价值标准是由正项提出的，而不是由异项和中项自发产生的。有些符号学同行说，中项对标出项的"歉疚心"这点是不对的，因为这就把文化问题变成了心理问题。但是我自己观察到，儿童节那天，家长不用逼孩子去写作业，因此也是给自己放松一天。哪怕孩子要去用功，家长也会劝说："今天就放假，明天一定要加倍用功！"所以大家都知道这里的游戏规则和目的。

我留着这些问题在此，请你们继续思考，到底为什么我们要给标出项过节？到底为什么我们喜欢在艺术作品当中看到异项？标出性问题其实并没有解决透彻，文化标出性留下了很多问题，我希望你们有能力解决。

第十讲 艺术符号学,符号美学

第一节 艺术学与美学

1. 艺术的标出本质

艺术本身是不正常的,正常的就不叫艺术了。一首诗,如果语言正常,必是很枯燥的诗,可能会被蔑称为"分行散文"。分行是给了个诗的类型展示,却不一定能满足解释期待。

艺术越发展,形式的标出性就越是明显。艺术学家波乔里认为,先锋艺术有四大特点,"对抗性,积极性,激愤性,虚无性"①。这四个特点,实际上都是说艺术是标出的。它既然是一种创造性活动,就是有意在冲破非标出的庸常生活状态。

而且可以看到四种不同的标出性,艺术全占了:命名标出与功能标出,形式标出与内容标出。形式上标出,追求新奇怪异;内容上标出,经常写奇人怪事。一件普通平淡的事情,很难称为艺术,一部电影,如果情节一点儿都不特别的话,那就太平淡了。许多生活中绝不能允许的事,在艺术中却会有意义。例如《水浒传》中的侠义精神,其体现必须是敢于杀人放火。尤其是上梁山要有投名状,需要去杀个无

---

① Renato Poggioli, *The Theory of the Avant-Garde*, Cambridge MA: Harvard University Press, 1968, pp. 61-77.

辜路人,拿人头来见,才能入伙,因为只有这样才能表明你离开正常生活的决心。

如果为《水浒传》辩护,那就是说艺术文本的功能,与其他文本不同,它的功能往浅里说是娱乐,往深里说,是让读者从凡俗生活中解脱出来,哪怕只是一阵子也好。因此艺术作品中的英雄,终究要与常人不同才行。那我们为什么会觉得《水浒传》中的暴力可说?因为它是艺术,因为它写得有趣。哪怕其中人物的很多作为,在任何社会都是标出的。

艺术把标出行为说成一个有趣的东西。所有这些奇人怪事、侠客、盗墓行为、流浪汉、冒险、幻想等,都是内容标出,都不能见容于正常社会。一旦写到小说里,写到艺术里,却会变成一个有趣的情节。林黛玉这个人物落在日常生活中,恐怕会叫人受不了,因为她成天就是愁眉苦脸,长吁短叹,发脾气,淌眼泪。

艺术标出是把双刃剑,艺术标出并不是为标出项代言,而是以标出性娱人。《教父》三部曲并不是为黑帮代言,只是把黑帮生活写得情节跌宕,比较有人性。但也只有在芝加哥黑帮势力退潮以后,电影界才能创作出一个"人性化"的黑帮家世。

艺术表现的一切,都要以标出性来审视,才能理解。无论是艺术再现形式的特殊性,还是被再现的内容的特殊性,都需要不同于正常。应当说清楚,艺术不一定需要四个方面全都标出:风俗画、风景画等,它的内容并不标出,它的形式标出就行了。只能说艺术创作的总的趋势是标出倾向,没有任何标出性的作品或成果,比如普及交通知识的宣传画,就不能叫艺术。

艺术经常创作出标出项,却并不是为标出项服务的,实际上它所服务的对象是社会中项。鲁迅谈到著名的俄国诗人叶赛宁自杀:"所以对于革命抱着浪漫谛克的幻想的人,一和革命接近,一到革命进行,便容易失望。听说俄国的诗人叶遂宁,当初也非常欢迎十月革命……然而一到革命后,实际上的情形,完全不是他所想像的那么一回事,终于失望,颓废。叶遂宁后来是自杀了的,听说这失望是他的自杀的原因之一。"①

的确在20世纪初年,俄国诗人、俄国形式主义理论家等,与革命政治活动走得很近,他们大多同情十月革命。但是革命往前进了,变成非标出的社会秩序了,艺术的本质特征,却让他们依然不得不留在标出性中。艺术的标出性和革命的标出性是两码事:革命要建立一个新的正常秩序,要颠覆正项并且要翻过来;艺术本质上却是异项的,不可能变成正常秩序。如果每个人都像《镜花缘》里的君子国说话"之乎者也"那样,那么孔乙己就会是作文老师。

艺术并不想争夺中项,它的异项形式和异项内容,是它的意义方式本质所需。作为异项的艺术的内容,好像为文化受压制的一方代言,为社会中被剥夺的一方争夺注意力。实际上艺术是参与标出,使异项更加异项。当然艺术家本人,如叶赛宁这些人,根本就没意识到我们在这里讨论的问题,我们也承认艺术家个人之间差距很大,想法做法不同,但是作为研究文化意义的符号学者,我们要理解这一点。

所以先锋艺术并不等于革命艺术。美国抽象表现主义辩护士格林伯格,曾经是个马克思主义者,他曾主张说,"我们不需要等到社会主义时代才能建立未来的艺术,因为我们现在已经有未来的艺术"②。他的意思是艺术走到了时代前面,就是未来的社会主义艺术。他认为西方艺术本来就是革命的,因此现在的先锋艺术就是未来的艺术样式,因为艺术是标出的,社会主义革命也是标出的。他拟想的当然是一个艺术乌托邦:他为之辩护的抽象表现主义,后来在资本主义的艺术品市场大受欢迎。但在艺术的标出性这一点上,他的说法是很敏感的。

---

① 鲁迅:《对于左翼作家联盟的意见》,《鲁迅全集》第4卷,北京:人民文学出版社,2005年,第239页。

② Clement Greenberg, *The Collected Essays and Criticism*, vol. 1, Chicago: University of Chicago Press, 1986, p. 22.

2. "美学"一词的由来

艺术理论一直被叫作美学,艺术符号学与符号美学,有什么不同呢？这是个非常老的问题,但却随着艺术的发展而成为越来越迫切的新问题。同时,这听起来似乎是个西方问题,但实际上在中文中却更成问题。

1735年德国哲学家鲍姆嘉通创设了"美学"（aesthetics）这个词,词源来自希腊文"感觉"。鲍姆嘉通认为这个学科应当研究三个问题:感性的研究,美的研究,艺术的研究。三者并不一致,但是在19世纪之前,这个不一致并不严重。康德主要研究感性与美的问题。黑格尔的《美学》对象范围已经是艺术,或者说,是美的艺术,哪怕在黑格尔的严格逻辑中,这也没有细分的必要。

但黑格尔以后,学术界产生了"美术"（fine art）这个概念,艺术研究就与美学渐渐分离开来。现代学术中,美和艺术是分家的,只是在汉语中,坚持使用"美学"（包括"审美"这个词,对应的西文也是 aesthetic）这个概念。如果美和艺术是"审"出来的,那美就必须是跟感觉有关,三百年前鲍姆嘉通发明的词,就是个至今依然完美的提议,那么,关于艺术的定义就无须我们重新费脑筋思考了:艺术就是表现美,就是感觉的审美"审"出来的。

显然,艺术发展到现在,已经有巨大变化。艺术现在不一定表现美,甚至会反对美,会跟丑有关系。你们可以反驳说,艺术大部分依然是美的。任何定义,如果有一个孤例能推翻它,那这个定义就得重新考虑,何况有那么多以不协调与不美作为创作原则的例子。

中文"美学"这个词是120年前从日文借来的汉字翻译,"审美"也是那个时候从日文借来的。那么其他国家不用汉字怎么办呢？三者的矛盾怎么办呢？其他国家没关系,他们的文字都是拼音,跟着新的定义走就是了。如果这个学科范围变化了,拼音的词义也就跟着变化。那么日文怎么办呢？日文是半拼音的,越来越多的日本学者转而使用"エステーティク"或"エステティクス"。只有中文被钉死在这个日本汉字意译上了。

况且,美学在中国还特别兴盛。在中国现代哲学中,美学是一个重要的跨学科科目。现代美学在中国的开拓者是宗白华、朱光潜。美学在中国是一个非常大的学科,艺术符号学研究,与符号美学基本同义。只是由于学科发展的历史影响,艺术符号学偏向于所谓"纯艺术",而符号美学词义范围较宽,可以偏向于各种泛艺术文化现象,尤其是与返回感性的趋势相联系。

大半个世纪以来,在西方影响最大的一个艺术研究学派,叫作分析美学(analytical aesthetics)。这一派学者最反对"美",其领袖人物丹托甚至著有一本书《美的滥用》(*The Abuse of Beauty*)。但是中文依然将这个概念译成"分析美学",中文没法有别的翻译。最近中国学术界翻译的不少美学书,比如《关系美学》《身体美学》等,在书内,作者大多非常反对"艺术是美"这个概念。由于历史悠久,我们已经无法重新定位中文"美学",只有在使用中有意忽视"美"这个词义,心里有数就行了。

第二节 艺术在意义世界中的地位

1. 艺术对世界的基本不透明

本讲义第一讲有过类似的一个图:物世界与意义世界,它们叠合组成的实践世界,与思维世界有所区分。现在讨论艺术,我们不得不把艺术的地位再做细分:

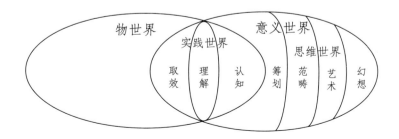

上面这张图把意义世界的两大部分(实践世界与思维世界)进一步细分。首先,实践世界,分成认知、理解、取效(包括改造)三个部分。所有的意义活动实践,都是先认知、理解,然后取效(改造)。本讲义前面说过,这个部分的符号活动,对象出现在符号之前;而在思维世界,符号可能在对象之前。

这当然只是个示意图,只是大致划了个范围。我建议把思维世界像橘子一样分成四瓣:筹划与范畴,需要整整一讲,本讲义暂时不重点讲,因为大家比较熟悉。艺术(包括游戏)离实践比较远,本讲希望把这个问题说清楚。幻想(包括梦)离实践最远,希望本讲义有机会讨论这个迷人的题目。

筹划(包括设计)一个事物,这是要实践世界来验证的,因此距离实践世界比较近。虽然艺术(包括游戏)中有大量的实践内容,但一般不用实际验证,它们对实践经验内容,基本上是比喻性的借用。艺术作品里面的马,有可能是马,但那个马已经不一定必须像马了。再现实主义的艺术或游戏,里面的马也不是真马。哪怕舞台上或电影里,让真马出场,也只是一个示例符号;哪怕现今的电影画面里有骑兵展开冲锋,场面宏大,也只是个提喻。极端的情况,例如马术比赛里的马,是真马吗?我认为依然是示例,是模拟战场上的马而已。正如拳击里的打,不是真打,是比喻性借用。这问题下面会仔细讲。

在上面这张图中,艺术和幻想很接近,与筹划相距较远。筹划的意义活动是实践性的,可以直接指导实践。艺术的确能再现世界,但它的真实品质,是受体裁限制的。某些时候材料的一致,是偶然的情况,是结果而不是出发点。它的实践内容是借用(例如《战争与和平》中的战斗场面),而不是体裁的事先要求。

幻想跟实践之间是不透明的,幻想里面或许有经验性内容,但是它不能当真。维特根斯坦说过:"我梦到正在下雨,而那时也正在下雨,或是我梦到我在说'我正做梦',这究竟是'真实'还是

'错误'?"①因为梦不是个再现真实的体裁,与实际情况一致纯属偶然。同样,艺术也不是再现真实的体裁。在梦里经历的事情是材料借用,是不能拿来指导实践的。

马克思这句话非常经典:"我们要考察的是专属于人的那种形式的劳动……最蹩脚的建筑师从一开始就比最灵巧的蜜蜂高明的地方,是他在用蜂蜡建筑蜂房以前,已经在自己头脑中把它建成了。"②注意筹划在先,就是符号在先,对象在后,劳动过程在开始时就已经观念性地存在着了。

我们可以看一下如何用符号再现火星。在实践中,首先是天文台拍摄的火星,一个巨大的红色的星球。我们可以筹划把火星变成"蓝色火星",就是把它地球化(terraformed),据说把藻类、细菌类,撒到火星上有水的地方,它们就能很快地繁殖。这样,希望在几百年后,在火星上形成一个大气层,火星就可居了。但是艺术符号再现的火星,就很不同。《星际救援》这部电影,说的是有人被遗留在火星上了,他如何靠火星环境自救。明摆着这部电影是在某地沙漠里拍的,这没有错,艺术本来就是比喻性的借用,没有再现现实的责任。

所以,同一个火星的符号文本再现,纪实的、筹划的、艺术的,三者完全不一样。

2. 艺术与游戏的共同点

可以说,艺术是一种游戏,游戏也是一种艺术。游戏在哲学意义上很重要,例如上文引述的维特根斯坦理论,是在讨论"语言游戏"(language game),他是在讨论普遍的语言行为。当今的行为艺术,是作为纯艺术的类戏剧演示,已经很难与游戏区分。电影借用游戏(如《头号玩家》《碟中谍3》),游戏借用电影,这样的互相借用,已经太多。

---

① Ludwig Wittgenstein. *Zettel*. Edited by G. E. M. Anscombe and G. H. von Wright, Translated by G. E. M. Anscombe, University of California Press. 2007. p.71e.

② 卡尔·马克思、弗里德里希·恩格斯:《马克思恩格斯文集》第5卷,北京:人民出版社,2009年,第208页。

艺术和游戏的共同点是没有物的使用性,也无实用符号意义,例如带货广告就不是艺术。当然,艺术与游戏都有教育意义,都有伦理价值,但那主要发生于情节层次,这一点我们会在《叙述学讲义》里细说。所以艺术学家经常会把艺术比喻为游戏。艾略特说:"诗就像故事当中的窃贼,总是带着一片好肉对付看家狗。"①他认为,诗与艺术的内容只是一片肉,为了对付一定要看故事内容的观众。

兰色姆的比喻更精彩而准确,他说,艺术是个障碍赛跑。诗的内容意义,只是一个个挡路的栏,而艺术的魅力就在于如何跳过障碍。② 我们承认艺术中有实践内容,有现实内容,但同时却也是在有意制造困难,展示其被越过之优雅。所以,跳跃过指称对象,是艺术的一个共同特点。

许多城市都有像北京的798、成都的东郊记忆这样的由废弃的工厂院子改造而成的艺术园区。里面常有一些旧机器,它们是什么时候成为雕塑艺术的?这些机器已经既无实际使用价值,又无符号意义,它们放在这里是无用之物,应当叫作工业垃圾,但是它们在被简单处理后,放到特定展位上,得到了艺术性的展示,就变成了艺术。艺术家难道是捡垃圾的人吗?可能还真是。

德里达说,"先验所指的缺席无限地伸向意谓的场域和游戏"③,就是指原符号意义的消失。在索绪尔的符号学体系中,能指必有所指。在皮尔斯的符号学体系中,符号必有对象。但是在艺术与游戏里,对象缺席,先验性地缺席。因此,艺术与游戏是符号再现对象在场与不在场之间的游戏:假装工业机器还在,假装在火星上生活,都只是假装已缺席的对象在场而已。

---

① T. S. Eliot, *The Use of Poetry and the Use of Criticism*, London: Faber and Faber, 1933, p.151.
② John Crowe Ransom, "Criticism as Pure Speculation", in Morton D. Zabel, ed, *Literary Opinion in America*, New York: Harper, 1951, p.645.
③ 雅克·德里达:《书写与差异》下册,张宁译,北京:生活·读书·新知三联书店,2001年,第505页。

新闻纪录片跟艺术片在"对象先验性地缺席"这一点上，很不一样。艺术片不直指，它反而可以直接再现血腥场面、情色场面、各种"不宜"场面。纪录片中这些场面是不允许出现的，因为它是实践的。纪录片中，凡是有类似艺术片中的那些场面，则必须提示观众"下面镜头有可能引起不适，请小心观看"。提示了还不够，还可能要打一大片马赛克。为什么呢？也许是因为艺术片我们知道是假的，知道了就能大胆呈现？体裁的意义解释方式，差异之巨大，令人叹为观止。

3. 艺术"与垃圾为邻"

这样就形成一个奇特的符号学现象，我称之为三联滑动。

本讲义第二讲讨论过物—符号的二联滑动，也讲了此种滑动可以延续为三联滑动。在上节提出的图中，可看见从左到右符号意义性质的变化：艺术性就是从物滑到实用符号，再滑到艺术符号后出现的产物，是"实际用途"逐步消失的过程——物能有使用性，实用符号能有实际价值意义，艺术符号是什么实用性都没有。既然什么用途都没有，为什么能成为艺术呢？就是本讲义第四讲讨论的"转码"的一个特殊例子了。

首先，艺术性属于无实用意义的符号。注意，艺术作品当然在人类文化中大有用途，那是作为艺术品的使用。

艺术性是超出物的使用价值的品质。为什么我们会觉得古物的艺术性很强？古物先前是古人的使用物，它的艺术性在于它不能再被使用。被损坏的古物经常可以修复，但修复也要保存古意，不然的话就不是古物了。有个玩笑说的是某富商家里来了个小学徒，他太勤快了，觉得富商家里的铜器都锈迹斑斑，他全给擦得锃亮。主人气昏了，他的价值几千万的古董就这样被擦没了。这个小学徒不懂的是，古董的价值，很大程度上就体现在那些铜锈上。伪造假古董的人最难有的本领就是"加锈"。

孔子当年的艺术观说的是艺术品的用途，他说："小子何莫学夫《诗》？诗，可以兴，可以观，可以群，可以怨。迩之事父，远之事君，多识于鸟兽草木之名。"①这就是把《诗经》当伦理教科书,当动植物识字读物。《论语·阳货》说:"礼云礼云,玉帛云乎哉?乐云乐云,钟鼓云乎哉?"②诗可以是礼仪的一部分,有其实际意义。在孔子那个时候,《诗经》并不完全是纯粹的艺术,而是有很多实际用途的艺术品,例如它也是外交辞令教科书。《左传》记载,晋公子重耳向秦穆公赋《沔水》,秦穆公对之以《六月》;晋襄公向鲁文公赋《菁菁者莪》,鲁文公对之以《嘉乐》。

现代诗歌中哪一本诗集能派这些用场呢?不是说现代诗歌写得不如《诗经》,而是在现当代,艺术不派这些用场。艺术文本里各种品格是混淆的,不是说艺术再现没有实用意义,而是说艺术性本身正是超乎两者之外的文本品格。

一件物,一旦没有物的使用功能,也没有实际符号使用意义的时候,它就会成为无用之物,甚至可能成为垃圾,但是在某些条件下,在某种文化魔术中,它有可能会成为艺术。不是说艺术就是垃圾,而是说"艺术与垃圾为邻",差一点就会成为垃圾。

在一般的看法中,区分艺术与垃圾不是很简单吗?只要看起来美就行了。但是,美的垃圾就是艺术吗?可以看到,所谓不成为垃圾就成为艺术,需要两个条件:第一,它需要被展示为艺术,就是会被放在能当作艺术观照的场合(例如在美术展览会上);第二,接受者要能从中解释出超出庸常的意义。

比如杜尚的小便池,它在被放进展览场合之后,便已经超出庸常,让我们感到这个场合里的它跟日常生活中所见不一样。艺术第一步就需要有超出庸常的"不平常"的标出性。当它被放在一个艺术馆里,实际上就是声称这是艺术的型文本,在要求社会给它一个特殊的待遇——强迫我们用艺术的眼光来看待它。

---

① 杨伯峻译注:《论语译注》,北京:中华书局,1980年,第185页。
② 同上。

4. 商品的三联部分滑动

在商品中，以上的三联滑动，经常形成某种特殊的部分滑动，也就是商品中只有一部分元素滑向"无用性"，此时其他部分依然有实际用途，这样就出现三性共存的局面。比如一件衣服，第一，它有物质使用功能（布料、裁剪缝纫等）；第二，它有符号的表意功能，如品牌、格调等，这些是社会性的表意价值，是符号的实际表意功能；第三，它有艺术表意功能，艺术表意功能跟上面所说的用处不一样，是"超出一般"，比如色彩、与体态的配合等。

三种性质，共存在一件衣服中，三者并不是不可分的。所以一件衣服是真正的名牌还是假冒名牌，在第一点和第三点上是差不多的。第一点是物料部分，第三点是非使用部分。能让衣服卖高价的是第二点：品牌、格调，卖点是衣服的实际符号表意功能，衣装的价格大多取决于第二点。

在这种情况下，前面说的三联滑动依然存在，但它是部分滑动。大部分商品实际上都有三联品格存在，设计师在做设计时就需要全考虑到。一件名牌衣服比所谓 A 货高仿昂贵得多，但既然两件衣服看上去一样，其艺术性就应该也是一样，但为什么价格会不一样呢？这也许能说明，一件物品的艺术性是来自感觉，而不是来自品牌。

因此，就艺术而讨论艺术，如果两个文本给人的感觉完全一样，就没有赝品跟非赝品之别。深圳的大芬村里住着许多"艺术家"，专门仿制名人字画，但他们只是仿制，并非做假，所做产品的价格也标得很合理。但竟然有一个中国画家在美国炮制"假画"出了名，他是专门做抽象表现主义名家的画的，一家著名的美术品经纪公司，专门从他那里拿来当作真品销售，因此引起了一场诉讼。这案件已经被拍成了纪录片，大家不妨去看看，很有趣。这位中国美术师，本事挺大的，仿制名画仿得真假难分，连专家也看不出来。最后，这个官司之所以"破案"，是有专家从收藏记录上发现了破绽（就画本身而言，实在看不出来是赝品），经纪公司被处罚了，这位画师责任较轻，他后来回到上海,成为一个普通的画家。

我个人觉得,你如果是个收藏家,上当买了赝品,那赶快报案。因为你买的不是艺术,而是艺术品,是奇货可居价值连城的收藏品。但如果你只是个艺术欣赏者,那你就满足于得到了一件好作品就好了。符号的起点是一样的,形式一样,艺术性就一样。艺术品有赝品,但艺术无赝品,因为艺术是某种感知给予我们的某种意义。

所以有人说,你这件衣服,是假货、水货、A货,但只要看起来摸起来是一样的就行,"真牌子"有什么意义?只是为了让人知道你为此付了高价?有笑话说某某名媛,买了件名牌皮草,穿的时候会特意把商标翻出来,不然别人看不出这是名牌。但一件衣服而已,除了商标,其他也没什么不同,价格贵很多,但别人也看不出来价值,意义何在呢?

为说明这个问题,我几次在演说现场做实验——思想实验即可,不一定真要有实物。我在讲台上放了两个LV包,一个是LV工厂正式出品的,另一个是某工场私下做的,两个质量完全一样。LV正式出品的这件包包,是LV公司钉上的LV正式品牌标签;另一个当然是仿制的标签,做得一样好,行家检查起来都完全一样。但一个是正牌,另一个是高级A货,如果两者价格一样,你们肯定会抢真LV,就像中国人到巴黎"老佛爷"百货公司排队扫货那样。

现在我当着你们的面,把LV品牌标签换一下,于是这里有了两件LV,无论外观还是做工完全一样,一件是"真包假牌",一件是"假包真牌"。你们买哪一件?注意,价格依然一样高。我在任何地方做这个实验,结果都一样:大家都抢"假包真牌"。为什么?不就是花钱买"品牌"这个符号嘛?"我为牌狂"!话又说回来,就这两件物品的艺术性而言,应当选哪件呢?不管换不换牌,都是一样的,艺术无赝品。

天津有一个工业纪念碑,我觉得设计得挺有意思的:弧线形的铁架子用齿轮围绕着一个钟。它是天津的工业史的见证。这个钟太古老了,齿轮当然都不起作用了,但钟还在计时。这个设计挺好,它把三联部分滑动形象化了:三联合一,三性合一,三样东西都在起作用。这些东西实际上都是工业垃圾,只有钟表还在计时,但焊接起来就成了一件有象征意义的公共艺术作品。

第三节　泛艺术化

1. 艺术的非自然

公共场所的艺术化,它是泛艺术化的重要特征。这个社会充满了艺术。但现在造个房子如果不讲究艺术,是对不起市民的,因为占用了城市的空间,却没有提供艺术性。

西安咸阳的新法门寺,旁边是古老的法门寺,全是灰瓦的建筑,一层层灰瓦。我去的时候新法门寺还没开,隔着个墙,看到新法门寺金光闪闪的"双掌合十"塔,映在池水中。导游生气地说:"它是假货!我们的才是真的。"那现在呢?假的法门寺成了咸阳的旅游打卡点,旁边古老的真法门寺却渐渐无人问津。这是泛艺术化的一个重大问题:原来的真古迹逐渐被漠视,现在的真法门寺,黄钟掉了色,瓦釜上了漆。

艺术必定是人工的,不是天然的。"art"这个词在古希腊,实际上和"技术"是同义。到今天,"art"这个词"人工"的意思更强烈。中文的"艺术"中,"藝",有木,有金,有土块,有手来拿,是"人工种植"之意;"術"本身是一种技艺。"艺术"这两个字中文翻译得非常好,跟希腊文"art"完全对应,它是一种人为的技术。

不过,好多天然的东西都算是艺术:树根、奇石、人体等等。它们是天然物,为什么却成了艺术呢?因为加上了展示这个最重要的环节,它们已经被展示为艺术了,人们就会用艺术的方式来看待它、解释它。所以艺术文本的意图意义,不一定来自艺术家,或许更多来自展示。

艺术家最大的痛苦就是不能出展。不能上展览,不能上画刊……这些展示机会都是要努力争取,或花钱买的。艾柯说:"这些事物一旦被挑出,被'聚焦'呈现于我们注意力之前,就有了美学意义,仿佛受过一位作者之手操纵。"①也就是说一个艺术家想生产的东西,其实是被挑选、被聚焦、被呈现、被展示在我们面前的,等待着我们给出它所期盼的解释。

杜尚继"小便池"之后又做了一些现成物艺术,其中之一是一个单独的自行车轮。杜尚为这个自行车轮做了一个对话,他说:"这个自行车轮子不是我做的。"当然不是他做的,他做不出来,正如他做不出那个小便池一样。他只拿了一个现成的东西。但杜尚推动了展示。它被展示为艺术后,你们看这是不是艺术?这是不能骑的车轮,不能派其他用场,没有任何实际意义,正因为如此,它"被展示为艺术"本身,让我们觉得它给了我们超出庸常生活的感知。

我在某个艺术馆看到过一个笔记本电脑,上面堆满各种各样的网线之类。我觉得这个艺术品太好了!象征着我们生活的混乱。数字技术的目的是让我们的生活更简便,但有的反而使我们的生活更繁杂。我正在欣赏这件艺术品的时候,工作人员过来,拿起电脑打字去了,这一下子就把我正在欣赏的艺术毁了。它变成了使用物。

另一个更大规模的问题,困惑了艺术学界很长时间,就是"动物能不能做艺术"?1950年代,伦敦动物园里一个名叫刚果的大猩猩涂出的一幅画卖了1500美元,当时这是高价,卖得出,就是被承认是艺术。刚果的另一幅画,是毕加索曾收藏的。近年来大猩猩Brent更有艺术家派头呢,它用舌头画画,的确"画"得不错,得到了一万美元奖金。此外还有白鲸作画、海狮写字、大象自画像等,层出不穷。

动物学家莫里斯专门研究猩猩的绘画,他把人叫作"裸猿"(naked ape),认为人只是一种毛发较少的猿。他坚持认为某些猩猩有艺术才能。实际上,猩猩的某些"作品"被展示为艺术,它就成了艺术。动物自身肯定没有艺术创作意图,它们只是在讨食物奖赏而已,但是展示

---

① 翁贝托·艾柯编著:《美的历史》,彭淮栋译,北京:中央编译出版社,2007年,第406页。

者赋予了这些文本以艺术意图。动物的"艺术作品"要展示者赋予艺术意图,这是最主要的。艾柯的话很好,一个艺术作品在展示的时候,就仿佛有个作者之手在背后操纵。不然这些展品可能都会堆在动物园的垃圾堆里,实际上它们中的一些可能真的是从乱涂的废物中挑检出来的。

2. 跳越对象

艺术和游戏的另一个共同特点,是多多少少都要跳过对象,也就说它的再现对象,是虚晃一枪。艺术并不是再现世界的有效体裁,只不过有时会生动一些。钱锺书把这点讲得很精彩,他说,艺术符号叫作"貌言"①,样子有点像世间事物而已。他引用道教经典《关尹子》,书里讲土牛木马等雕塑,它们"虽情存牛马之名,而心忘牛马之实"。意思是只是借用了牛马之名,情存而心忘,牛马只是借用对象而已。所以艺术的再现,不能"尽信之",又不能"尽不信之",因为"知物之伪者,不必去物"。

艺术只不过是借事物形体,表达自身的追求。此时可以像该物,也可以不像该物,这是艺术的必然要求。所以这里有个很奇怪的悖论:画得不像是稚拙,反而可能更有艺术感。而艺术学院学生规规矩矩的写生,技巧不错的作业,却可能不能成为艺术品。

户县农民画的田园画,有点稚拙,笔法很笨的样子,妙就妙在它画得不像。河南的老太太常秀峰,人称"梵高奶奶",恐怕很多有地位的画家都没有她画得如此超脱。湖北农民熊庆华画的画,我叫它立体主义,因为它不顾观察点与透视法,一切成了块面。陕西渭北的库淑兰老人,她是联合国都关注的工艺美术家,为什么她的装饰做得好呢?因为她创作的人物像,虽然表面笨拙,脸上五官不成比例,但变形得很有艺术想象力。

---

① 钱锺书:《管锥编》第 1 册,北京:生活・读书・新知三联书店,2007 年,第 166 页。

民间艺术很繁荣,营养很丰富。问题在于我们的美术界、我们的设计界,有好多人拘泥于对象,不敢学习民间艺术。艺术一定要跳过对象,如果你守住对象的话,到最后会把作品弄得毫无灵气。大量艺术作品,甚至大量公共艺术作品,与优秀的民间艺术相比,实在缺乏艺术性,就是这个原因。

3. 什么是神似?

这就涉及中国美术史上一个已经辩论了很久的问题:神似跟形似的关系。神似与形似在中国的美术史上是一个一直在争论的问题。南北朝的时候这问题已经受到艺术界的关注:宗炳主张"万趣融其神思"①,顾恺之说"以形写神关键问题,形要神有"②。

当代中国艺术家大部分的意见是,形似为基础,神似为目标。"太似则呆滞,不似为欺人,妙在似与不似之间,既不具象,又不抽象,徘徊于有无之间,斟酌于形神之际。"③形似不是主要的,又不能完全不似,总之,大部分人的意见是形似神似兼顾。

但是这里有个关键问题,一直没有说透,那就是究竟什么是神似。如果是与对象某种品质相似,此种品质应当是某种说不出道不明的精神,还是神韵或神采?如果此"神"意义不能从其外形上得之,那么应当在什么地方找?这个问题一直没有人清楚回答。

我希望从符号学的意义理论角度提出一点儿想法。所谓"似",当然是像似性。符号的像似性,来自相似的感知。像似当然是从形态上来说的,所以再现某对象的艺术文本,必然要求能给接受者"提示"原对象。但是艺术符号则不然,艺术是"超越庸常的意义",因此艺术像似必定是要超出形态的"超越性像似",也就是上一节说的跳越对象。

如此一来,形态上像似还有什么用?很多人认为形似是出发

---

① 韦宾笺注:《六朝画论笺注》,天津:天津古籍出版社,2018 年,第 191 页。
② 同上书,第 74 页。
③ 朱良志:《曲院风荷:中国艺术论十讲》,合肥:安徽教育出版社,2003 年,第 2 页。

点,是艺术的基础。清代的邹一桂说"未有形不似而反得其神者"①,他的意思是形必须似。就艺术来说,这就出现了一个关键的问题:形似是不是神似的前提?或者可以问:形似是帮助神似,还是妨碍神似?

我个人的立场,在上一节中已经说清:艺术必须跳越对象。根据不同情况(不同题材、不同风格等),不一定需要全部跳越,但是必须有此趋势。因此我特别欣赏司空图的妙言"离形得似,庶几斯人"②。不管我们如何定义神似,它的一个明显的品质都是"非形似"。形神兼顾固然妙极,但形似上的讲究必然使解释者的关注点被引开,神似因此就难以获得。

因此,为了让解释者发掘超越性意义,就必须减低符号的实际意义。放弃形式不一定能得到神似,但是为了凸显神似,却可能不得不减弱甚至放弃形似。《老子》说"大象无形"③,《庄子》说"神也者,妙万物而为言者也"④,石涛也有名言说得很具体:"不似似之当下拜"⑤,如果是不似,又像似,这种"不似之似"就是神似。它们是对神似的最佳定义:超越感官之外,比对象形态更高一层的艺术意义。

所以艺术不追求形神结合,而是追求超越形似,并且为追求神似,可以有意减少形似。这听起来似乎是投机,实际上是艺术实践分分秒秒都在做的事,是艺术家自觉的艺术方式,但只有用符号学的意义理论才能说清楚其中原因。

南北朝的范缜著《神灭论》,曾提出"形存则神存,形谢则神灭也"⑥,

---

① 邹一桂:《小山画谱》卷二,光绪二年啸园刻本,第47页。
② 司空图:《二十四诗品》,罗仲鼎、蔡乃中注,杭州:浙江古籍出版社,2013年,第76页。
③ 辛战军译注:《老子译注》,北京:中华书局,2008年,第164页。
④ 杨天才、张善文译注:《周易》,北京:中华书局,2011年,第653页。
⑤ 石涛:《石涛画语录》,窦亚杰编注,杭州:西泠印社出版社,2006年,第117页。
⑥ 姚思廉:《梁书》卷四八,北京:中华书局,1973年,第665页。

但是慧远却立即反对,说"形尽神不灭"①。他们辩论的可能不是艺术,而是关于人的心灵的哲学问题,但是经常被艺术理论所引用,也很能说明两种不同的艺术学态度。人有无灵魂,是哲学的事,从这一点上看,或许范缜是对的;而作品有无神韵,是艺术学的事,就这一点而言,可能慧远说得有理:"形尽",很不像对象,反而"神不灭",神采奕然。

4. 正项美

上面已经说过,艺术不一定追求美。但我们必须承认"美"是一个重要的意义范畴,大多数情况下美与艺术很有关系,哪怕不是必然的关系。

人类文化中的美,尤其是现代文化中的美,太不容易捉摸。"美的感觉"可以从两个不同方向产生:一种是主项美感,一种是异项美感。关于正项、中项、异项,我在前面已经谈过。《辞海》中"美"的定义,是"味、色、声、态的好""才德或品质的好"。把"好""善"当作"美"的定义,我认为是错的。从施莱格尔到黑格尔到普列汉诺夫,从孙潜到王朝闻到李泽厚,西方和中国的大师,都主张真善美统一。去查关于美学的书,还有美学的词典,都说真善美是一致的。这是过于理想化的说法了。在人类文化中,尤其在现代文化中,真善美不可能一致。

中项认同的美感,倾向于正向价值,因此一般人认同美与善合一的看法。但是我们经常看到艺术中的美,往往既不真也不善。"真"的问题太复杂,与艺术的本质无直接关联,本讲义最后会讨论;艺术经常不太善,武侠小说当中的正面人物经常不是善人,他们往往一言不合就动刀杀人。

那么为何美学各家都以真善为美?实际上这是一种社会心理学。心理学上有一个发现叫作"波利亚娜乐观假定"(Polyanna Hypothe-

---

① 慧远:《沙门不敬王者论》,见释僧祐撰,刘立夫、魏建中、胡勇译注《弘明集》(上),北京:中华书局,2013年,第326页。

sis)。波利亚娜是一本小说当中的女主人公,一个乐观主义的善人,对什么东西都嘻嘻哈哈、高高兴兴的,样样事情都看到正面。而这正是社会性意义交流中,人们不自觉地采取的一个奇怪原则。

语言中,社交中,我们会尽量使用好词。比如你看到某个被大人带着的小孩,会问"小孩多大了?""多高了?"不可能问"这孩子有多矮?""这孩子年龄多小?"看到一个包,你会问"包有多重啊?"能不能问"包有多轻?"当然也可以,那时你可能真的想明确知道这个包轻的程度。人的头脑喜欢得到好词,以富足为美。这是一个头脑加工意义的趋势惯性。此种思维方式,甚至涉及期望负面答案的问题,例如"路还有多远?""裂缝有多大?"以大为美,以多为美,这个善与美结合,是人的基本心理结构的要求。所以,"报喜不报忧"应当说是欺瞒,却也可能是一种社会交往的必须。

另一个例子是所谓正项美。所谓美感,很可能是意义权力的产物。一个很奇怪的例子是,各个国家都认为本国首都的口音是最美的,俄语中莫斯科口音被认为是最漂亮的;一口巴黎音,人家会觉得你法语说得地道;英国受赞赏的是牛津与剑桥的英语口音;美国就是新英格兰一带的口音算是最"标准"。为什么都是首都口音或首善之区的口音最美?它真有美的质量吗?余秋雨有文章说南京话不太好听,①如果不是朱棣把首都迁到北京去的话,南京话可能就是现在中国话的最美口音——它是朱元璋从淮河流域带来的新贵集团的口音,与原地方口音的结合体。语音的难听好听,来自语音之外的原因。

为什么首都口音是最美的?首都口音有美的特质吗?凭什么说巴黎口音就比魁北克口音漂亮?没有美学原因,它是文化政治权力的正项的问题。所以汉语普通话叫作 Mandarin("满大人"),当年"满大人"出京到全国各地当官,要说官话,他们不会说地方口音,地方上的人都觉得"满大人"的话自带一种威严。

---

① 余秋雨:《文化苦旅》,北京:中国文学出版社,2012年,第163页。

以上这些情况,叫作正项美。如果正项中小脚是美的,大多是因为当时的社会上层女子是裹小脚的。在近千年历史中,恐怕很少有几个人觉得小脚是不美的,连朱元璋的皇后也被嘲讽为"马大脚"。我不是说中国人的审美倾向有问题。在美感上,人们的感性和理性高度统一,人们觉得官话美,与觉得小脚美一样,没有任何违背常识的地方,因为中项认同正项,包括认同其评判美的标准,这个符号学法则已经深入社会意识,让人感觉不到任何"不自然"。

5. 异项美,中项少美

但艺术还有一种吸引力,即是标出项的异项美。正项以礼仪为美,异项以蛮夷原始为美。正项美感以确切的清晰再现为美,作为异项的艺术则以变形的难解为美。我现在讲课不能用诗歌语言,原因是我必须言辞清晰,但诗性语言以变形难懂为美。我的课件尽量用宋体或仿宋体,因为它们是"非书法"的,而书法不会用一个时代的标准实用字体。艺术的非正常之美,超出了正常生活的凡俗平庸,越出了非标出性。

这种局面尤其表现在当代艺术中。美国的塔伦蒂诺,韩国的金基德,加拿大的柯南伯格,曾是三大"残酷电影"导演。他们的电影中血腥场面太多,比如塔伦蒂诺的《杀死比尔》中有很多场面过于残酷。金基德的电影不仅血腥残酷,电影叙事中的杀人的目的也很奇特。他是韩国得奖最多、影响最大的导演之一。他曾说,可能90%的人过着一样的生活,但是还有10%的人过着比较特别的生活。一般韩国电影表现的都是90%,而他的电影表现的就是特别的10%。如果他的电影不能给观众表现这特别的10%,那他可能就没有什么可说的了。他的意思是他的电影以表现标出人群(10%)的生活为内容。问题是他的电影是给90%的人看的,这就是我要解决的符号美学问题:为什么90%的人要看这10%的人的生活?为什么电影节要把奖颁给拍少数人生活的电影?

上面我们说到了描写正项的艺术与描写异项的艺术。在前现代文化中，正项的艺术较多；在现代文化中，异项艺术的比例渐渐上升；后现代文化中则异项艺术占了多数。艺术越来越倾向于异项，不仅是因为当代社会异项越来越多（怪人怪事越来越多），而且普通人在生活中也越来越需要艺术：泛艺术化时代，大众对作为异项的艺术越来越需要，因为社会上大部分人的生活都很平庸。

在当代社会文化中，任何符号文本只要有标出性，似乎就会有一些艺术价值。当代艺术家大多是在想超凡脱俗的主意。你们学生会的艺术创意工作组，也都是在想有趣的主意，在追求异项本身的吸引力。歌手华晨宇各位都知道，他的新畅销专辑叫作《异类》，副标题叫作"我不需要你们的理解"。我相信他很需要你们的理解，他不需要的是我的理解，因为我是社会庸众之一员。

所以我们看到，美可能来自正项，也可能来自异项。本讲义并不试图总结究竟美是什么，只是在追寻关于艺术的定义。不过可以看得很清楚，美不在中项，因为不浓不淡、不热不冷的展面，不会给人以美的享受。

巴尔特有一句话，我觉得说得非常漂亮，这是巴尔特《叙事作品结构分析导论》一文中的最后一句话，说得太妙了。他说："儿童在同一时期（三岁左右）'创造'句子、叙事和俄底浦斯，这是令人深思的。"①俄狄浦斯情结在文明社会当中是禁忌，是异项，但人类一旦发现这人之常情是不被允许的异项，是人伦禁忌时，因为痛苦，他就开始讲故事，就开始生产艺术。

艺术如果全部标出化的话，会造成一个很奇怪的后果：艺术如何才能获得标出性？当今社会有一个泛艺术化现象，即艺术越来越多，这时艺术家要追求标出性，只能越来越剑走偏锋，越来越靠想怪点子：主意想得越绝，越可能成功。所谓概念艺术、行为艺术、装置艺术，主要就是想出一些极端异项的、标出的东西。

---

① 张寅德编选：《叙述学研究》，北京：中国社会科学出版社，1989年，第41页。

第四节 重新定义艺术

1. 分析美学与程序主义

关于艺术的定义,至今是个大难题,因为艺术的范围在不断扩大。应当说,许多文化范畴,与艺术一样,都很难定义,如宗教、神性、民族甚至游戏,都不容易确定其定义。艺术定义之难,让学界特别苦恼。因为艺术是意义活动的基础方式,定义艺术就成为对人类智力的挑战。海德格尔的文章《艺术作品的本质》并没有回答艺术是什么。李泽厚也说:"艺术与非艺术的区划非常困难。"①

杜尚曾嘲讽批评家说,他把小便池摔到他们脸上作为一个挑战,而批评家们却赞扬起这个东西来了。不管艺术家们如何嘲弄、挑衅艺术学,艺术学都不得不拥抱新的艺术。但一旦某个很特别的文本被公认为艺术品之后,艺术的定义就必须有所变化,以容纳新出的挑战。艺术学家的难处是,一边说艺术不可能定义,一边还必须对付艺术家的冲动:往往刚总结出一个定义来,刚形成一个比较确定的看法,就会吸引艺术家来突破。因为,突破本身就是艺术,突破本身就取得了艺术所需的标出性。

近半个世纪以来,在艺术定义上下功夫最多、影响最大的,是受维特根斯坦分析哲学影响的分析美学,分析美学主张艺术不可定义,因此只能以社会处理艺术品的程序方式来处理艺术问题,由此产生的理论被称为程序主义。

分析美学的主将阿瑟·丹托说大写的艺术已经结束了。有些艺术家也跟着煽风点火,例如安迪·沃霍尔说:"赚钱是一种艺术,工作

---

① 李泽厚:《美学四讲》(插图珍藏本),桂林:广西师范大学出版社,2001年,第189页。

是一种艺术,而赚钱的商业是最棒的艺术。"①这是有意危言耸听。日常生活不是艺术,有实际目的的活动(例如做生意)绝对不是艺术。沃霍尔依据这个原则,把一堆肥皂擦盒子作为艺术品,说这些盒子提出了深刻的艺术哲学问题。它们为什么是艺术品?为什么我手里那些外表上无法分辨的盒子却完全不是艺术品?为什么我的卫生间里没有艺术?

因为这些肥皂擦盒子的展示很突然,让人感觉到它们是艺术的突破,"突破本身成为艺术"。问题是,要突破容易,要被公认为艺术很难。沃霍尔的肥皂擦盒子运到加拿大去展出时,加拿大海关说这不是艺术,这是商品,必须付进口税。结果两边打起了官司,沃霍尔非常生气。这些普通的盒子是否是艺术,的确取决于究竟如何定义艺术。最后,加拿大海关只好就这个问题向艺术理论家请教。

究竟什么是艺术呢?分析美学认为这是一个程序问题,也就是如何得到社会承认的问题。这是艺术的体制论(institutionalism),文化体制决定何者为艺术。

那么谁代表体制说话呢?丹托认为,艺术界承认某文本是艺术,它就是艺术。② 那么艺术界又是谁呢?就是对艺术有所议论的人,说到底就是艺术批评家。体制论或者机构论实际上就是由批评界决定。这个说法未免过于精英主义。为此,迪基修正说,艺术界不是如此精英主义的,实际上每个自认为属于艺术界的人,就是艺术界的人,也就是说想参与的人都可以参与。为了修正这种体制论,莱文森又提出历史论,他认为,只要历史上有先例,承认这一类文本是艺术,那么它就会要求用先有艺术品被看待的相同方式来看待它。如此就形成"历史-体制"社会程序决定论。

---

① 安迪·沃霍尔:《安迪·沃霍尔的哲学:波普启示录》,卢慈颖译,桂林:广西师范大学出版社,2011年,第89页。
② Arthur Danto, "The Art World," *The Journal of Philosophy*, vol. 61, no. 19 (Oct. 1964), p. 584.

这就造成了无法解释的逻辑困难:传统上一个东西首先是因为它是艺术品,才进入美术馆;现在的一些作品却是因为先进入了美术馆,所以才成为艺术品。传统认为,艺术品是你所作,你是创作者所以是艺术家;现在有的却是首先认为你是艺术家,所以创作的是艺术品。传统认为,因为一件物品是优秀的艺术品,所以才受到批评家关注;现在却是因为受到批评家关注,所以才是优秀的艺术品。传统认为,艺术标准是普遍的;现在认为,艺术标准是非本质的、变动的。

丹托是体制论的提倡者。他自己也承认体制论存在以上不可克服的内在矛盾。所以我认为应该回到功能论,即从艺术符号文本携带的意义来解释什么是艺术。艺术不可能是无意义的,我们只能问,艺术到底有什么不同于其他符号文本的意义?德里达这样说:"从本质上讲,不可能有无意义的符号,也不可能有无所指的能指。"① 艺术既然是"被认为携带意义的感知",那么就肯定有一种只属于艺术的意义方式。

2. 历史上的功能主义

功能论(functionalism)就是从艺术的意义功能来判断什么是艺术。历史上的功能论有好多种。

第一种,也是最简单的功能论,就是"艺术给我们愉悦"或"艺术给我们美感"。此种定义,在人类文化早期都不能解决问题,至今则更是严重脱离艺术实践。好多艺术,尤其是现当代艺术,并不给我们愉悦或美感。

另一种比较普遍的功能论是"艺术表达情感"。朗格的名作《情感与形式》支持此说,她用"表达情感的形式"来定义艺术。② 明显这是不对的,情感是很多符号文本的共同功能,甚至可以说没有任何情感的表达很少见到。举个最简单的例子:两人吵架或和好,这个过程中

---

① 雅克·德里达:《声音与现象》,杜小真译,北京:商务印书馆,1999年,第20页。
② 苏珊·朗格:《情感与形式》,刘大基等译,北京:中国社会科学出版社,1986年,第8页。

满满都是情感,但是吵架(或是其"形式")是不是艺术呢?恐怕不是。反过来,艺术不一定是情绪性的,本讲义第五讲讨论雅克布森六因素论时,详细讨论过二者的区别,情感论作为艺术定义的角度并不合适。

第三种功能论是崇高说。有很多人认为艺术的特征意义就是崇高,这个说法从罗马时代以来一直风行。这方面说得最精彩的是黑格尔,他认为"美就是理念的感性呈现"①,不可能比这再崇高了。但其实可以看到,现代艺术作品很多并不崇高。例如上一节举的一些"残酷电影"的例子,完全不崇高。

可以说,这些功能作为覆盖全域的定义,都已经明显例外太多了。艺术作品有许多是不令人愉悦的、不崇高的、不带感情的,但它的存在作为我们欣赏某一类艺术的理由,是完全可以的。定义的困难就在这里:个别的品格我们都能体会,但定义要覆盖艺术全域而无例外,这就把艺术理论家赶到绝处了。

20世纪20年代,英国美学家贝尔提出一种艺术功能论:艺术是"有意味的形式","只有艺术才能带给人的快感……超脱了一切意外的、偶然的利害"。② 贝尔的定义,虽然依然在谈"引发快感",但总体而言,很值得我们仔细思考:他提出了艺术在于形式,同时他也要求艺术"超脱生活的利害之外"。艺术功能超出生活的利害之外,这是非常中肯的说法,对我个人的启发很大。只是"意味"(significance)这个词意义歧出,并不是很清晰,需要进一步解释。

3. 超脱庸常作为艺术定义性功能

我的看法,从符号的意义分析,可以说"艺术是让观者获得超脱庸常意义的文本"。先表明我的立场,然后我设法证明。

超脱庸常,如果要有英文,可以是 beyond the mundane;别样的、超脱的意义,英文词可以叫 beyondness,正好是"别样"。你们可以看

---

① 黑格尔:《美学》第1卷,朱光潜译,北京:商务印书馆,1996年,第142页。
② 克莱夫·贝尔:《艺术》,周金环、马钟元译,北京:中国文艺联合出版公司,1984年,第4、35页。

出,这就是为什么本讲义上一讲花了很大力气讨论标出性;艺术的定义,就是艺术标出性的总结。

贝尔实际上已经提出了这个观念,只是他没有说"超脱庸常"。伊瑟尔说,艺术"超越了世间悠悠万事的困扰,摆脱了束缚人类天性的种种机构的框范"①;朗格也说,"每一件真正的艺术作品都有脱离尘寰的倾向。它所创造的最直接的效果,是一种离开现实的'他性'(otherness)"②。司空图的话可能更接近本书的立场:"蓝田日暖,良玉生烟,可望而不可置于眉睫之前。"③正因为超脱庸常,所以不能用常规的感觉论之。司空图用的是诗的语言,但说得很准确。

应当说,超脱感可以不在符号文本的形式中,经常可以是通过内容达到。比如北国的天空悬挂着北极光,让我们觉得超凡入圣;母亲见到婴儿在安静地睡觉,在她眼里,这画面有超出庸常的圣洁之感;见到一座雪山,我们也会觉得有超脱感。哲学家大都对庸常生活状态持批判态度;海德格尔称之为"非本真本己的生活";克尔凯郭尔称之为"大众的生活";萨特称之为"自欺的生活方式";佛教称日常的生活落在轮回之中,是"无明"的。在他们这里,庸常就是非标出性。

在组成各种文化的各种表意文本中,艺术文本用形式来让接受者达到脱离庸常的超脱感。这个定义很简明,但也许因为太简明,到现在为止还没受到认真的挑战。

定义最大的困难在于两个方面:首先,它要能说明全域,艺术的定义要能说明一切被称为艺术的文本;同时,又要排除一切艺术之外的文本。另外艺术的这个定义,还必须得到艺术家的赞同。而艺术家的任务正相反:艺术学界说定义,艺术创作却偏偏要打破定义,打翻这个

---

① 沃尔夫冈·伊瑟尔:《虚构与想像——文学人类学疆界》,陈定家、汪正龙等译,长春:吉林人民出版社,2003年,第12页。

② 苏珊·朗格:《情感与形式》,刘大基等译,北京:中国社会科学出版社,1986年,第55页。

③ 司空图:《二十四诗品》,罗仲鼎、蔡乃中注,杭州:浙江古籍出版社,2013年,第99页。

框架本身就是艺术,因为艺术就是异类。但这个超脱说,不可能像上一节讲的各种功能说那样有反例。为什么呢?因为一旦有反例,就更为超脱庸常,就更是落在这定义之中。这悖论已经包括在定义里面了,它不可能有反例。

一件艺术品如果不能给观者以超脱庸常的感觉,它本身就是日常生活的实际表意文本,本身就是庸常的,那就不再是艺术。反过来,古物逐渐获得艺术性也就变得容易理解了,因为古代器物的使用性和实用意义归于消失,就此艺术性上升。

必须指出,超脱庸常这定义,并不排除前面各个理论、各种说法、各种定义。本节之前举出的各种体制论与功能论定义,之所以在这一节里不能用的原因,在于例外太多。而超脱说是不可能有反例的,因为反例只是更加超脱。听起来这好像是本定义耍的一点小聪明,但是艺术的定义必须要有这一点内在悖论,才经得住艺术家用反例冲击。

4. 泛艺术化中的超脱庸常

这里就出现了一个矛盾:上一节不是说泛艺术化已经成为当今生活日常了吗?艺术又如何超脱这样的生活日常呢?在社会文化中我们称作泛艺术化,很多理论家把它翻译成"泛审美化",但这个说法会造成困惑,因为许多艺术并不美,称"泛艺术化"或许比较能说得通一些。

什么叫泛艺术化?当代日常生活中有越来越多的艺术,日常物质也有很多可以进入艺术。本讲义第二讲就讨论过三联部分滑动,以形成物—符号—艺术的三性合一。当代的商品经济,经常加大商品/服务的艺术部分,以提高市场竞争力。例如旅游设计越来越艺术化,有的甚至变成"大地艺术",实际上就是新的园林或景观设计。日本有一个地方,最早举行"大地艺术节",每三年换一次景色,各个国家的艺术家都可以来做,使之成为艺术旅游胜地。中国也学会了这个艺术生意经,比如安徽桐庐就做了自己的"大地艺术节"。

每个地方都追求艺术,艺术几乎无所不在,成了后现代社会的一大特点。为什么会这样呢?是社会过于富裕,过于闲适吗?是社会生产力发展到了一定程度,还是我们的欣赏能力到了一定程度了呢?我觉得是我们的日常生活太庸常了,不得不事事追求艺术的新鲜,还有就是当今生产力过剩,供大于求,市场竞争过于激烈,而在艺术性上加码,是一个不错的取胜策略。

问题是,如果艺术让符号文本获得了超越日常平庸的品格,那么泛艺术化不也会在日常生活中变得庸俗吗?应当说,这个问题有两个方面。

首先,泛艺术化的确让人们的日常生活变得比以前更加美好,尤其是城市公共空间,经过着意设计,不可否认变得景色斐然,让人耳目一新。艺术在当代产业中潮水般溢出,几乎无孔不入地渗入生活的每个方面:在日用商品别出心裁的包装与广告上;在私人与公共设施争奇斗艳的装修上;在建筑的多姿多彩上;在城市公共空间的设计上;在节庆与其他仪式令人眼花缭乱的装饰上;在越来越多的旅游胜地的策划与推广上……艺术追求超脱凡庸的品格,使人民的生活越发丰富多彩,对此没有理由苛责、批评。

但是,如果艺术不能让生活超出庸常,泛艺术就会变成媚俗,而艺术也会反过来成为庸常。看一下各种楼盘的名称就可明白,如何给楼盘取个超凡脱俗的名字,这个难题简直把建筑商逼到了"无法再更加艺术"的死角。十年前的取名办法是向海外讨救兵,任何欧美气质的名字都会增加"洋气"。近些年则转向本土传统,楼盘名称开始堆砌中文"雅词"。我在此不便举实际例子,但是各位走出去一看就会明白。

这些生活中的日常之物,原本以使用与盈利为目的。商业竞争激烈,不得不靠艺术来增光添彩,以吸引消费者,提升消费意愿,艺术因此成为溢价手段,提升了商品与服务的价值。艺术成为生意的一部分,这一点无法回避,也不需要遮掩。就这点而言,坚持艺术的超脱凡庸品格,更加是必须的。

第十一讲 媒介与跨媒介

第一节 媒介诸概念

1. 术语群

媒介,是符号学的一个重要应用领域,也是许多混乱概念的重灾区。"媒介""传媒""媒体",这几个词经常混用。尤其是当我们发现它们的英文是同一个词,似乎混用也就有道理了,加上还有"渠道""体裁"等,经常互相混用而没有明确区分。

"媒介"(medium)这个词原是拉丁文中的"中间"(middle),可以指介绍人、居间调停人,尤其是人神、人鬼之间的"灵媒"。确切地说,媒介是信息的传送器(transmitter),比如,从收音机听到歌声,传送器就是收音机,也可以说是整个无线电技术。但是实际上在传播学讨论中,媒介也是所播放的符号文本(例如音乐、广播剧等)。"音乐这种媒介""广播剧这种媒介",也经常有人这么说。这也就是说,媒介是载体加上传送器。

麻烦就在这儿,它有时候指的是符号载体,有时候指的是传送器,有时候指的是传送技术。艾柯曾说,媒介和载体是两个不同的东西,而且两个东西必然是"异物质的"①。"异物质的"这个观察很有

---

① Umberto Eco: *A Theory of Semiotics*, London: Indiana University Press, 1976, p.222.

趣,因为载体必然和传送的物质是不同的东西,比如收音机及唱的歌是声波,传送过来的是无线电波。

只是我们在讨论媒介时,经常将二者混为一谈。收音机里放歌,"媒介"把这两者合起来,就叫作"广播"。有时候媒介没有传送器,例如现代人用握手表示友谊,不能说皮肤是传送器;现场听歌,也不好说声波是传送器;看电影,更不好说光波是传送器。所以媒介经常是载体与传送器合一,泛指把符号送给接收者的所有中间过程。

这已经够让人恼火了,加上"媒体"这个当今热词,更让人头痛。西文"媒体"这个词,是拉丁文 medium 的复数形式 media,指的是运用多种媒介的社会机构或社会现象。媒介从来就有,因为符号要人际传送就要媒介,但古代文明中的媒体比较简单,公告大抵靠喊话,艺术主要是表演。汉代有乐府,是个音乐机构,这在世界艺术史上比较有名。总的来说,媒体是现代现象,是有了报纸电台后,媒体才成为社会文化的重要组成。

鲍德里亚讨论的"媒体事件"(media event),也就是用"媒体闹腾"代替社会事件本身。很多人将其翻译成"媒介事件",这个翻译可能是错的。媒介是客观存在、无法批判的。鲍德里亚使用这个词,是在对资本主义社会的媒体机制作严厉批评。比如近年出现的一个社会文化问题,叫作"去媒体化"(de-mediated),也就是说,可以跳过专职经营的付费平台,直接下载。很多人反对平台垄断艺术产品取利,认为如果能直接下载书籍、歌曲、影片,跳过媒体公司,这是去媒体化。有人称作"去媒介化",这讲不通,因为媒介不可能跳过。

"多媒介"和"多媒体"这两个说法,也经常混用。现在有"全媒体融合"现象,不同的传播平台,如报纸、抖音、微信、微博等共用一个消息来源。到底他们讨论的是媒体这种社会问题,还是媒介这种技术问题?我看大部分人是在做文化分析,因此应该是"多媒体"问题。媒介和媒体不分,这是一个大问题。

渠道(channel)是常用词,也是专业技术术语。渠道应当是一种感官途径,作用于我们的五官,但五官之外还有渠道,比如红外线、超声波,它们肯定能传送信息,但是要把它们"转码"为我们所能感知的信息,所以渠道是作用于我们感官的物质通道。

体裁(genre)自古就有。《文心雕龙》有专章谈文体,文是风格,体是体裁。体裁是由一定的程式组成的符号程式化的传播方式。所以这些词基本的区分应当是这样的:

- 渠道是以感官为区分的物质介质,属于生理感觉;
- 媒介是符号传送的物质性构造,属于物质技术;
- 媒体是社会化为体制性的媒体,属于社会体制;
- 体裁是一个文化中的符号文本样式分类,是一种文本类型。

所有这些范畴,都是社会文化中符号意义的产物,都有历史性的演变。比如小说,小说是个体裁,但也是一种媒体,也是一种媒介,也是一种渠道,看我们讨论的究竟是哪个方面。

比如照片,照片本身是符号的物质载体,但摄影是体裁,照相术是媒介,照片是用的视觉渠道,而印照片的画报、拍照片的照相店、网上传播、朋友圈传播等,那是各种媒体、平台机构。

媒介是技术性的,跟文化与意识形态不直接关联,它很容易被另一个文化接过去,比如一个民族的摄影术会被另一个民族接过去,无论这个民族是否喜欢这个事物。但是一旦媒介成为文化程式,比如婚纱照,异文化接受起来就会有点阻隔。

可以看到人类至少有三种媒介可利用:第一种是记录性的媒介,一般来说能保存,比如保持各种符号的文化文本;记录性媒介包括图像文字、现代电子技术等。第二种是演示媒介,包括身体、语言、声音、图像等,演示性媒介的再现是当场接受的。第三种是心灵媒介,如幻想、梦境等,人们能用心灵媒介设计筹划出具有新意的符号文本。

媒介不是中立的。电影理论家贝拉有一个俏皮的问题:先有勺子,还是先有汤？们是因为有了汤才去发明勺子呢,还是有了勺子才想到煮汤呢？他的意见是,先有勺子才有汤①,如果没有勺子的话,汤是没用的,工具先于创造。比如要有电脑技术才能拍出《泰坦尼克》,要有3D技术才能拍出《阿凡达》。那么没有那个电脑技术之前,不是也拍了一部关于泰坦尼克的电影吗？当时是用木制模型在游泳池里拍的,当然效果就完全不一样。

媒介引入了现代性,当前的数字媒介革命,将彻底地改变我们的文化。媒介不仅起到传送作用,它也直接影响符号文本的形式基础。一幅刺绣的针法可能比它的内容更重要；面对一幅泼墨山水,我们看的不只是山水如何,更看它的墨泼得怎么样。所以媒介不是纯形式,而是改造内容的形式。格林伯格有一句名言:"现代艺术是节节向工具让步。"②现代艺术的载体工具越来越重要,与之相对应的,是艺术再现的对象内容的重要性在降低。

2. 麦克卢汉的媒介延伸论

麦克卢汉出版于1964年的著作《理解媒介:论人的延伸》,是现代传播学的奠基之作。媒介即信息,这听来似乎很奇怪；媒介当然不是信息,信息是媒介传达的内容,那么媒介怎么会变成信息呢？因为在现代文化中,媒介形式的改变不只是自身改变,而是整个文化模式的改变。比如从无线电收音机到电视机到电脑、互联网,媒介的形式转变,对社会文化所起的作用,比它传达的内容要重要得多,新媒介本身就成了促成文化巨大变化的信息——在做此种考量的时候,媒介承载的内容被暂时悬置。

麦克卢汉认为,最令人信服的、对历史影响最大的媒介变化的例子,是印刷术。活字印刷术是蔡伦发明的,但中国后来一直没有大规

---

① 巴拉兹·贝拉:《可见的人 电影精神》,安利译,北京:中国电影出版社,2003年,第257页。

② Clement Greenberg, *Modernist Painting*, Washington DC: Voice of America, 1961, p. 102.

模使用活字印刷,一直到明清还是雕版印刷。15世纪,古腾堡第一个在欧洲开设印刷坊,用活字印刷术印刷《圣经》。这个在今天看来很简单的事情,在当时引出了"星系爆发",整个欧洲的文艺复兴,就是这个媒介变化引发的文化热潮。麦克卢汉称由此引发的现代文化为"古腾堡银河"。

麦克卢汉指出,现代媒介的一个最重要的特点,就是延长了人的感官渠道的距离。人的触觉、嗅觉、味觉至今是短距的,感觉比较原始,而我们的视觉和听觉得到了现代媒介的巨大延长,变成了一个远距的、普遍的、可以全世界传播的东西。本讲义第一讲,说到符号表意必须要有距离,时间距离/空间距离/意义距离,如今,这三个距离都被现代媒介拉长了。

麦克卢汉还提出来,媒介是有冷热的。他说,热媒介传递的信息量比较多、清晰,冷媒介则相反,传递的信息量很少,需要多种感官联想配合理解、增强解释。黑白照片是冷的,彩色照片是热的,这可以理解,因为彩色照片提供的信息量比黑白照片大得多。麦克卢汉说:"华尔兹是热的,摇滚是冷的。"他的意思是舞蹈是一种交互关系,跳华尔兹的双方交流关系比较清楚。现代媒介发展的趋势是越来越热,信息量越来越大,比如电影从黑白到彩色到宽银幕到立体声到环屏到3D、4D电影等。符号文本的信息密度也越来越高。

古代,杜丽娘的画像让柳梦梅看得神魂颠倒:"近睹分明似俨然,远观自在若飞仙",单线平涂的仕女画实在太简单了,现在,如果在交友网上放这么一幅画像,绝对得不到反应,因为当代有热度高得多的媒介。另外,影视导演对于色彩的处理,也是冷热媒介的体现。

许多文本是多媒介的,同一个符号文本会横跨几种不同的媒介,但是本讲义第一讲就讨论过,一个文本必须能合成单一意义。一个文本如果跨几种媒介,这就出现一个由哪个媒介"定调"的问题。最简单的是广告:广告有图像,有文字,到底哪个是有决定意义的?饶广祥发明了一个词,叫"尾题",说的是广告叙述兜的圈子再大,最后也还是要点出是什么商品,什么品牌,因为这是最重要的,有归结意义的。

跨媒介的文本,是由定调媒介告诉我们最确切的意思吗?这个确切的意思在哪儿?这取决于媒介之间的热度对比,冷热度不一样,是由于它的信息量不一样。我举一个例子,杨德昌导演的电影《一一》,其中一个镜头,声音是一个中年男子和他几十年前的女友在街头的谈话,画面是作为他们下一代的女儿跟男友在街头约会的场面。两个不同的渠道,两个不同的情节线索,到底这部电影想表现的是什么呢?是往昔呢,还是现在?声音和画面不一致的话,想寻求它的内涵,是跟声音呢,还是跟画面?当然显然是跟画面,画面是电影明确的、最重要的表意渠道。

还有个例子可作对比。电影《爵士音乐》(*Ragtime*),讲的是夫妻俩严重不合,两人一起到一个海边城市旅游,最后还是闹掰了。男的说:"恐怕我要先走了。"女的说:"别抛下我,别把我一个人留在这儿。"但她眼神里流露的表情却是"你走吧,我不在乎"。这是一个杰出的悖论镜头,双意并存于两条渠道。女人嘴上说不要走,画面意义却是你走吧。画面是电影中的热媒介渠道,在表意上是主渠道。

第二节 媒介的互动

1. 通感

多媒介问题自然延伸到一连串的有关现象,其中许多是老问题,从符号意义角度,可以得出更深入的解释。

通感(intersensory),意思是同一个文本在几个感觉渠道之间穿插。《庄子·人世间》说"耳中见色,眼里闻声",在不同的感官当中出现不同的感知方式,但却是同样的意思,再现的是同一个意义活动。

美术界称红黄是暖色,蓝白是冷色,但冷和暖是触觉,不是颜色。贝多芬认为 B 小调是黑色的,D 大调是黄色的,F 大调是青色的。《元音字母》是兰波最有名的一首诗:"黑 A,白 E,红 I,总有一天我要道出你们隐秘的身世。A 是阴翳的港湾,是件黑绒绒的紧身衣……"中国也有"小星闹若沸""晨钟云外湿"等许多诗句作为通感的例子。身体其他感觉之间的通感就更复杂了。《乐记》说:"歌者,上如抗,下如队,曲如折,止如槁木。"这是感觉的形象化。《乐记》又说音有肥瘦,肥音和瘦音各是怎样的?可以想象,但并不是很明确。通感并不要求确切。

可以看出通感有个规律,就是都用可及性较强的渠道,修饰可及性较弱的渠道。比如说微笑"甜蜜",用味觉形容形象;嗓音"柔和",用触觉形容听觉;色彩"清凉",用温度、触觉形容视觉。感官渠道可及性从强到弱的顺序大致上是这样的:触觉—嗅觉—味觉—听觉—视觉。触觉是最低级的、最动物性的渠道,嗅觉、味觉逐渐高级起来,视觉、听觉是高级的,通感都是用比较初级的感觉形容比较高级的感觉。

而最高一个感觉渠道,是所谓意觉,说的是一种抽象的感觉,佛经当中叫作"六根互用",就是五官服务于"意根"。例如"秀色可餐""大饱眼福",都是用味觉修饰意觉。所以通感很难用高级形容低级,只能用低级形容高级。这是个很奇妙的事情,或许是动物进化的整个过程、四五亿年的发展留到今天的经验烙印。

据说通感本身是一种病,得这个通感病的人还不少。有个女孩,她在吃好吃的东西的时候,会听到美妙的音乐,听到美妙的音乐会闻到花香,听歌的时候很高兴,会产生味觉。她能"画出"著名歌手的歌。患通感症的人似乎还挺幸福的。或许我们每个人都有点通感症,比如吃巧克力有种丝滑的感觉。起码的通感能力,是每个人都有的,艺术家或许是通感症比较严重的人。

通感也表现在符号现象学上的所谓"视觉触感",即影视等视觉艺术给人的具身化感知,以及所谓"内模仿"问题。这一系列问题都是跨感官渠道的意义活动。相关的问题非常多,这里篇幅有限,难以展开了,只是做个提示。

2. 出位之思

另外一个媒介问题，经常跟通感弄混，即出位之思（Anders Streben）。通感是跨越感觉渠道，而出位之思是跨越体裁，是突破体裁限制的冲动。陆游有词云："情知言语难传恨，不似琵琶道得真"，说的是此时心情只有琵琶说得清，用文字语言是说不清的，这种挣脱体裁的束缚的努力或仰慕，就叫作出位之思。

应当说，出位之思不太可能出现于非艺术的、科学或实用的体裁。科学的体裁，如果一种没达到效果，换另一种体裁就行了。比如数学，如果数字说不清楚，就用图像；图像传送有困难，就发明了传真。但是文化艺术就不用这样的方法，而是在原体裁中创造另一种体裁的效果。艺术家总有一种跨体裁仰慕，想创造一种新的表意方式。当然效果不一定会很好，比如用诗句画图，称作具体诗（concrete poem），只是很少有写得好的作品，因为艺术体裁被媒介限制得很紧。

例如摄影可以追求绘画效果，有时候摄影效果堪比绘画，摄影师会很得意。任何体裁都有束缚，而艺术家总是想把意义弄得更丰富一些。出位之思实际上是处处可以见到的，比如建筑追求舞蹈动势效果，比如音乐中的"交响诗""音画"，还有，文字作品以音乐为题，这方面的例子实在是太多了。

波德莱尔说："艺术史上经常出现侵犯邻居的倾向。"侵犯邻居就是出位之思。有一个集体的出位之思，就是诗人对音乐的向往，很多诗人都希望把诗写成音乐。象征主义往往追求音乐的效果。德彪西的音乐《牧神午后》试图模拟马拉美的同名诗歌的效果，另外一个画家则想把他的同名画作画出音乐效果。

电影中的出位之思更多。《罗拉快跑》让电影出位到游戏；《黑客帝国》出位到数字造型；《香草天空》出位到精神病人幻觉；《盗梦空间》则是出位到梦境；戏剧想摆脱舞台的束缚，成为现代实验戏剧的一个巨大动力。出位之思是艺术家摆脱体裁的冲动，给了艺术许多创新的动力。

3. 体裁期待

另外一个体裁意义问题,是期待(expectations)。期待就是每一种体裁都希望得到接收者一种特定的读法,如果我们不按体裁的方式来读,它就失去了体裁的效果。小说或诗强迫读者按照小说或诗的读法来读它,这就变成了体裁的悖论:期待一种读法,也就被限制为此种读法。

生活
网

我们都知道,这是北岛的诗。为什么加了标题后这就是一首诗?首先有一个整体期待。本讲义第三讲就指出文本的解读,有个"最低意义完整度"要求,哪怕只有一个字,也必须产生完整的意义;哪怕明摆着不完整,也要接收者在其中读出完整意义;这是所有符号文本的要求。一首音乐要给你一个完整的意义,你如果体会不出一个完整的意义的话,那可能会让你觉得是你的错。你可以说这个文本本来就不完整,但这个借口没用,因为文本再不完整,你也必须理解出"最低意义完整度"。

本讲义第二讲就说过,任何解释都是一个解释。解释就是把不完整的情节,读成一个情节。小说或电影,一个最重要的期待就是你必须把省略跳跃的故事补足。这个"留给你猜"的尺度拿捏得好不好,是一部叙述作品成功的关键,也是它的风格的最重要标志。

任何符号文本都有好多"不定点"。任何一部电影或小说都不可能把所有的情节细节都全部呈现出来,跳跃和省略任何时候都不可避免。我们只是根据一些片段,总结出一个完整意义,这就是文本的"不完整"张力。看电影,我们常有看不懂的时候,有时会上网去看别人是怎么解读的,还不得不佩服这些人看得仔细,想得明白,他们能把片片段段的镜头勾连完整。

一个符号文本必然表达一个完整的意义,起码的完整意义,哪怕当中缺漏太多,叙述太简单,也会迫使读者必须在解释当中进行补充。这个问题——符号意义完整补足问题——是艺术学当中一个非常神秘的问题。关于这个问题,一般认同用格式塔心理学来解答,但是很多意义不足行为并不是视觉的,所以我到现在也没看到过令人信服的解答,这应该是个符号现象学问题。

"生活:网",虽然只是一个字,但还是比较清楚。为什么生活如网?迫使你做出解释。再比如顾城的诗"黑夜给了我黑色的眼睛,我却用它寻找光明",也是非常简单的片段比喻。中国人的眼睛都是黑色的,但"黑色的眼睛"并不是指黑色的眼睛,需要另有解释。意义的完整度,是符号文本主要的意义期待。

第二个是非指称化期待。诗的语言是有指称的。比如郭沫若的诗句:

　　我飞奔
　　我狂叫
　　我燃烧
　　我如烈火一样地燃烧
　　我如大海一样地狂叫

如果说你有个灭火器的话,你会对着郭沫若喷吗?为什么不会?因为哪怕诗人亲口告诉你"我燃烧",你也知道他这不是字面的意思,因为诗歌或诗式语言是非指称化的。

第三个是象征期待。热奈特曾在他的著作中引用过一段新闻,内容是这样:"昨天在七号公路上,一辆汽车以时速一百公里行驶撞上一棵梧桐树,车内四人全部丧生。"这样的新闻每天都有,但如果你把它写成诗,节奏就完全不同:

昨天
在七号
公路上一辆汽车
以时速一百公里行驶撞上一棵梧桐树车内四人
全部
死亡

为什么这样读法呢？那个长句动态地再现了汽车速度太快,一棵梧桐树出现在路边,好像死神在等待着他们,这个节奏本身就是诗歌期待中的。在自由诗中,节奏构成主要是短语节奏,也就是它的意义变化。原来普通的词汇,在这里变成意义深远的象征了。

本讲义第一讲就说过,符号再现的特点就是片面化,任何文本都不可能把意义说全,总有部分是留给接收者在解释时补充的。尤其是艺术文本,文本提示越少,越是有张力的艺术。

4. 冗余与噪音

上一段我们讨论了艺术文本中的很多"不定点";另一方面,艺术文本中有些东西似乎是多余的,不一定对文本总体意义起作用。如果处处有意义的话,我们就会觉得作品太紧了。读鸳鸯蝴蝶派的小说,就会感到其叙事似乎是事无巨细的"时间满格";某些工笔画,也会给人"细节满格"的感觉。

因此,符号学不得不讨论冗余(redundance),即文本中免不了有看起来并不起意义作用的元素。这本是个传播技术问题,可以用逻辑与数学方式说清;在信息论、语言学中,这现象也顺理成章,可以量化测算,并且似乎已经研究得很透彻。偏偏在艺术研究中,这个问题变得极端复杂,至今没有很清晰的解答。究竟什么样的符号信息是冗余?冗余是否真的完全没有意义?假定有的话,那又是什么样的意义?

在艺术研究中,理论家对冗余问题的说法,往往互相矛盾,甚至同一学者都会前后不一。细究之下可以发现,艺术与冗余的关系之所以纠缠,是因为艺术是人类文化中最复杂的意义方式。不过,在认真讨论之前,必须先把这个概念中的种种歧义,尤其是相近术语的混淆,耐心辨析一下。

冗余这个中文词,与西文词 redundance 一样,都带有贬义:冗余指的是在文本的形态上,超过意义表达的需要的部分,即相对于符号意义而言多余的元素细节。本讲义一开始就讲到,要获得需要的意义,只需要符号文本的部分元素参与意义活动,我们称之为片面性。除了支持意义解读的部分元素之外,其他元素,实际上都是本次意义活动中的冗余。

与此相近的、更常用的概念是噪音(noise),此术语与冗余意思并不完全相同。信息论的奠基者香农与韦弗对噪音的解释比较清晰:"在信息传播的过程中,有部分信源所不想要的,附加在信号上的东西……信号传递过程中的改变都可称为噪音。"因此,噪音是传播过程中掺入的多余信息,而冗余是文本中的多余信息。这就对应了本讲所说的媒介分成载体与传送器:冗余出现于载体,噪音出现于传送器。

但与上一节解释媒介时出现的问题相似:解释者能说清二者的区分吗?实际上解释者经常不必也无法区别载体与传送器,一般把二者统称为媒介。冗余与噪音,也面临相同情况,最后经常是统称为冗余,或统称为噪音,后者用得较多,因为较好理解;符号学界往往将冗余与噪音合称为冗余,统指信息中"不需要的干扰因素"。

如果冗余在文本中,噪音在传播中,那么二者位置不同,对解释的影响就不同。冗余是信息中的多余部分,略去这些部分仍然能够完整地解读信息,甚至有时候冗余能弥补噪音带来的干扰,似乎有积极效果(例如"重要的事说三遍"),而噪音是传播过程中负面的干扰。有些论者认为冗余"多余却积极",噪音则是"消极干扰"。中国学者中,何一杰就认为噪音即是"消极冗余"。

香农与韦弗以干扰出于文本内还是文本外来区分冗余和噪音,但这会有很多困难,因为前面谈过文本的边界并不清晰。我们听收音机广播听不清楚时,究竟是播音员发声不当,还是播送途中出现噪音,这不容易弄清。电视中播放的电影画面模糊,究竟是放映的原片像素不够,还是电视台转播质量堪忧,也不太好一下弄清楚,而对接收者的解释来说,这不清楚的效果是一样的。

有时候情况正相反。例如犯人在审问中说话结巴或含糊不清,究竟是文本内(被审者的回答)本身的冗余,还是在传送(被审者的说话动作)中的噪音?显然这两者不容易区分。如果审问者认为这结巴与含混,都是被审者心中犹疑躲闪造成的,那么他们都是文本载体的一部分,需要仔细解释;如果只是话说得不顺畅,那么暂可忽略,只要把字词听清即可。

所以,一般情况下,冗余与噪音很难区分,也不必区分。下面的讨论,就暂且把它们当作同义词使用,因为不同符号学家有不同的用法。例如巴尔特,在他的学术生涯中,先持"艺术无噪音论",后持"艺术全噪音论",他实际上谈的是对冗余的两种不同的符号学分析方式,由此可见大师也会困惑。

5. 冗余的意义功能

符号文本必有冗余。本讲义第一讲中说到,符号文本既然有片面性,文本的冗余,即不需要进入解释的感知,是不可避免的存在。香农明确说清了这一点:"冗余不是由发送者自由决定的,而是取决于所使用符号系统的一种统计结构。"在这意义上,不可能有无冗余的纯文本,冗余是意义活动的普遍现象。

冗余这概念有两个使用领域:技术与社会文化。技术冗余,即必要的富裕量,是有积极意义的。本讲义第六讲说到,雅克布森认为,冗余是交际性主导的文本必要的品质,目的是为了保持接触,占有渠道,哪怕并不传达新的意义。恋人谈话就是不断重复的絮语,以至于巴尔特说:"在恋爱中,愈是无益之事,愈是有意义,愈能显示出它的力量。"此种符号冗余关系到恋爱是否成功,对当事者是有意义的,只是外人听起来都是废话。

从《诗经》时代起,诗句就经常是一唱三叹的,再三重复,冗余成为诗歌明显的风格特征。费斯克指出:"惯例,也就是音乐或舞蹈中的冗余,肯定了群体的成员身份。"群体的冗余性重复,例如某种口号、某个姿势、某种礼节等,这些超过表意需要的重复,能够一再明确社群身份关系,例如情歌中的"哥哥""妹妹"之类的重复。

还有一类冗余很深地根植在文本的符号构成之中,很难被解释者感觉出来,成为内在冗余。文化发展了,表意量大了,就不得不增加词汇。为此目的,必须创造新的词汇,例如中文原以单音词为主,后来逐渐变成双音与多音词为主。东汉后,双音词越来越多,许多是重复的冗余构词,例如"伴侣""奔跑""身体"。四字词语成为修辞的追求之一,很多是同义重复,如"丝竹管弦""一致公认""仔细端详""大声喝彩""高声喧哗""免费赠送""凯旋而归""悬殊极大""如此这般"。

从宋元口语文学出现,到现代白话文,中文中出现大量重复词语,如"差一点儿没摔倒""这是没有必要的浪费",现代汉语使用者感觉不到其中有词句多余。晚清以来,现代中文涌入大量外来语,许多翻译实际上是"冗余翻译法",如"芭蕾舞""戈壁滩""卡通画""酒吧间""皮卡车"等。

符号实用意义的发出者,在主观意图上必然排除不需要的成分,冗余往往来自技术上的亏欠,例如说话啰嗦、文笔艰涩。但是艺术文本如诗歌、小说、音乐、美术等作品,艺术家为什么并不完全删除对意义而言的多余因素?关汉卿著名的"自画像"《南吕一枝花·不伏老》:"我是个蒸不烂、煮不熟、捶不匾、炒不爆、响当当一粒铜豌豆。"把诗歌的"一唱三叹"用到极致,看似自嘲,实为幽默的自傲。如此语言方式,如果用在日常谈话中,肯定会被认为令人生厌的自吹自擂。

鲁迅《社戏》里有一段,用冗余语言写冗余经验,可谓妙笔。说的是村里的孩子们搭船到镇上,一心来看名角"叫天"夜戏出场,结果却是"看小旦唱,看花旦唱,看老生唱,看不知什么角色唱,看一大班人乱打,看两三个人互打,从九点多到十点,从十点到十一点,从十一点到十一点半,从十一点半到十二点,然而,叫天竟还没有来。"对于孩子们,这场"社戏"几乎全是冗余,要看的没有看到;鲁镇的孩子们曾生活在此种过节式的快乐冗余中。

鲁迅《秋夜》的第一句:"在我的后园,可以看见墙外有两株树,一株是枣树,还有一株也是枣树。"这已经成了培养中小学生写作能力的名句,不知道老师们有没有说清楚其机制:艺术文本用修辞冗余方式,超越平日庸常语言的干涩,成就了艺术性。

最早指出艺术可以以冗余为美的,是19世纪英国著名美术史家罗斯金,他在名著《威尼斯的石头》中分析洛可可建筑美学,指出其艺术特点之一是 redundance。中译本译此词为"富裕感",笔者觉得或许可以译成"富余感"。细节繁复重叠,是洛可可艺术的一个重要特点,也是今日许多艺术品尤其工艺美术品的构造特点。

上面第五讲讨论了雅克布森的文本六因素问题,他认为诗性往往来自于重复冗余地使用某些要素,在重复之间出现有意义的形式对比。既然诗性(艺术性)不追求再现对象,解释者在艺术文本中获得的意义,就不再是为了再现对象,艺术文本中的冗余因此而另有积极意义。

6. 关于艺术噪音的论辩

有不少艺术家、艺术理论家,坚持"艺术无噪音",认为别的文本可以有对意义不做贡献的噪音,艺术文本没有。巴尔特在《符号学原理》中就说,艺术没有噪音,艺术文本中没有一个元素是不需要的。① 他在《流行体系》中也认为,对时装的描述是一种"无噪音"的语言,"因为任何东西都不能干扰它所传递的单纯意义,它完全是意义上(sens)的"②。依兰姆在《戏剧符号学》中的观点更为夸张:"戏剧信息无赘余,每个信号都具有美学理据,舞台上我看到的任何东西,都是有机整

---

① Roland Barthes, *Elements of Semiology*, London: Cape, 1967, p. 58.
② 罗兰·巴特:《流行体系——符号学与服饰符码》,敖军译,上海:上海人民出版社,2000年,第18页。

体的一部分,没有一个东西是无意义的。"①显然,这是前面讨论过的有机论的另一种说法。

要回答这个问题,我们可能要回到第四讲讨论的皮尔斯的符号构成三分论,看到文本噪音的"非解释性",是多少跳越再现对象的结果,并不是舍去解释项。艺术作为符号文本的意义,主要是解释项意义,或称为内涵意义。一部分论者完全否认艺术文本有再现对象,这最典型地表现在所谓"音乐论"中。佩特有名言:"艺术批评的首要功能是评价每件作品……趋近音乐规则的程度如何。"爱伦·坡提出诗应以音乐为榜样,因为在音乐中,灵魂"几乎创造了最高的美"。此后马拉美、瓦雷里等多人一再重复这个论点,认为音乐可以无内容。

这话很夸张,实际上所有的文本,尤其是艺术文本,不可能是无噪音的。巴尔特在晚年也对噪音问题进行反思:"社会希望有意义,但同时希望这意义周围伴有杂音,使意义变得不那么尖锐。"他这话是对的,因为文本意义过于鲜明、有机化,意义就可能规整清晰,反而不适合文化表意的需要。由此,艺术理论家们提出了三种不同的立场:艺术无冗余,艺术即冗余,艺术二者兼有。

越接近现代,跳越再现对象,越成为许多艺术作品的共同特征,如此一来,艺术意义就大多汇向解释项。从这个观点来看,巴尔特说的艺术文本"无噪音"与"全噪音"两个立场,或许说的是不同意思,甚至可以说,我们必须从两个相反的立场来考察艺术。固然,艺术文本的两种冗余随体裁、媒介、风格、流派而异。有的画作很像对象(如委拉斯开兹的《教皇英诺森十世肖像》),有的非常不像(如英国当代画家弗朗西斯·培根的《根据委拉斯开兹的〈教皇英诺森十世肖像〉的习作》),二者超出再现对象的冗余度很不相同,前者很高,后者趋近于无:委拉斯开兹的画作高度像似那位威严教皇,培根画上嘶吼的形象

---

① Keir Elam, *The Semiotics of Theatre and Drama*, London and New York: Routledge, 1990, p. 5.

则不成人形。但是二者都没有解释项意义冗余度,因为解释者都可以解释出其无穷的意义。

至少对于现代艺术而言,近二百年来的发展,出现了一种接近全冗余的趋势。从本讲的讨论来看,艺术与冗余的关系似乎头绪纷繁。但是从符号学的意义分析理论来看,还是可以得到比较清晰的意见。艺术与冗余的关系可以如此理解:"就指称对象而言,艺术文本的冗余度趋向于最大值;就解释项意义而言,艺术文本的冗余度趋向于最小值。"

基于以上论辩,我们可以说巴尔特前后三种断言都是对的,虽然他自己没有解释清楚。"艺术全噪音"之说,是就对象意义而言,艺术文本意义尽可能跳越对象,因此就再现对象而言,艺术文本几乎全是噪音。"艺术无噪音"之说也成立,因为艺术的各种成分合起来激发解释项,此时文本中无法找出不起意义作用的部分。把这两个原则合起来,可以看到第三种立场:所有的艺术文本都落在趋向相反的两种意义方式之间,而艺术性就来自二者之间的张力。

冗余在艺术作品当中是必须的。很多电影或者电视剧,有些内容是无意义的,但是必须要有展面的缓冲,不然的话文本就太紧凑了。比如影视剧有个镜头:主人公在门口小面档吃饭,碰巧见到一个人。这个场面中会有大量细节(面店布置、墙上菜单、老板招呼客人坐下,等等)一闪而过,与本讲义第二讲中说到的伪宽幅(剧中的大量路人甲)一样,可有可无,可你可他。它们合起来制造必要的背景,也就是第六讲所说的展面,没有此种衬托,就不成其为艺术文本。

第三节 随意性

1. 露迹,不协调,率意形式

美术上有一个特殊的冗余现象,可以叫作"露迹",就是暴露创作过程的痕迹,让作品变得"不圆满",似乎没有完成。上一节提到格林伯格的口号"回到工具",即是回到工作状态。古典的油画是要抹平的,不让观者看出笔触痕迹来,而是让你看结果的完美呈现,看到它如何美奂美仑。现在的一些画作则会故意露出笔触痕迹,画家甚至往画上堆颜料,颜料的厚度本身,就从冗余变成文本元素。

这就是所谓率意形式(inarticulate form),即文本中有些形式元素,不表达文本的主题,不需要汇入到文本意义总体,甚至它存在的目的就是不表达意义。美术学家段炼建议将 inarticulate form 译成"率意形式"。也有人称之为"无意形式"或"非语义形式"。这些"随机"因素,在电影、舞蹈、演出当中都经常出现。

文本不需要非常紧凑,有些细节不需要有明确意义。有的电影,像一些恐怖片,情节凑得很紧,环环相扣,让人透不过气;有些电影就比较散,给人一种比较松弛的诗意。各种非语义、非表意的形式,反而是艺术文本中最难解释的部分。

艺术的各种体裁同时受到一种文化氛围的影响,这是时代潮流使然。某些作家(例如卡夫卡)在 20 世纪早期就自觉地追求荒诞、不协调,当时批评界对此不以为然,卡夫卡在后世的追认中,却成为现代小说艺术的开路者。甚至连音乐和舞蹈这类一贯以均衡为美的艺术体裁,在当代也追求不协调。有些体裁,例如小说和电影,又如建筑、室内装修、时装等实用艺术,不协调因素比绘画、雕塑等晚出许多。

必须指出,局部的不协调因素自古有之,几乎所有艺术文本,从来都有一些不协调的细节,例如有些古典油画细看也能看到不能融入画面的笔触,因此要求观者保持观看距离。古典音乐的和声中也有不协调音,比如肖邦《波兰幻想曲》。只是在当代,不协调因素成为艺术主导,才出现艺术文本的不协调潮流。

诗歌与美术,一向是开风气之先的体裁,其原因可能在于这些体裁比较个人化,可以大胆创新,因此它们往往成为不协调艺术潮流的前驱。从达达主义、超现实主义开始,美术与诗歌联手,以各种方式增加不协调,破坏传统美感。绘画是不协调因素运用得最让人眼花缭乱的体裁,达达主义与超现实主义曾经一度横扫欧美画坛。毕加索与布拉克的立体主义则彻底地摆脱了传统绘画的形象协调规则。当代新表现主义创作也采用各种"视觉废料",如贝壳、沙土、树枝、铅条、相片、文字等。

从19世纪末开始,舞蹈艺术领域出现了对传统芭蕾模式的反抗。从伊莎朵拉·邓肯的"解放双足"开始,以肢体扭曲直板动作的大幅度冲击为主型,摒弃华丽的圆润样式,舞蹈越来越加强即兴成分。20世纪50年代初凯奇(John Cage)开创"噪音音乐"潮流,当代东方音乐家秋田昌美和谭盾等人的创作,也完全抛开了调性、和声、曲式、节奏,甚至不用传统的乐音。在这些音乐家看来,调性(tonality)就像美术中的透视,已经是一种束缚艺术感觉的陈规。音乐创作领域出现大量不协调音,有时夹杂在调性音乐之内作为对比。被库布里克用作《太空迷航》的背景音乐的不协调音,有时被称为"白噪音",对渲染太空无边无垠的压迫性静默的表现力令人悚然。

此种露迹,用这些不能归入符号再现形象的因素推开观者,使他们不可能产生现实幻觉。露迹作为不协调因素入画的主要方式,可以说,导致越是半成品越是成品。不按程式元素安排,文本就没有可以借助程式构成的序列方式。在当代艺术界看来,精致、协调,是对程式亦步亦趋地模仿的结果。程式比较容易被大众理解接受,因此此类风格也成了媚俗艺术的标记。

2. 拟声达意与姿势语

钱锺书提出的"拟声达意"(the sound as echo to the sense),是说诗词歌曲中有一些字,不直接再现意义,而是用它的声音引出意义。例如《诗经》中有很多关于忧虑的描写:"忧心炳炳""忧心奕奕""忧心殷殷""忧心钦钦""忧心忡忡"。只有"忧心忡忡"语义与语音牢固结合起来,成为后世的成语。为什么"忧心"有那么多状态词?实际上这些都是《诗经》中表现精神状态的拟声,不是声音的拟声词;现代诗人反而没胆量用这种"临时意义"词句,《诗经》民歌作者倒是有此胆量,原因可能是因为歌词是唱出来的,因此一个人伤心到什么程度,只要有个声音来拟声式地表达即可。

这种诗歌写作技巧,类似文艺学上的姿势语。布拉克穆尔说姿势语是"语言之下的语言,语言之外的语言,与语言并列的语言"①。这个解释有点玄,他说的就是"非语言"的语言。例子如《麦克白》,剧中的主人公感叹说:"明天、明天、明天",好像明天一切就结束了。但原句并不是这个意思。布拉克穆尔说,这句完全可以改成"今天、今天、今天",为什么呢?因为在这个语境里,这些词已经失去了字面上的意义,只不过是感叹而已。

如果上面这些例子还有点难懂,看一下大家熟悉的《凤凰涅槃》。《凤凰涅槃》是中国新诗非常震撼人的开端,诗句似乎超越了解释:"一切的一,和谐,/一的一切,和谐,/火便是你,/火便是我,/火便是他,/火便是火。"这些话表示什么意思?正因为这话没有意义,所以才显得非常有意思。它表达了一种气势,而不是内容。这种超出符号日常意义的用法,才是诗歌的精华。"冒着敌人的炮火,前进,前进,前进,进",这是田汉写的歌词,我猜想最后的"进"是作曲者聂耳加的。加上一个冗余词,去表达一种气势,这才是神来之笔。

从诗歌中只讲声音气势的随意性,我们可以推论出其他艺术中各种超出直接表意范畴的符号元素也具有这个特征,最后可以看出,这是整个艺术抽象化的发展之路。实际上在中国文学作品中是一直有随意性的,比如"关关雎鸠,在河之洲",跟下面的"窈窕淑女,君子好逑"之间有什么关系?因为这是《诗经》第一首的开头,文学史上对此一直持有争论。朱熹再三强调此首句很重要,因为是在谈"后妃之德"。实际上这是一首民间情歌,民歌常需要一个起头,就好像"一二一,你吃萝卜我吃梨"。它们可能只是起填充作用,提供一个韵头,提供一个超越符号日常用途的"姿势"。这些特殊的文本元素,代替了内容,甚至消除了内容。它们是冗余,但是它们却非常有意义,因为艺术作品由此而取得了"质地"的特殊性。

---

① R. p. Blackmur, *Language as Gesture: Essays in Poetry*, New York: Harcourt, Brace and Company, 1952, pp. 301-330.

第十二讲　意义活动中的身份、自我、述真

第一节　身份

1. 身份与符号身份

有同学提出来,有个很火的游戏"我们假装是蚂蚁",他问我:"玩游戏时我究竟可不可以成为一个蚂蚁?"这位同学的问题非常有意思,但不容易回答。正好今天的课是用符号学分析自我,我们试试看,从符号学的意义理论出发,如何解读这个问题。

意义探索的最高、最复杂问题,是自我的意义性存在。这是符号学中最纠缠的问题,要回答这个难题,我们最好先从身份开始讨论。身份是符号意义发送者所处的社会角色。

我们先来看马克思的一段话。马克思说,在理想的共产主义社会,"社会调节着整个生产,因而使我有可能随自己的兴趣今天干这事,明天干那事,上午打猎,下午捕鱼,傍晚从事畜牧,晚饭后从事批判,这样就不会使我老是一个猎人、渔夫、牧人或批判者"[1]。他的这一段名言,说明人们总是在用一定身份进行社会活动。在理想的社会中,整个社会的自由是个人自由的前提,到那时,"我"的身份不受拘

---

[1] 卡尔·马克思、弗里德里希·恩格斯:《马克思恩格斯选集》第1卷,北京:人民出版社,2012年,第165页。

束,因而"我"的自我也得到了解放。

每个人都是个劳动者,同时也从事思想批判,但并不因此就使"我"的身份成为渔夫、牧人或者批判家。为什么不是呢?因为这些不应当是拘束"我"的职业,而只是"我"表达某种意义的身份。此生之我,为什么一辈子教书?这是社会对于我的需要,也因为我做不了别的事。我不教书,我就无法在社会上立足。而身份,是我们进行意义活动的基本出发点。你们在此听我讲课,无非是因为我们的身份区别,形成了第二讲所说的社会传播方向的认知差、社会规定的认知差。

所以,理想的自我,应当有充分的选择身份的能力,也有随时变换身份的自由。我们现在还没有到共产主义社会。到了理想社会,身份随时可变,每个人有要做的符号再现的能力与权利,此时的自我才是完美的。这就是为什么我们必须从身份讲起,步步接近自我与主体那样的大难题。

我们的论辩方式是:

- 首先讨论符号文本的身份,意义活动是有一定身份的;
- 各种文本身份集合起来,可以构成成人各自的身份;
- 这些身份能结集成自我;
- 因为自我是身份结集的,自我会在社会文化的格局中变动。

上面这段话,哪怕分解开来,说来依然很抽象,很纠缠。下面的讲解表明,它们实际上非常普通,是每时每刻都在发生的现象。从符号学的意义理论出发来讨论这个问题,目的就是把难懂的问题简单化、具体化,使之不仅可捉摸,而且可以推演出一系列的延伸。

2. 文本身份

文本身份不同于个人的身份。身份是每次意义活动的"背书",虽然是零散的、形态不明的,但却是无所不在的。无论我们送出什么意义,说什么话,凡是符号行为都需要有个身份。比如我在讲坛上说话,是因为我有个教授身份;你打个哈欠,我就会警觉是不是我讲得不够生动,因为你的哈欠也有个身份——你是在课堂上听课的学生,因此你的哈欠很可能是对我讲课的反应。如果我在路上看见你打呵欠,就只会笑笑,因为在教室外我就不负责让自己有趣了。任何符号交流行为,都是在一定的对应身份当中进行的。

我做出一个符号表意时,总是有个身份在支撑,比如我指导某论文应当如何写法,我的批语是以导师、教授身份写的,别的人写这几句话就没用。学校发一个公告,是有校长办公室身份的。没有神圣身份的书,不是经书;没有指挥身份的红绿灯,没法叫人服从;西安的武则天无字碑,大家都在猜上面应当写什么字,但如果我死了后也立个无字碑,就没有谁会在乎我到底想说什么,这也表明了身份差异所导致的符号表意的差异。

所以,我们看到的文本不是一个简单的符号集合,不只是其符号表现的意思,文本的身份使它们或有深刻的意思,或不值一顾。文本身份和发出者的身份不一定关联,是相对独立的,例如品牌是最常见的文本身份,不看品牌的话,我只是看见一件衣服而已,不觉得它值那个高价。闻酥园的糕点,有广告词:"没有最正宗,只有更正宗。"这广告语挺有意思:正宗是努力争取来的。

所以文本身份不同于发出者身份,它们的身份,是一个符号文本发出的条件。例如歌曲有性别身份:男歌,是男对女唱的;女歌,是女对男唱的;男女间歌,是可以互唱的;既男又女歌,是男女通用的。但是很多情况是男歌也是女歌,为什么?因为身份决定了许多文本特征。

许多宋词就是"男子作闺音",是男人写的女歌。一般来说,宋朝时期的歌女都是文盲,那时候接受文化教育的女子还很少,因此歌曲身份就比作者身份更重要。范仲淹的《苏幕遮》:"酒入愁肠,化作相思泪。"范仲淹是宋真宗在位时的第一大儒,他既是儒臣,又是元帅,出将入相,却写"相思泪"。他是指挥作战的,西夏的前线靠他指挥,写这种"艳曲"不怕号令无人听吗?这里,他的文本身份变了,用了歌女的身份,《苏幕遮》的文本身份只能是女性。也许文本中有他自己的一些感伤在,但隐藏在后面了。文本成分是社会文化的,比如说既男又女,在生理上是很难实现,但在文本身份当中却很常见。

文本身份不是个人身份,文本身份集合成的是一种类主体。这个集合身份也是一个主体,往往是一个拟主体。关于被崇拜对象的"新闻",类主体更重要。真实主体,往往根本无法接近,完全不为人知。而各种八卦结合起来形成一个类主体,这个类主体才是被崇拜的对象。

《诗经》说的"弄璋弄瓦",指的是女孩子的玩具是瓦片,男孩子的玩具是玉。人们早在儿童时期就已经在游戏中区分性别身份了。哪怕个人还没有感觉到性别身份,社会已经在为你做出区别。社会觉得应该如此,不然的话,你的家庭教育不恰当,也会造成儿童思想混乱。

叙述学中有一个重要概念,叫作隐含作者。隐含作者与作者不一样的地方在于,隐含作者是作品当中的形象集合起来的,而不是超越作品之外的;作者本人则是超越作品之外的。真实作者超越作品之外的意思是,你的作品可能写得很漂亮,写得很抒情,为人却很糟糕。但作品的隐含作者,却是文本决定的。比如从曹操的乐府诗中,可以找到一个曹操,是个类主体,与历史小说中的曹操不同,与真实历史中的曹操可能更不同。

布斯认为小说有隐含作者。而我认为,所有的符号表意都有隐含作者。为什么这么说?因为所有的符号表意都需要身份。比如楼盘,比如公司,都有个隐含作者,他才是大家感觉得到的文本人格、各种意义表达背后的集合身份。

这种情况的类主体,叫"文在"(texistence),就是文本里的存在。比如设计一个楼盘,设计一个房子,本身就有个隐含作者:我这个楼盘是给哪一种家庭,给哪种观念的人建的。比如说现在宜家家居在全球都比较受欢迎,宜家家居不是给富人的,也不是给穷人的,而是给有一点儿风格追求的青年人的。它的货品设计风格的身份集合,就是这个公司的隐含作者。

3. 身份的集合

从身份(identity)来谈自我与主体比较容易,任何表意与解释,身份都是必需的,同时,身份是可获得的,甚至虚构的。我有没有资格作为符号学教授讲课?我认为有。我的身份哪儿来的?是社会构想出来的。现代大学构想了学科与教授这一大套体系,而且我为此念了半个世纪的书,写了若干本中英文著作,我就有资格做这个学科的教授。这是否尽然合理?我觉得值得大家反思。你们可能认为不合理,你们并不是只能做学生乖乖地听。我同意,你们可能把自己看低了:你们有思索者身份,而不只是一个听课的人,你们应当挑战我的看法。

身份是必要的,但并不是固定不变的。我到店里去买东西,我是个顾客。但是我买了东西以后再去卖给别人,那我就是商家。我们需要身份认可,来赋予当前的生活以某种意义和价值规范。交流必须与身份相关。你是父亲,你可以训话;儿子不能训你,因为他是儿子。但这身份不是固定的。这个儿子会长大的,长大了以后,你就不能这样训了。这是一种伴随符号交流活动而变化的社会构筑。看来随意,但实际上"我"到底是谁,就是靠这些身份来组成的。为什么?因为任何社会文化,都是各种意义关系织造而成的。

一个自我能有好多身份。比如我,我有好多身份"适容"地组合起来。但注意,这不是多重人格症,因为这些都是从我的本质的身份(教师)出发挑选的,我不能采用"不像一位教师"的身份。

多重人格症的病人挺奇怪的,他"被自己强迫"采取某种身份做某种事。比如电影当中的杀人犯,同时有几种人格,杀人的是他其中一个身份,其他时间里他可能是个规行矩步的好人。此种戏剧化脱罪,恐怕只能在戏里出现,因为人必须对挑选的身份负责,这是他自主意义活动的一部分。

我不知道你们有没有碰到过这样的人。我小学时有个同学,他在学校硬是一声不响,同学推搡他,他依然一声不响,老师也问不出一句话来。后来我有一次经过一条小街,听到一个房子里面有人大声地吼骂。我一看竟然是他,他在家里,就大声骂。这就是两极分化的人格。如果你自己就是这样的人,那就意味着你无法控制自己的身份。

我翻译过一本中篇小说,斯蒂芬森的《化身博士》,挺好玩的,各位可以读读。杰基尔博士是个备受敬重的化学家,已经垂垂老矣。他发明了一种药,喝了就会变成年轻力壮的海德,无恶不作,半夜杀人。警察一追捕,他就会销声匿迹,变回杰基尔。但杰基尔本来要靠吃药才能变成海德,到后来一打盹儿就会变成海德。"从善如登,从恶如崩",最后杰基尔博士赶紧把自己的自白写出来,他知道海德是绝对不会忏悔的,所以他必须在变身之前写完。他感觉到自己正要变成海德,如果那样的话,下一刻这忏悔书就会被撕碎,所以在最后一刹那他选择了自杀,才挡住自己变成海德。这就是身份与意义之间的锁合关系:是什么人,干什么事。但对于观察者来说,则是从一个人的活动,反过来找他的身份。

丹尼尔·贝尔、詹姆逊等学者,都把精神分裂看成资本主义社会的人格病。资本主义社会让我、让你变成了人格分裂的人,这话可能有点道理。你在老板面前很规矩地上班,据说你们电脑上有一个"老板键",远远地看到老板来了,你就按那个键让电脑闪回到办公页面,假装正在规矩上班。所以贝尔说资本主义社会中的每个人都是白天正派规矩,晚上却放浪形骸。①

但是德勒兹对此看法不同,他认为人格分裂是好事,因为资本主义社会强迫人格分裂,一个人只要主动人格分裂,主动控制他所采用的不同身份,就能对付资本主义社会的人格分裂压力。这是假定我们每个人都有点人格分裂,这是无奈,不能说是好事。因为,在马克思说的共产主义的未来,我们是"全面发展的人",可以用不同身份做不同的事,我们就不会有任何人格分裂的压力。

身份有很多范畴。我们有性别身份、性倾向身份、机构身份、民族

---

① 丹尼尔·贝尔:《资本主义文化矛盾》,赵一凡、蒲隆、任晓晋译,北京:生活·读书·新知三联书店,1989年,第119页。

身份、种族身份、语言身份、心理身份、宗教身份、职业身份、交友身份等,现在还有网络身份。我们是这些身份的集合,每个人都是这些身份的集合。如今,大数据就是拿我们这些身份来做生意。比如,我的基因数据、健康数据、社交数据、消费数据、支付数据、线上娱乐数据、旅行数据、餐饮数据,就把我的整个一个自我,变成各种数字化的身份,就被大数据抓过去了,这些数据甚至可能成为被窃取的财产。

身份有临时的,有长久的,有真有假,有存心的也有无意的。身份的真假程度,取决于该身份与自我之间的距离,没有绝对的真假,只是认真的时候跟自我的距离相当近,我用的任何假身份,跟我的自我也是有联系的,只不过距离稍远一点而已。

对身份,我们不能轻易判定真假。没有身份是绝对本真的,也没有身份是绝对的作假。你哪怕能在生活中扮演这个假身份,但也只是表明,你的主体当中,有这个身份的位置。一般来说,大部分人变化身份的能力会超过他自己意识到的程度。因此,做了错事你需要仔细反省:我怎么会变成这样的人?其实你本来就是这样的人,只是一时没有让这个身份占上风而已。

每一次符号意义活动,都需要一个身份,有时候也不免要作假。前面说过,会用符号的人终究会作假。但是,对特定的人,有的身份很难作假,比如成年人装嫩,男子装女人,都很难。知识太少的人,装不了学者。要伪装一个身份,必须要有意愿,也要有符号修辞的能力。最能乔装身份的人是骗子、演员、谋略家,其他人能假装的身份是有限的。

4. 身份与自我

符号意义发出者必然有一定的身份,符号接收者的身份,也有一些最基本的要求。两个主体的交互身份,必须有个关联,符号意义才能传达。

一个是顺身份。顺身份就是双方的身份相应,容易接受这种符号文本。父亲希望对方明白自己的儿子身份;长官希望对方是下属;老师希望对方是学生；歌手希望对方是个歌迷；恋人希望对方是个钟情者。对方如果不愿意采用这个顺身份的话，符号意义交流就可能会失败。

一旦对方采取逆身份，另一方就可能失去权威性。没有身份对应的话，符号文本就无意义。各种各样的符号活动，如果没有相应的接收身份，意义传播就可能不得不中断。

本讲义第一讲曾说到符号学的悖论"任何解释都是一个解释"，这就要求符号意义需要有人接收，否则符号就只是一个潜在符号，没有完成意义过程。假定你在课堂上刷手机，对我来说，我们的师生关系就不成立。自我是身份的结合点，自我也是身份的判断处。我明白我现在在做什么，就说明我对自己此刻是什么身份很清楚。身份能不能做假？完全可能。不过一直做下去，就有可能影响自我。如果你对自己采用的一个个身份不自觉的话，用到最后，你的自我可能也就存疑了。

各种身份累加成为自我，这就是符号学讨论自我问题的路子。因为我们的社会意义交流需要身份，这个身份可能是具体的、临时的，但这些身份加起来就是自我。威廉·詹姆斯对此说得很通俗：自我就是"一个人的自我，就它的尽可能最广的意义说，是一切他能够叫做'他的'之总和，不仅包括他的身体和他的心理能力，而且包括他的衣服和他的房屋，他的妻室和儿女，他的祖宗和朋友，他的名誉和成绩，他的地产和马，以及游船和银行存款"[1]。这些身份都像是彼此之间无关联的，但实际上到最后，每一个都会影响到自我的形成。

身份可以借用，也可以盗窃，但自我是没办法从别人那里借来或偷来的。身份能够盗窃，比如假新娘，比如双面间谍，比如装好人，所以有"真假李逵""真假猴王"之类，但自我不可能。假新娘是有的，虽然婚礼上的新娘只是个身份，但如果婚姻继续下去她就只

---

[1] 詹姆斯：《心理学原理》，唐钺译，北京：北京大学出版社，2013年，第87页。

能改变自我。

比如我是足球迷,但如果我上课都谈足球的话,那就很不适宜。虽然今天我谈了一下足球,但只是谈一下就过去了。如果一直在谈球,以球迷身份来上课的话,那我就不像教授了。有个别老师在课堂上"跑马",那应当算教学事故。

戏剧之所以有趣,就因为在戏里戏外,活生生的人在不断变化身份。演戏就是表演人格分裂,演员就是不断变化各种身份的职业。从符号学来看,表演是一种非常复杂的身份变形。张君秋扮演红娘——张君秋是位老先生,四大名旦之一,他扮演的红娘很漂亮——到底观众是为张君秋喝彩,还是为红娘喝彩呢?实际上是为张君秋演红娘之身份转换喝彩。

这里有一个本质主义(essentialism)障碍,就是认定某种意义只能是某种人的表意。比如写性别分析的论文,只能女生做,男生哪怕写出来也可能被认为其中隐藏着男性霸权。关于游戏的女性玩家的论文,或许真的男学生就不太好写。本质主义也牵涉所谓的国家身份、民族身份。关于中国问题,外国人来写虽有一得之见,但难免会有偏见,只有中国人才更能写得明白。比如,有些人老是摆领导架子,甚至在家里他的架子都拿不掉,他这就是陷到本质主义里去了。

我举一个例子,《海上钢琴师》的故事,来说明身份最后如何能够决定自我。这部电影的情节大家都知道,主人公一辈子只能在游轮上做钢琴师,不会走下游轮。最后游轮要拆了,请他下船来,但他情愿跟这个船一起被炸毁,他只能与他唯一的身份共生死,因为他没有其他的自我来源。

在这里,或许我们能尝试回答本讲义开始时提出的问题,关于疫情期间出现的"蚂蚁游戏"。"我们假装都是蚂蚁"是一个符号身份实验,参加的人的一切符号活动,都必须是将自己拟物化为"一只蚂蚁的遭遇",并以蚂蚁的口吻讲述一切。宅在家的玩家多了,小组规模迅速扩大,"蚂蚁社会"的组织及构成越发复杂。这个游戏的内容是,各人确定自己的蚂蚁身份后,集体商议如何应对突发事件与"天敌入侵",同时群体内部划分出不同的工种与阶层等。游戏中产生的每篇帖子都是小组成员的"代入式杜撰",聚在一起却涌现出相通的、奇妙的情感脉络,像一个真实存在的"蚂蚁社群",只因为他们互相承认彼此的虚拟身份。

各种明星、名人的"粉丝群"是一个更认真的身份社群,这个社群里的人是没有自我的,只是借明星、名人的影响力获得一个身份。似乎明星、名人的自我很强大,一个粉丝只需附着在明星、名人的自我上,就得到了有意义的身份。"粉丝"这个中文翻译太妙了。原词是复数 fans,因此"粉丝"必是复数,是个集合,永远不会独行。粉丝是天下最无私的人群,他们会聚集在某一明星、名人周围,自觉自愿地、几乎无条件地奉献一切。

比如作为一个足球俱乐部的球迷,你可能永远忠于那个俱乐部。球队降级了,你还是它的球迷;球员都是可以买进卖出的,教练是可以换来换去的,老板也可能换,只有粉丝是永远最忠诚的。

粉丝还有一个很奇怪的特点,我套一句孔子的话开个玩笑:"唯粉丝难养也,近则不逊,远则怨。"粉丝不能靠太近,靠得太近的话,明星就会很难受,但是你离开那个明星,明星也会不高兴,你们不是说好不离不弃的吗?所以明星一生也算丰富多彩,因为有很多空虚的灵魂,需要他的魅力来填满。而明星与粉丝的这种互动方式很不对等:明星对粉丝挺苛刻的,他们希望你在保持一定距离的条件下送上爱的目光。

第二节　自我与主体

1. 主体

"主体"(subject)这个词在西文中比在中文中复杂得多。一般人把主体等同自我,大部分情况下的确可以如此替代,只是自我不是一个合一的整体,可以分析拆解,而主体就要求整体合一,所以一般情况下,我们讨论意义问题喜欢用自我,因为主体问题过于复杂。而且西语 subject 的另一个意义是"臣民",与中文正相反。巴特勒说:"权力强加于臣民身上,迫使他们服从……这种心理特征构成了主体的自我身份。"[1]权力话语的内化创造了主体,这一点在中译中不显。

自我实际上并不是一个完整的东西。比如测血压,我如果测的是我自己的血压,那时候的我测的对象是谁?是作为客体的主体。我把自己变成符号再现的对象,这里就有两个"我"。第二天到医院里拿报告,拿到的是关于昨天的我的报告。昨天的我是自我吗?那么今天的我又是什么?

所以"宾语我"实际上是一种"对象我",是供自我思索观察的,供符号记录其意义的对象。现在的自我、过去的自我、未来的自我,这三者之间,只有现在的自我是主体,而我们思想判断、推理、想象,经常是面对过去或未来的"对象我"的活动,而不是一种纯粹的自我意志。实际上此刻的我无法解释自己,我必须通过回顾过去我的各种意义活动,并且预计未来我的各种意义可能,来解释我自己。

自我问题是符号学与现象学互渗的交界处。本讲义第一讲就说过二者最简单的区分法:符号学关注意义,现象学关注意识。恰恰在讨论主体时,必是讨论主体卷入的意义和意识:意识如何产生意义,意义再如何反过来塑造意识。因此主体问题,是个符号现象学问题。

有很多理论家在符号现象学方面做了很多工作。皮尔斯本人提出他的符号学体系是一种现象学;梅洛-庞蒂把存在主义与符号学结合起来;格雷马斯是符号学家,他创立了"激情符号学",认为激情问题是个主体问题;高盖主张建立一门"主体符号学"。因此,意义活动中的主体问题,是符号现象学的核心问题。符号现象学的具体工作方向,就是怎样从意义的形式分析,来接近主体诸问题。

在现代哲学中,主流观点是"主体无"。从尼采开始,大部分思想

---

[1] Judith Butler, *The Psychic Life of Power: Theories in Subjection*, Palo Alto: Stanford University Press, 1997, pp. 2–3.

家都在说主体在现代已经瓦解。西方哲学发展到现在,主体成了一个巨大的空无。在个人主义被过于强调的欧美国家,或许打破主体迷信是必要的,但是第三世界国家的学者提出抗议:我们正在努力建立主体性的时候,你们说主体已经被解构了,那我们就别建立了?为什么第三世界在建立主体性?因为他们的现代国家,要从封建主义的传统社会中兴起。这个时候,建立人的意义主体是非常重要的。所以现在西方学界所热衷的主体解构潮流,无法适用于全世界的需要。

在文本身份集合起来的时候,会产生一种整体感,似乎一个人的精神形象集合起来了,这就是自我。所以自我是一种感觉。一个人必须在有自我感觉的时候,才有一个身份自我。比如老是人云亦云的人,恐怕就是有一个"非自我"。

自我有独一性、延续性、归属性。这三种特征合起来,就成为自我认知。第一,独一性,各种身份集合起来,组成自我这么一个合一的东西。第二,延续性,不像身份是可以变的,如我刚才所说,身份是可以被人偷走的,但自我不会。第三,归属性,我们都是社会的人、文化的人,我们不会把自己归结为宋人、清人、民国的人,为什么不会?因为我们不属于那个文化,也没有那个具体的社会环境,自我也就没有相应的感觉。

身份和自我到底是何者决定何者?关于这个问题有各种哲学理论。我们可以说这两者是互相决定。有某种自我,才能采取某些身份,而且它们之间是能互相影响的。比如一个人要躺平,躺平就是想放弃社会责任了,但是在这个时候,他做了父亲,就不能躺平了。为什么?因为这个身份是有义务有责任的。再比如我今天不想来了,但是我要上课,非来不可。你们可以翘课,可以在课上打瞌睡,我做不到。教师身份会强迫我采取一定的自我意义活动方案。

文本身份甚至能够解救自我。比如卡夫卡,他的自我评价非常低,对自己完全不抱希望。他的遗言就是让他的好朋友在他死后把他的手稿全部烧掉。但是卡夫卡的小说写得真不错,他的想象力真是伟大，在那个时代是世界文化潮流的先锋。最后他的朋友布罗德没有执行他的遗嘱，从而挽救了一个伟大的作家。卡夫卡的作家身份挽救了他的自我。

马克思关于人的本质这句话，是非常重要的，前面讨论双重分节时引用过："人的本质是所有社会关系的总和。"一切社会关系，就是人的一切意义身份。人的本质、人的自我，就是靠它们集合起来的。

记得一位同学谈到农民工和农家子问题。他们占我们国家人口的大多数，他们的主体性的确比较特殊。首先，从他们出生的背景来看，农业社会并不支持建立现代意义的主体性。你得规规矩矩才能种出粮食来，你如果老要发扬主体意志，可能就颗粒无收。你进城做农民工，更没有发挥主体性的可能，只有听工头的话，月底才能拿到工资。这个时候讨论弘扬主体精神，无疑是奢谈。因此我们必须从主体问题的诸种讨论中，找到适合我们需要的独特进路。

当代文化哲学家霍尔，是出生于牙买加的黑人学者。他指出，现代理论史上对主体的看法有三次演变。

最初阶段的主体性，是"启蒙主体"。在那以前欧洲是宗教社会，主体信仰来自上帝。笛卡尔的进取的理性主义，休谟的进化的理性主义，以及那个时代的怀疑精神、理性精神，都是积极进取的启蒙精神。笛卡尔的名言"我思故我在"，就是典型的"启蒙主体"。

第二阶段是"社会学主体"。处于一个现代社会当中，如何变成一个有意义的自我，就需要靠他者，就是周围的人。自我在和他者的关系当中建立。所以要内在身份与外在身份结合起来，个体与公共世界结合起来，意义主体与社会文化结合起来，此为"社会学主体"。"社会学主体"的形成，就是"我"和"他"的关系。所谓"他"就是非我的一切。19世纪到20世纪的精神思想大潮，都关注个人意识与社会意义如何能结合起来。

第三阶段是"后现代主体"。此时主体内部持续转化，没有一个坚实的中心。自我的内部冲突，向不同的方向引拉。此时自我是由多个矛盾的或悬而未定的身份组成。各种互相牵扯矛盾的身份,如何组成主体,成为符号学重要的探索方向。

西方最注重主体问题的理论家,应当是符号学家。与许多当代思潮不同,符号学强调"主体有",而且强调主体是可分析的。因为只有主体意识才能产生意义,所以,符号学是主体论的乐观派。我们的分析对象是意义,我们必须肯定主体的存在,不然我们就无法理解意义是如何产生的,也无法进行分析。

皮尔斯主张有条件的主体论。他认为"个人自我"可能虚幻,但说到个人有限的主体性,那并不虚幻。他称之为"符号自我",因为自我实际上是意义关系的出发点,否定自我,就否定了意义产生与解释的出发点。而且,符号学给我们根据,让我们不仅把主体换成自我来讨论,而且从身份开始,靠符号文本身份构建"符号自我"。由此,符号学者成为当代难得的"主体有派"。

2. 自我与他者

相对于"主体我",他者是其他人,是自我之外的全部非我意识。为了取得自己的主体性,我们必须承认他者也有主体性,如此形成交互主体性。主体性是我们在这个社会上靠互动过程构成的,这个过程就是动态的交互主体性。

这话听起来有点玄,落实到符号过程就很平常。我假定自己有主体表意的能力,那么我传送意义时,必须假定对方有接收此意义的主体能力——你也有主体性,我才能跟你交流意义。在意义传送过程中,我的主体性依靠你的主体性得以成立,自我与他者是互补的。

任何意义交流,都必须假定对方(他者)是个具有主体性的对象。所以拉康说:"我的问题,把我构成为主体。"[①]这就是认知差的意思,我对你有所询问,有所求疑,那时我就把你当作一个主体,你成为

---

① Jacques Lacan, *The Language of the Self*, Baltimore: The Johns Hopkins University Press, 1968, p. 63.

主体,我才成为主体。

而且这二者的关系又是可逆的。一旦你用符号表意时,你就是主体,我变成了你的他者。所以拉康继续说:"发出者从接收者那里接到反方向传来的自己的信息……语言的功用正是让他人回应。"①我在求教于你时,我就已尊重你的主体性,由此也才构成我的主体性。

所以自我就在自我感觉中有所反思、有所觉悟时产生。艾柯说了一句很有趣的话:"主体性踢我们,一边叫喊:'谈谈我','考虑考虑我'。"②你的孩子在意义交流中一声不吭,他就缺乏主体性。他踢你一脚,就是开始有所反应,他在质疑你的话语身份,你应当兴高采烈,庆贺自己真正做父母了。

同样,你们当学生的,如果有主体性,就反过来踢我一脚,挑战我的讲课。傲慢的艺术家沃霍尔,要别人打他一枪,才能让他意识到他人的存在。合格的他者,能迫使我觉察到自己的主体性。巴赫金也说过:"说,始终是答。"说的时候,就是期盼回答;得不到反馈,我就不是在交流。符号行为,必须是以对方有潜力反应为前提。这是在证明我的符号发送的合理性。

因此,当我能把"他者性"归到我的意义活动之内时,我就产生了自我感觉。但是他者为什么被我归到我之内?举一个马克思曾经分析过的例子:鲁滨逊漂流到了荒岛上,看起来就没有他者了,但他要作为一个主体生活下去,就要有他者,而且抽象的他者还不能满足,所以就有了黑奴"礼拜五"。鲁滨逊是殖民者形象,殖民主义本身也是一个自我与他者的对应的问题,不然他只是个开荒者而已。

符号意义的传播过程,是对"充分主体性"神话的挑战。我不管别人的反应,我一生自己单独冥思苦索行不行?恐怕不可能。为什么?

---

① Jacques Lacan, *The Language of the Self*, Baltimore, The Johns Hopkins University Press, 1968, p. 63.
② Dieter Mersch, "Semiotics and 'Being': On Umberto Eco's Negative Realism", *Umberto Eco in His Own Words*, (eds) Torkild Thellefsen and Bent Sørensen, Berlin, Walter De Gruyter, 2017, p. 58.

你如果完全没有考虑到人们如何应答，不考虑到别人如何接受你的思想，你的思索就是空的。更重要的是，如果从来没有在社会上遇到的各种思想，你也不会做自我思索。自我思索，本来就是自我排除社会干扰，同时却也是对他人评价的敏感应答。皮尔斯是个单独思索、只管写笔记不管发表的孤独者，但是他与詹姆斯、维尔比夫人等多人长期笔谈，说明哪怕社恐者也是需要思想交锋的。意义，必定是在主体间交互时产生。

胡塞尔提出，他者实际上是另一个自我（alter ego）。"我"在他者之中生活，化入他者的存在，这是我们存在在这个世界上的必要的条件。交互主体性，是自我存在的条件。

3. 主体的位移

既然自我是动态地形成的，主体就不会是固定的，其位置是运动的。

首先自我会上下位移：一端是弗洛伊德说的"本我"，或克里斯蒂娃所谓"零逻辑自我"，此种自我是绝对自由的，无所顾忌，不受社会控制，甚至完全动物性的，或机械的。而另一端是高度理性的"责任自我"；自我向上超越，就可以到达文化伦理中的"绝对逻辑自我"，成为非标出项依凭的正项。

实际上，上下的运动都是有危险的。下行不受控制，到后来人就变成行尸走肉。朝上走，变成了文化自我、社会自我，最后也有可能变成彻底的他人自我。当一个人的一切意义活动都适合这个社会的需要，就变成了福柯与阿尔都塞所批判的"非个人"，或是马尔库塞所批判的"单面人"，他认为资本主义社会不允许个体的自我，只有社会建构的自我。

《礼记·大学》就对自我担当提出"修身齐家治国平天下"的要求；张载的要求更为崇高："为天地立心，为生民立命，为往圣继绝学，为万世开太平。"我个人觉得这已经超出励志，变成过分担当，相当有可能变成装模作样。所以孔子认为君子应当有智慧，守中庸之道。

《中庸》说:"喜怒哀乐之未发,谓之中;发而皆中节,谓之和。"孔子对人的自我意义,提出了相对可行的标准。

自我还有横向位移问题,上一节已经讲过。人存在于时间之流中,只有此刻是真正的可感知的自我,过去的"我"都是对象自我。伽达默尔说:"人最显著的特征就在于它超越了实际存在的东西,就在于他具有对未来的感觉。"①意义的内在方向,也就是自我的方向,必须在未来。但是我们对未来事件的所谓看法无法确定。如果把意义三元用时间划分,过去是自我的符号对象,未来是自我的符号的解释项。

对一个主体,没有比此刻存在着(existing)更难定义的事了。因为此刻不可能完全存在,我只能希望我的此刻存在,对未来发生影响。而且我的此刻存在,是靠符号的感觉形成的。维特根斯坦曾经说:只有我知道我是否真的疼,别人只能猜测。如果无法跟对方交流疼这个感觉,无法用英文或汉语表达疼,再疼也没用,必须是能交流的符号才能连接时间。

皮尔斯认为自我的问题,有一个更适合的解释,"试推自我"(abductionist self)。他认为人是靠犯错误才建立起自我的。年幼时,大人叫我们不做什么事(例如火炉很烫不要摸),我们却还是要受那个诱惑去做。为什么?不让做的事是标出项。标出项总是有一种诱惑,所以总想着去试试。正是在通过这种尝试对自己进行意义矫正的过程中,才能形成自我。"试推自我"是一种很有限的自我,因为自我是"我"经过犯错才形成的,还有好多事情"我"没试过,所以必须怀有一种理性的谦卑。

我个人认为,皮尔斯这个看法非常正确,解决了非常大的难题。在自我的定位问题上,必须承认自己的意义能力是有限的,那样"我"就知道自我的边界在哪里,甚至人的群体,人的社会,也会知道自己的边界在哪里。笛卡尔说"我思故我在",那是很狂妄的。并不是"我"思考了"我"就存

---

① 汉斯-格奥尔格·伽达默尔:《诠释学Ⅱ 真理与方法》,洪汉鼎译,商务印书馆,2019年,第182页。

在,而是"我"不断地犯错,"我"才明白"我"存在的边界。

因此,自我是一个落在自己之外的,有待实现的意义集合。拉康有一句让人不太听得懂的话:"全世界都在我之中,而我完全在我之外。当我思'我思故我在'正是我不在之时。"①因为自我是"能意识到自我意识的意识"。动物都有符号行为,但动物没有自我意识,人类有自我意识,但是意识在什么时候变成自我的?就是人类在使用符号时。"我"明白"我"在用符号再现"我之外"世界的一个意义。自我实际上是不能提供自我的证明的。你无法自己强调"我存在,你不许不相信我的存在",只有别人才能够观察到你的存在,处理你的存在。

最后,自我如果不稳定,会引发焦虑。所以自我的稳定,是我们最高的幸福的保证。可惜大部分人不一定能做到。有个很简单的例子:中了大额彩票的人,记者来访问,他总是回答,我还是我,我是扫街的,我明天还是去扫街。因为中彩票真会完全改变自我的各种身份,而自我大变,是最危险的事,因为会不知道该如何用自我来维系自己的各种各样的身份,但每一项活动又都需要身份。如果他的意义活动一直以扫街者身份出现的话,那么最好依然从这里开始,渐渐地演变出更适合自我的各种新身份。

第三节 真知

1. 述真,符号之真

符号学虽然集中关注意义的形式问题,却绝不是脱离社会文化的纯抽象空谈。本讲义第六讲处理了社会文化渗入文本的伴随文本通道;第八讲讨论了意义解释的关键机制,即符码与元语言;在第九、十讲关于标出性与艺术的讨论中,探索了如何从符号学角度观察善与美

---

① Jacques Lacan, *Écrits*, New York & London, W. W. Norton, 2005, p. 430.

诸问题。不过,任何意义活动都不可能脱离真这个底线,在本讲有关主体与自我的一系列讨论之后,必须看一下真在符号学中的处理方式。

述真(veridichion)就是符号如何说出真,毕竟真(truth)的问题在符号学中无法避免。我在这里有意说"真知"(true knowledge),而不是说"真理"或"真相",因为真理或真相问题太大了,本讲结束时会简单探讨一下。但是符号意义活动,必须得是传达或解读真知,即意义如何能接近"真的意义"。

符号是为了携带意义,而意义当然必须是听起来是真的,才能让人接收。本讲义第三讲就讨论过,符号传播活动进行的底线,就是求得真。这就是为什么我们在本讲义的最后,用这个相对较难的问题作结。不谈真,就没有意义的接收,所有关于符号意义的形式讨论,就会成为无根之木。

关于什么是真,哲学史上的讨论过于复杂,本讲义暂时满足于讨论什么是真知。因为,符号学能讨论的是如何传送真知,这是符号意义论的最终目的、最高目的,但也可能是永远达不到的目的。皮尔斯认为一个符号过程无法达到真,但是无限衍义的过程,符号与符号叠加过程延续下去,就可能越发展越接近真知。最后能达到真知,是我们的希望,这个希望是符号意义活动的最基本动力。

对于符号意义的真知,有两个基本的要求。第一个是"符合论",就是符合可以观察到的事实,这是所有再现最基本的条件。不管是哲学系的教授,还是平民百姓,都认为符合客观才是真知,这是最基本的道理。但符合客观首先要认识客观,这点却是至难,所以这个基本目标只是一种要求:符号意义应尽可能符合观察到的真相。

真知的第二个要求是"融贯论",这是符号文本最起码的述真条件,也就是说,文本内各个元素应当是一致的。一旦融贯,至少在文本之内说通了。融贯本身并不能保证真知,并不能保证你说的是真的。但是文本的真知融贯,造成了一个所谓横向真知(horizontal truth),就是文本成分互相融贯,这对意义传播很重要。我们暂且以虚构作品《红楼梦》为例。为什么说贾宝玉和林黛玉的故事在文本中是融贯的?因为《红楼梦》有个横向真知世界,在里面贾宝玉能爱上林黛玉,而你们只能仰慕林黛玉,不可能爱上林黛玉,因为她与你们隔着一个无法跨越的文本边界。

假定林黛玉死了,然后贾宝玉又遇上林黛玉了,又爱上她了,那文本怎么融贯?请大慈大悲观音菩萨赐林黛玉新生,也可以是个方案。总之要说出一个理由来,让文本能合一。任何东西如果被当成一个文本,你就要给它一个融贯的理由。如果不能融贯的话,就没有横向真知,就谈不上述真。当然这个理由你能否接受,是另一回事。有的影视作品在情节上会留一个明显的悬疑钩子,准备跟拍续集,但做得太明显的话往往会受到观众嘲笑。

2. 撒谎的符号学分析

本讲会谈到艾柯关于"符号可以撒谎"[①]的说法,但是谎言必须伪作为真,或透露某种真,才能让人愿意听下去,意义活动才能延续下去。

可以看到,动物会使用符号,但是动物不会撒谎。婴儿也很难撒谎,当孩子逐渐学会了撒谎,他就在符号学上成熟了,作为一个人也就成熟了。人是符号学动物,人就会故意不用符号再现真相,因为再现真相,有时并不是符号发送者的目的。

什么叫撒谎?了解客观真实很难,不能强求符号发送者符合客观真实,只能说知一说一是真知,知一说二就是撒谎。在人类的文化生活中,有大量真假意义混杂。一个人的符号生活当中,必然会遇到大量非真的常规意义活动,需要对这些符号行为分别对待,才能看到它们是如何述真的。

善意的撒谎是安慰,社交的撒谎是礼貌甚至善良。我们在第一次

---

① Umberto Eco, *A Theory of Semiotics*, Bloomington: Indiana University Press, 1976, pp. 58-59.

见到某位同行时,往往开口就说久仰久仰,实际上却对他所知极少,这只是文化人之间的客套话,但按照里奇的人际交流"礼貌原则",确实这也是必要的"润滑剂"。

只有在实用的意义传达中,符号学才能追究如何知一说一。如果知一说二的话,那么可能是精神病态的,它是无意的也是无罪的。艺术的幻想是有意的但无罪的,文本意义跟它的发送者想法是一致的。但对艺术性的述真谎言,完全无法讨论有一说一。所有这些偏移,在文本形式上没有差别。一个幻想或者一个虚构,跟撒谎在文本意义方式上没有差别。本讲义第一讲就说过这个问题,意图意义、文本意义、接收意义,这三个的意义互动,才构成了各种表意方式。

问题是接收者本身必须要有强大的矫正能力。反讽是听到是假的不能当真,必须看穿它穿透它;反过来,秘密不能当假,秘密是有理的谎言,接收者必须知道对方到底为什么说谎,知道谎言后面的真。对于虚构文本,我们不得不知其假而当真,在"假戏假看"中做到"真戏真看",不然电影也没法看,小说也没法读。

所以我们可以看到大量这样的情况,就是符号发出者明知真相而不说真相,或说出真相却没有被当作真相,或明知真相说的却不是真相,也让接受者不必当作真相,最后却被当真,所以我们经常对一些电影最后的几行字幕"人物的结局"特别在意。

《三国演义》中讲到诸葛亮"气死"周瑜后,又来吊丧,史书并无此记载,读者只能权当历史上真有此事。《三国演义》中诸葛亮哭周瑜一场写得精彩绝伦,人物性格的复杂性活灵活现,更主要的是这里出了个符号学难题:诸葛亮哭周瑜到底是真是假,引起了东吴内部大争论。动机问题是符号学无法讨论的,为什么呢?因为我们只能根据形式来处理其意义。诸葛亮哭得真诚,我们也就只能当他是真哭。所以人际交流是痛苦的事,巴赫金说:"我们忍受对话。"①为什么忍受对话呢?

---

① M. M. Bakhtin, "Problems of Dostoevsky's Poetics", in *The Bakhtin Reader*, ed. Pam Morris, London: Edward Arnold, pp. 88-96.

因为没办法知道你发出的符号文本意义是不是真的。

白居易认为,办法是时间,也就是等别的证据累积来对比。他论王莽的诗很有趣:"试玉要烧三日满,辨材须待七年期。向使当初身便死,一生真伪复谁知。"好像王莽生前是个大伪君子,到最后才暴露。因为儒家指责王莽是"乱臣贼子",但是现代历史学家对王莽的看法与之不同,比如胡适评价王莽为"中国第一位社会主义者"。所以白居易的时间效果论,似乎作用相反。戈夫曼提出"表演论",认为人的社会行为就是表演,人的四种表现方式,自我理想化、误解、神秘化、补救,都是在符号文本上做文章。

3. 真知与解释社群

如果符号文本本身无法提出真伪判断,那么到底符号真知在哪儿呢?这是中外历代学者一直在苦苦思索的一个问题,这个问题到现在为止还是在争论。下面把几种主要论说说一下。

第一种认为发送者意图是真知的标准。这一立场最主要的捍卫者是现象学家赫施,他认为所有解释里,作者的意图是最真的,也是最稳定的。一切争议,到最后都要归到作者意图上去。他认为这是继承胡塞尔的立场。我觉得胡塞尔没像他说的那么直白。我们哪怕同意此说,也会发现作者的意图难以确定。

第二种立场认为真实意义必须能在文本里找到。如果作者的意图在文本中实现了,那么我们研究文本;如果作者的意图在文本中没得到实现,那么我们研究作者的说明也没用。所以一切文学作品,只有文本才构成本体,能提供有凭有据的意义根据。但是符号学却发现文本与社会文化有千丝万缕的联系,文本绝对不是孤立的。

第三种看法认为真知标准在读者的阅读里,这是接受美学和读者反应论的观点。此种读者反应论得到了很多人的拥护,尤其现代意义理论越来越倾向于解释,认为解释的真才是真正的真。新阐释学的奠基者伽达默尔认为真知是视界融合的结果。读者解释一本著作,是让自己的社会文化语境,以及自己的视界,跟作者的视界逐渐融合。既然这是不断的循环,解释就不可能完全够及作者的视界,就不能确定这得到的意义自身是否具有真知品格。

以上三种立场,也就是本讲义第一讲所说的符号过程三意义,实际上任何一则都不可能完全替代其余二则。而皮尔斯提出了一个很不同的原则,就是"解释社群"(interpretative community)观念。这将是本讲义的结尾,是意义活动最后归结的方向,所以我说得稍微仔细一些,请各位耐心听,仔细思考,并且提出挑战。

一切问题的关键,都在于由谁判断得到的解释,毕竟各持一说,众口难调。《孟子》说:"口之于味也,有同耆焉;耳之于声,有同听焉;目之于色,有同美焉。"①孟子说人类的感觉和意义判断有共同之处,这个共同之处从哪里找呢?

孟子实际上已经提出"解释社群"概念,他的说法是"人情不常远"。解释社群这个术语是费什结合了韦伯与皮尔斯的理论提出来的,用来称呼怀有类似解释的人的集体。任何一种符号意义滑动,最后都以众人的认可为准,解释社群就是有关这问题上的众人集合。尤其现代社会环境多元,个人化的解释再合理,也只是个人的解释,解释社群的支撑至关重要。

皮尔斯认为,个人不可避免是要死亡的,但文化积累依然要延续;个人死亡以后,文化的积累还在,自我易逝,社群常在。死亡使我们的解释数量变得有限,也使我们的解释结果变得不稳定。只有延伸到人类的社群当中,才能变成一个跨越时间、跨越代沟,在历史上绵延的意义。实际上人类文明就是这样形成的,所以符号必须是对话性的。和谁对话呢?和大家对话。社群持有的共同的观点,就是解释标准。②

---

① 方勇译注:《孟子》,北京:中华书局,2010年,第220页。
② C. S. 皮尔斯:《皮尔斯:论符号》,赵星植译,成都:四川大学出版社,2014年,第123页。

解释社群观念实际上得到了很多人的拥护,不过别人没有像皮尔斯表达得那么清楚。胡塞尔叫作"交互主体",杜威叫作"效用社群",米德叫作"符号互动",巴赫金叫作"对话性",列维纳斯叫作"他人性",泰勒叫作"社群主义",哈贝马斯叫作"真理共识",罗蒂的用词很奇怪,叫"团结"(solitarity)。胡适提出过"大我小我"问题,"小我"是个人,"大我"是个人所在的群体。胡适是杜威的学生,杜威是皮尔斯的学生,这里有个一脉相承的关系。

解释社群是怎么形成的呢?费什有个相关的论证:不是一群个人共享了某种观点,而是某种观点共享了一批人。不是说我们必须相信某个东西是真的,而是说这个东西是真知,这观念在某些人当中得到了拥护,这些人就组成了解释社群。

我举一个最简单易懂的例子,就是李少红导演的电视剧《红楼梦》。林黛玉死的时候肩膀露出来了,被称为"裸死",实际上人临死的时候要注意衣服整齐恐怕很难,所以此电视剧拍得比较真实。但是这个镜头违反了《红楼梦》大部分读者组成的解释社群所坚信的林黛玉形象,因此遭到观众集体抗议。所以解释社群这个概念,并不抽象,而是极为具体。

应当承认,符号学的真知问题,是一个很复杂的问题,应当用整整一本书来处理。我研究、讲授符号形式意义一辈子,却也一辈子战战兢兢。符号学尚未解决的问题,远远多于它已经有答案的问题。

如果你们希望每个问题都得到解答,我必须向你们致歉。但如果你们想用一套工具来自己解决问题,那么对你们来说,符号学的意义理论就是一个宝库,可以朝这方向走下去,有那么多问题等待你们去思考,有那么多方向等待你们去探索,希望我们能结合成一个"解释社群",才有可能对付。这本讲义只是先圈一个场子,一切等待你们来完成。